Reinhard Keller · Bernd O. Schmidt
Stephan Hörmann

Spaß mit Kunst und Kultur in
MÜNCHEN

Ein Reiseführer für Kinder
und die ganze Familie

edition KAPPA

edition KAPPA, Verlag für Kultur und Kommunikation, München
3. überarbeitete Auflage 2007
© edition KAPPA, alle Rechte vorbehalten
www.edition-kappa.com

Illustrationen: Stephan Hörmann

Grafik: Gloor GmbH, München

Lektorat: Dorothee Kern

Fotos: Bernd O. Schmidt
Fremdenverkehrsamt München

ISBN 978-3-937600-13-0

Mit Pollino und Pollina in München

Die Geschwister Pollino und Pollina erkunden in diesem Reiseführer mit euch, liebe Leserinnen und Leser, die Stadt München. Auf drei verschiedenen Rundgängen machen sie euch mit Münchens weltberühmten Plätzen, Bauten und Kunstwerken bekannt. München ist Deutschlands beliebteste Urlaubsstadt. Es bietet seinen Gästen, aber auch den Einheimischen eine Menge Interessantes und Sehenswertes.

Heute ist München mit seinen 1,4 Millionen Einwohnern eine moderne europäische Metropole, doch früher residierten hier Kaiser, Könige, Kurfürsten und Herzöge. Sie haben so deutliche Spuren hinterlassen, dass sich Pollino in der romantischen Altstadt Münchens fühlt, als wäre er in die Vergangenheit versetzt. Pollina, seine belesene Schwester, kann gar nicht genug bekommen von den vielen Erzählungen über oft wundersame Begebenheiten, die sich einst in München zugetragen haben. Viele spannende Abenteuer erleben die Geschwister mit Münchner Kindern, die sie auf ihrer Reise kennen lernen.

Viel Spaß bei euren Entdeckungstouren durch München wünschen euch

Bernd, Reinhard und Stephan

1. Rundgang: Vom Marienplatz zur Residenz

Der Rundgang startet auf dem Marienplatz. Dieser hieß früher Schrannenplatz. Seit Gründung der Stadt ist hier das Zentrum Münchens. Weiter geht's zum Alten Hof und zur Residenz. Hier residierten die Wittelsbacher Herzöge, Kurfürsten und Könige. Dieser Rundgang bringt euch die Geschichte Münchens im sagenumwobenen Mittelalter näher: Spannende Geschichten mit abenteuerlichen Figuren warten auf euch.

Ab Seite 42.

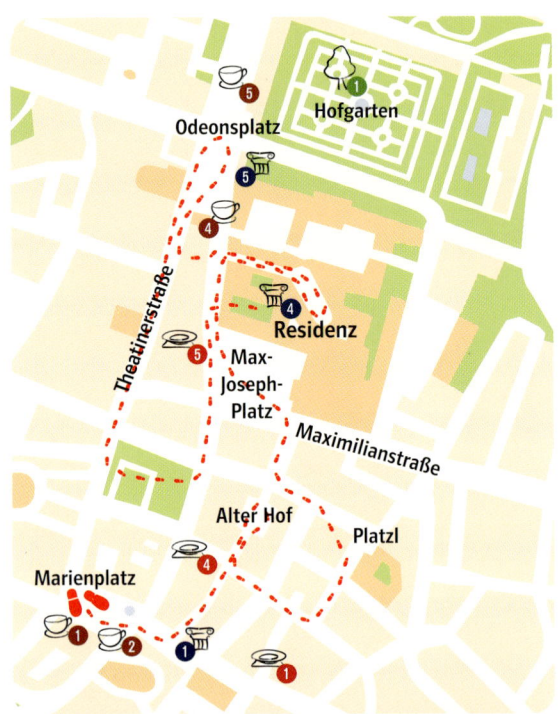

2. Rundgang: Kirchen, Häuser und Plätze

Auf dem Weg vom Viktualienmarkt zur Frauenkirche lernt ihr die schönsten Kirchen Münchens kennen: den »Alten Peter«; die Asam-Kirche der berühmten Künstlerfamilie Asam; die Kirche Sankt Michael, die größte Renaissance-Kirche nördlich der Alpen, und die Frauenkirche mit ihren beiden charakteristischen Türmen – dem Wahrzeichen Münchens.

Auf diesem Rundgang begegnet ihr jungen und alten Münchnern, die euch mit Geschichten und Legenden der Stadt sowie dem Leben seiner Bewohner vertraut machen. Ab Seite 88.

3. Rundgang: Die »Isar-Tour«

Entlang der Isar geht es vom Tierpark Hellabrunn in das weltberühmte Deutsche Museum und weiter in den Englischen Garten, das beliebteste Erholungsgebiet der Münchner. Auf dieser Tour entlang des Flusses lernt ihr Stadtteile wie Giesing, Thalkirchen, Au oder Schwabing kennen, die früher kleine, eigenständige Dörfer waren und zum Teil viel älter sind als München selbst. Außer Pollino und Pollina begleiten euch auf dieser Reise der witzige Thomas und die wundersamen Isar-Geister. Ab Seite 130.

**Des Weiteren findet ihr das Kapitel
»Ausflug nach Schloss Nymphenburg«.**
Schloss Nymphenburg ist mit seinem
wunderschönen Park einen Besuch wert
(ab S. 162).
Das Kapitel **Museen** führt euch in die Welt
der rund 75 Museen, die es in München
gibt. Die wichtigsten, schönsten und interessantesten werden hier vorgestellt, so
etwa die weltberühmten Kunstsammlungen der Alten und der Neuen Pinakothek,
der Pinakothek der Moderne oder des
Lenbachhauses (ab S. 170).

Im Anschluss erfahrt ihr auf der Seite
Tipps – Nützliche Adressen (S. 181) vieles,
was euch bei eurem Aufenthalt in München dienlich sein kann, etwa die Adressen
von Museen, Kirchen oder Informationsstellen.

Ihr wollt wissen, wie das Oktoberfest entstand? Eine Beschreibung des wichtigsten
Münchner Festes findet ihr unter **Feste
und Feiertage** (ab S. 182). Wie ihr euren
Münchenbesuch noch gestalten könnt,
erfahrt ihr auf den Seiten über **Freizeit**
(ab S. 187). Dort sind die Münchner Parks
und Gärten aufgelistet, Adressen von

Schwimmbädern, Sportmöglichkeiten und
natürlich Tipps, wo ihr eine richtige bayerische Brotzeit oder leckere Mehlspeisen
bekommt.

In den **Begriffserklärungen** sind schwierige
und komplizierte Begriffe aus Geschichte
und Kunstgeschichte erklärt (ab S. 198).

Begriffe, Persönlichkeiten und Sehenswürdigkeiten, die in diesem Reiseführer
genannt werden, mit entsprechenden Sei-
tenangaben sind im so genannten **Index**
aufgeführt. Ein genaues **Inhaltsverzeichnis**
befindet sich auf S. 206.

Vor die Abenteuer mit Pollino und Pollina
haben wir ein Kapitel über die **Geschichte
Münchens** gesetzt. Das solltet ihr unbedingt lesen. Denn wenn ihr euch in der
Vergangenheit Münchens auskennt, dann
erzählen euch die Plätze und Gebäude
der Stadt viele Geschichten.

Unterwegs in München ... einige praktische Tipps

Wie kommt ihr wohin?

Die beiden Rundgänge durch die Innenstadt sind leicht und am besten zu Fuß zurückzulegen – so verpasst ihr auch keine Sehenswürdigkeit! Die Isar-Tour ist dagegen als Radtour gedacht. Vielleicht könnt ihr eure Eltern davon überzeugen, Fahrräder mitzunehmen. Wenn nicht, stehen euch Verleihstellen für Fahrräder zur Verfügung. Wo, erfahrt ihr im Kapitel »Freizeit«. Die Münchner lieben ihr Fahrrad: In München sagt man dazu übrigens einfach »Radl«. Die Stadt verfügt über ein sehr gut ausgebautes Radwegenetz und selbst in S- oder U-Bahnen kann das Radl mitgenommen werden (ausgenommen Montag–Freitag zwischen 6.00 – 9.00 Uhr und 16.00 – 18.00 Uhr, während der Schulferien gilt diese Beschränkung nur am Vormittag). Allerdings müsst ihr für jedes mitgeführte Fahrrad eine extra Fahrkarte lösen! Die Isar-Tour könnt ihr aber auch mit den öffentlichen Verkehrsmitteln oder zu Fuß in mehreren Abschnitten machen.

Durch das engmaschige Netz von S- und U-Bahnen, Straßenbahnen und Linienbussen lässt sich München schnell und leicht erkunden. Aber am Fahrscheinautomaten ist's richtig kompliziert. Welchen der vielen verschiedenen Fahrscheine muss man lösen? Hinweise, wie das Fahrscheinsystem funktioniert und welche die günstigsten Möglichkeiten für euch sind, erhal-

Tipp: Mit der **Kinder-Tageskarte** (gültig von 6 – 14 Jahren) könnt ihr alle Busse und Bahnen benutzen und im gesamten Netz fahren, so oft ihr wollt. Die Tageskarte gilt ab dem Zeitpunkt der ersten Entwertung bis zum folgenden Tag um 6 Uhr früh. Bei den Tageskarten für Erwachsene gibt es die **Single-** (für eine Person) und die **Partnerkarte**. Mit dieser können bis zu fünf Erwachsene oder zehn Kinder (zwei Kinder von 6 – 14 Jahren gelten als ein Erwachsener) in einem Geltungsbereich zusammen fahren.

tet ihr beim Münchner Verkehrs- und Tarif-
verbund (MVV). Am besten ihr informiert
euch unter **www.mvv-muenchen.de**

Aufgepasst: Mit Tageskarten, die über den
Innenraum hinaus gültig sind, erhalten
Erwachsene auf den Ausflugsschiffen auf
dem Starnberger See und Ammersee eine
Ermäßigung! Für den Innenraum gibt es
dazu Tageskarten, die drei Tage gültig sind.
Der MVV bietet auch die »**IsarCard**« an, die
eine Woche bzw. einen Monat in einem
ausgewählten Gebiet gilt. Diese hat den
Vorteil, dass Kinder (von 6–14 Jahren) Montag bis Freitag ab 9.00 Uhr, Samstag, Sonntag und an Feiertagen ganztags kostenlos
mitfahren können (eigene Kinder unbe-
schränkte Anzahl, sonst maximal drei).

Mit dem Taxi fahren ist zwar teuer,
aber manchmal sinnvoll (Taxi München
Tel. 089-2 16 10 oder 089-1 94 10).

Die Anreise mit der Bahn nach München
ist empfehlenswert. Der Münchner Hauptbahnhof befindet sich ganz nahe an der
Altstadt. Hier könnt ihr direkt in U- und
S-Bahn einsteigen. Informationen über
Sehenswürdigkeiten, Hotels und Restaurants bietet das Fremdenverkehrsbüro
im Hauptbahnhof (Hauptausgang, Bahn-
hofplatz 2).

Die Anreise mit dem Auto: Es ist ratsam,
das Auto außerhalb der Innenstadt stehen
zu lassen und auf U- und S-Bahnen umzu-
steigen. Staus sind in München zu jeder
Tageszeit möglich, und das Parken in der
Innenstadt ist teuer. Wer es dennoch
wagen will, kann im Zentrum die Parkhäu-
ser am Färbergraben, am Stachus oder vor
dem Nationaltheater am Max-Joseph-Platz
benutzen.

Bevor es losgeht ... eure Ausrüstung

Die geeignete Kleidung für einen Besuch in München mitzunehmen ist gar nicht so einfach, denn München ist sehr wetterlaunig. Im Sommer kann es in der Stadt schwülheiße, aber auch sehr kühle Tage geben. Deshalb sollten vorsichtshalber immer ein paar warme Kleidungsstücke mit dabei sein. Im Winter ist ein fester, wärmender Anorak unentbehrlich. Aber an bestimmten Tagen im sonst kalten Winter sorgt der berühmte »Föhn« dafür, dass plötzlich ungewöhnlich milde Temperaturen herrschen. Der »Föhn« ist ein trockener, warmer Fallwind, der aus Süden kommend nach Südbayern eindringt. Bei den Münchnern ist der »Föhn« alles andere als beliebt, sorgt er doch für Kopfschmerzen und Schwindelgefühl. Aber abgesehen von diesen unangenehmen Begleiterscheinungen bringt der »Föhn« schönes Wetter und eine tolle Fernsicht von mehr als 100 Kilometern mit sich.

Für die Rundgänge sind feste und bequeme Schuhe empfehlenswert, am besten Turn- oder Trekkingschuhe. In den Winter-

Bei Föhn scheint München in den Alpen zu liegen.

Sommer in München –
der Fischbrunnen am
Marienplatz.

Als Ausrüstung für unterwegs gehört Folgendes in euren Rucksack: Im Sommer benötigt ihr Schutz vor Sonne und Regen: Sonnenbrille, Kappe und – ja genau: Sonnencreme, denn in München hat sich schon so mancher Tourist einen heftigen Sonnenbrand geholt! Regenjacke und ein kleiner Regenschirm erweisen sich (fast) immer als nützlich. Im Winter: Schal, Handschuhe, Mütze und alles Sonstige, das warm hält. Nicht zu vergessen: Reiseproviant. Und damit euch das, was ihr seht, in Erinnerung bleibt: Notizblock, Stift und Fotoapparat. Mit einem Fernglas sieht man viele Details und an Föhntagen das Gebirge super gut. Und der Reiseführer ist ein guter Begleiter!

monaten ist wasserdichtes und trotzdem bequemes Schuhzeug ratsam. Wer die Isar-Tour auf dem Fahrrad zurücklegen möchte, denke bitte an Helm und Handschuhe!

Die Geschichte Münchens

»Wir sind bereits in der Nachspielzeit, meine Damen und Herren! Noch immer führt der FC Bayern«, zischte eine aufgeregte Stimme aus dem Kopfhörer Pollinos. »Einen aufregenderen letzten Spieltag kann es nicht geben…« Seit fast eineinhalb Stunden hing Pollino nun schon an seinem Radio und verfolgte die Übertragung der Bundesligaspiele. Das machte er jeden Samstagnachmittag. Nur diesmal musste Pollina gezwungenermaßen mithören – sehr zu ihrem Leidwesen –, denn sie saß neben ihrem Bruder im Zug nach München. Die Geschwister waren mit ihren Eltern unterwegs zu einem Kurzurlaub in die bayerische Landeshauptstadt. Eine neue Entdeckungsreise, auf die sich Pollina und Pollino schon sehr freuten.

»Sag mal, Bruderherz, gibt es außer deiner Lieblingsmannschaft Bayern München noch etwas, worüber du in München Bescheid weißt?«, fragte Pollina ihren Bruder, der endlich und glückselig die Kopfhörer abgenommen hatte. »Klar, über die Mannschaft von 1860 München!«, antwortete Pollino wie aus der Pistole geschossen und mit einem breiten Grinsen im Gesicht. Während Pollina sich von ihrem Bruder genervt wegdrehte, zog Pollino einen Reiseführer aus seinem Rucksack. »Natürlich kenne ich auch die Entstehungsgeschichte Münchens. Schließlich möchte ich nicht völlig unvorbereitet in eine so tolle Stadt fahren«, überraschte Pollino seine Schwester. »Aber vielleicht sollten wir die Geschichte der Stadt doch noch einmal gemeinsam durchlesen, sie ist ja wirklich nicht einfach zu verstehen«, fuhr Pollino fort und schlug die Seite »Die Geschichte Münchens« im Reiseführer auf. Pollina schmiegte sich an ihren Bruder und die Geschwister begannen zu lesen.

Die Geschichte Münchens im Überblick

1158   **Die Stadt wird gegründet.** Kaiser Friedrich Barbarossa erkennt München das Markt- und Münzrecht urkundlich zu. Der Tag des Erlasses (14. Juni) gilt als Gründungstag der Stadt München. Bald wird mit dem Bau einer Stadtmauer begonnen.

1239   **Das erste Stadtwappen Münchens.** Es zeigt einen Mönchskopf.

1255   **München wird Regierungssitz der Wittelsbacher.**
In der Nordostecke der Stadt entsteht die Herzogsburg, der »Alte Hof«.

1328   **Herzog Ludwig der Bayer wird zum Deutschen Kaiser gekrönt.**
Der Münchner Herzog residiert auch als Kaiser in München. Die Stadt steigt dadurch zu einer europäischen Metropole auf. München zählt etwa 11.000 Einwohner.

1468–1488   **Die Frauenkirche entsteht.** An der Stelle, wo der Dom gebaut wird, stand bereits eine kleinere Pfarrkiche, die ebenfalls der Gottesmutter Maria geweiht war.

1618–1648   **Der Dreißigjährige Krieg** wütet in ganz Deutschland, der große Religionskrieg zwischen Katholiken und Protestanten. Der Krieg führt zum Ausbau der Münchner Festungswerke (Mauer und Graben).
Im Jahr 1632 besetzen die (protestantischen) Schweden unter ihrem König Gustav Adolf die Stadt. Die Schweden verschonen München. Doch sie fordern dafür von den Bürgern 300.000 Reichstaler. Die Münchner können diese nicht ganz aufbringen. Gustav Adolf nimmt 21 Bürger und 21 Geistliche als Geiseln mit, drei Jahre bleiben die Geiseln in Haft.

1791   **Die Stadtmauern werden größtenteils abgetragen.** Heute sind nur noch Reste der einstmals riesigen Festungsanlage, mit der sich München schützte, zu sehen.

1158   **1328**   **1468**   **1632**   **1791**

1806	**München wird Hauptstadt des Königreichs Bayern.** Der französische Kaiser Napoleon ordnet Europa neu. Dabei wird das bisherige Kurfürstentum Bayern zum Königreich erklärt. München wird zur Hauptstadt des Königreichs.
1825–1848	**König Ludwig I. regiert.** Prunkvolle Bauten entstehen unter seiner Herrschaft: die Alte und die Neue Pinakothek, mehrere Kirchen sowie die Feldherrnhalle, das Siegestor und die Ruhmeshalle mit der Bavaria über der Theresienwiese.
1918	**Der Sturz der Monarchie.** Bayern wird zu einem »Freien Volksstaat Bayern« ausgerufen. Die Voraussetzung ist damit geschaffen, dass daraus später das deutsche Bundesland der »Freistaat Bayern« wird.
1945	**Der Zweite Weltkrieg ist zu Ende.** Amerikanische Truppen marschieren ein. Im schrecklichen Krieg zwischen 1939 und 1945 ist die historische Altstadt zu 90 % zerstört worden, die gesamte Stadt im Durchschnitt zu 50 %. Durch Tod, Evakuierung und Flucht von Einwohnern ist die Bevölkerungszahl von 824 000 (1939) auf 479 000 gesunken.
nach 1945	**München als moderne Metropole:** 1972 finden in München die Olympischen Spiele statt, 2006 ist die Stadt einer der Austragungsorte der Fußballweltmeisterschaft. München wird zur beliebtesten deutschen Stadt für Urlauber aus dem In- und Ausland; jährlich zieht sie über 4 Mio Touristen an. Die Münchner sind stolz auf ihre Stadt. Nicht zuletzt auf den Fußball – sind doch hier der TSV 1860 München und der FC Bayern München, der deutsche Rekordmeister, zuhause. Rund 1,4 Mio. Menschen leben heute in München.

1806   **1825 – 1848**   **1918**   **1945**   **nach 1945**

Siedlungen in früher Zeit

Menschen lebten im Münchner Raum mit Sicherheit schon in der Jungsteinzeit, im Zeitraum zwischen 4500 und 1800 vor Christus (abgekürzt »v. Chr.« geschrieben). In der Bronzezeit, der Zeit zwischen 1800 und 1200 v.Chr., wurde die Besiedlung der Landschaft, wo München einmal entstehen sollte, immer dichter. Aus dieser Zeit hat man Gräber mit Keramik, Schmuck und Waffen gefunden. Spätestens im 6. Jahrhundert v. Chr. lebte im bayrischen Voralpenland der keltische Stamm der Vindeliker. Die Kelten waren ein Volk, das damals in Frankreich, der Schweiz und in Süddeutschland lebte. Die Römer bezeichneten übrigens die französischen Kelten als Gallier. In der Römerzeit gehörte das Gebiet um das heutige München zur römischen Provinz Raetia secunda. Hauptort dieser Provinz war Augusta Vindelicum, Augsburg. Hier verlief der Grenzwall, der das Römische Reich *(s. Begriffserklärungen)* nach Norden gegen Germanien absicherte. Nach dem Ende des Römischen Reiches siedelte sich der germanische Stamm der Baiern an, der ursprünglich in Böhmen beheimatet war. Um das Jahr 800 nach Christus gab es bereits mehrere Dorfsiedlungen: Giesing im Osten, Sendling im Süden sowie Schwabing und Föhring im Norden. Diese Dörfer sind heute Teile der Großstadt München, das damals als Ort aber wahrscheinlich noch nicht existierte. Neueste Ausgrabungen von Archäologen jedoch bezeugen, dass dort, wo die Stadt München später entstehen sollte, Spuren einer römischen Siedlung zu finden sind.

Das Jahr 1158 – Münchens Geburtsjahr

In einer Urkunde wurde München erstmals im Jahr 1158 erwähnt. In dem lateinischen Text dieser kaiserlichen Urkunde hieß München damals noch »Munichen«. Eines

beweist diese Urkunde sicher: Den Ort »Munichen« muss es zu dem Zeitpunkt, als diese Urkunde verfasst wurde, bereits gegeben haben. In welchem Jahr ist die Siedlung »Munichen« entstanden, und wie war diese Siedlung vor dem Jahr 1158 beschaffen? Das sind Fragen, die bis heute niemand genau beantworten kann. Der Name »Munichen« scheint aber zu verraten, dass sie etwas mit Mönchen zu tun hatte. Vielleicht betrieben Mönche hier eine Schenke, oder es gab eine Mönchssiedlung, die zum Besitz eines Klosters gehörte, möglicherweise zum mächtigen Benediktiner-Kloster Tegernsee.

Ausgrabungen bestätigen, dass sich die kleine Ansiedlung »Munichen« in der Nähe des heutigen Marienplatzes befand. Herzog Heinrich der Löwe, dem das Herzogtum Baiern unterstand, vergrößerte im Spätsommer des Jahres 1157 Macht und Ansehen des Ortes. Er zerstörte mit seinen Truppen die weit und breit einzige Isarbrücke in der Nähe. Sie lag nördlich von Munichen, in Föhring. Dafür errichtete Heinrich eine Brücke direkt vor Munichen. Auch den Markt, der bis dahin in Föhring abgehalten wurde, verlegte er nach Munichen, dem Heinrich auch das Zollrecht und Münzrecht zubilligte. Den Münchnern flossen nun Zolleinnahmen zu, und sie durften eigenes Geld herstellen. Sogleich machte man sich daran, die Stadt zu befestigen. Ein Mauerring wurde angelegt. Allerdings lag Heinrich der Löwe nun im Streit mit Otto, dem Bischof von Freising, der über Föhring herrschte und diese wichtige Einnahmequelle versiegen sah.

In eben dieser Urkunde vom 14. Juni des Jahres 1158 wurde der Streit zwischen den beiden beigelegt. Während eines Aufenthaltes in der Stadt Augsburg traf der Kaiser Friedrich Barbarossa eine Entscheidung, die auch als »Augsburger Schied« bezeichnet wird. Der Kaiser bestimmte, dass der Welfenfürst Heinrich seine Gründungsstadt behalten durfte. Allerdings musste dieser im Gegenzug jährlich einen bestimmten Anteil der Einnahmen aus dem Brückenzoll an Bischof Otto von Freising abgeben. Gleichzeitig verbriefte die kaiserliche Urkunde das Marktrecht Münchens. Am 14. Juni, jenem Tag der ersten urkundlichen Nennung, feiert München seinen Geburtstag – obwohl der Ort ja schon vorher bestanden haben muss.

Die ersten Bewohner Münchens

Die Gründung Münchens fiel in eine Zeit, in der Heinrich der Löwe auch andere deutsche Städte, wie etwa Lübeck, Schwerin und Rostock, gründete. Wie ging eine solche Stadtgründung vor sich? Der Gründer warb um Leute, die als Handwerker und Kaufleute in die entstehende Stadt zogen. Das Leben in der Stadt brachte viele Vorteile mit sich. Hier herrschten andere Gesetze als auf dem Land. Die Stadtbürger waren im Gegensatz zu den Landbewohnern frei. Diese unterstanden der Herrschaft eines Feudalherrn und waren von ihm abhängig. In der Folgezeit siedelten sich in München freie Kaufleute und Handwerker an, die dem Herzog innerhalb des Stadtgebietes Grundstücke abkauften. Leute aus der ärmeren Schicht arbeiteten als Dienstboten oder verdingten sich als Tagelöhner und halfen etwa beim Bau der Stadtmauer. Zudem verfügte München über einen Zöllner, einen Pfarrer und einen Münzmeister. Der Münzmeister leitete die herzogliche Münzprägestätte. Hier wurde der Münchner Pfennig hergestellt. Diese Silbermünze war lange Zeit die im Raum zwischen Innsbruck und Ingolstadt gültige Währung.

Handwerk und Handel entwickelten sich schnell in München. Es wurde vor allem mit Holz und Salz aus den Alpen gehandelt. Auf dem Markt boten die Handwerker ihre Produkte wie Schuhe oder Tuche an, um sie gegen die Erzeugnisse der Landbevölkerung einzutauschen.

Die Familie der Wittelsbacher – Herrscher über Bayern

Doch Heinrich der Löwe behielt die Stadt München und das Herzogtum Bayern nicht lange. Er hatte dem Kaiser bei Auseinandersetzungen in Italien die Gefolgschaft verweigert. Heinrich wurde vom Kaiser verstoßen und floh nach England. Kaiser Friedrich Barbarossa überantwortete im Jahr 1180 das

Herzogtum Bayern dem Pfalzgrafen Otto I. von Wittelsbach. Dieses Adelsgeschlecht regierte Bayern bis ins Jahr 1918. Bayern war jedoch unter ihrer Führung ein nicht immer geeintes Land. Die Wittelsbacher zerstückelten Bayern in teilweise vier Herrschaftsgebiete. Die Region Oberbayern wurde stets von München aus regiert.

Eine geplante Stadt entsteht

»Munichen« lag auf dem westlichen Isarhochufer. Dort war es gut geschützt vor dem Hochwasser, das die Isar während der Schneeschmelze jedes Jahr im Frühjahr führte. Gleichzeitig lag der Ort nahe der Insel im Fluss, die den Brückenbau und somit die Überquerung der Isar erleichterte.

Betrachtet man heute München von oben, aus der Vogelperspektive, dann sieht man noch immer die ovale Gestalt der frühen Stadt mit dem ersten Mauerring. Planmäßig wurde die Bebauung Münchens in Angriff genommen. Fünf Stadttore, die am Abend verschlossen wurden, sicherten den Ort nach außen. Der Stadtmittelpunkt war der Schrannenplatz, der Marktplatz der Stadt. Dieser Platz lag am Kreuzungspunkt zweier Straßen. In Rich-

tung Süd-Nord verlief die Fernhandelsstraße zwischen Italien und der Ostsee, in
Richtung Ost-West die Salzstraße. Sie kam
aus dem oberbayrischen Reichenhall, wo
das Salz aus den Bergen gefördert wurde,
und führte dann bei München über die Isar.
Der Markt war also für die Händler, die ihre
Waren in die Stadt brachten, gut zu erreichen. Die vier wichtigsten Stadttore lagen
jeweils rund 200 Meter vom Kreuzungspunkt der Straßen am Schrannenplatz,
dem Markt- und Hauptplatz der Stadt, entfernt. Die Stadt wurde in einzelne Stadtteile, so genannte Parzellen, aufgeteilt.
Auch diese Aufteilung ist im heutigen Stadtbild noch sichtbar.

Zu Anfang der Bebauung gab es zwei verschiedene Häuserarten: eingeschossige
Holzhäuser, deren Dächer mit Schindeln
oder Stroh gedeckt waren, während die
wohlhabenden Familien damals bereits in
Steinhäusern wohnten.

Die Bürger regieren

Im Jahr 1210 wurde München erstmals in
einer Urkunde mit dem lateinischen Wort
»civitas« belegt. Dieses Wort heißt übersetzt »Bürgergemeinschaft« oder »Stadt«.

Die Ansiedlung »Munichen« hatte sich also
binnen weniger Jahre zu einer richtigen
Stadt entwickelt. Eine Stadt benötigt
natürlich auch ein Stadtsiegel. Das erste
Münchner Stadtsiegel erschien im Jahr
1239. Es zeigt einen Mönchskopf mit Kopf-
bedeckung – in Erinnerung daran, dass sich
der Name München auf Mönche bezieht.
Im ersten Siegel ist über dem Mönch ein
zinnenbekröntes Stadttor zu sehen, darüber schwebt ein Adler. Später wurde der
Greifvogel durch das Wappentier der Wittelsbacher, den Löwen, ersetzt. Die Form
des Stadttors hat sich im Lauf der Zeit ver-
ändert, bis es im späteren 15. Jahrhundert
ganz aus dem Stadtwappen verschwand.
Nur noch der Mönch ist übriggeblieben. In
seiner linken Hand hält er ein Buch, wohl
ein Gebetbuch. Genau weiß man das
jedoch nicht. Das heutige Wappen lehnt
sich an dieses spätmittelalterliche Vorbild
an. Liebevoll wird der abgebildete Mönch
von den Münchnern »Münchner Kindl«
genannt.

Der Herzog übte selbstverständlich als
Stadtherr die Hoheitsrechte über die
Stadt aus. Er setzte einen Richter ein,
der als sein Stellvertreter und in seinem

So sah das erste
Münchner
Stadtsiegel aus.

Das heutige
Stadtwappen.
Der Mönch ist geblieben.

**Die Münchner Herzogsburg.
Eine Ansicht aus der
Schedelschen Weltchronik,
die im Jahr 1493 entstand.**

erkannte in einer Urkunde im Jahr 1294 die
wachsende Macht der Münchner Bürger
an. Diese Urkunde, die nach Herzog Rudolf
»Rudol-finum« genannt wird, bestimmte,
dass der Stadtrat die Stadtverwaltung
übernahm. Und dieser Stadtrat bestand
aus Bürgern der Stadt. Bei der Ernennung
des Richters musste der adelige Herrscher
nun dem Vorschlag des Stadtrats folgen.
Und sein Anspruch gegenüber der Stadt
beschränkte sich auf die Entgegennahme
der Stadtsteuer, die der Stadtrat für ihn
einzog.

Kaiser Ludwig der Bayer –
Bau eines zweiten Mauerrings

Mitte des 13. Jahrhunderts hatte der
Wittelsbacher Herzog Ludwig II., der Vater
Rudolfs, München zu seinem bevorzugten
Wohnsitz erwählt. In der Nordostecke der
Stadt hatte er sich eine Herzogsburg er-

Namen die Streitfälle in der Stadt ent-
schied. Doch die Bürger Münchens streb-
ten nach immer mehr Unabhängigkeit vom
Herzog. Herzog Rudolf *(1294–1317 – Achtung: In Klammern ist bei den Herrschern
die jeweilige Regierungszeit angegeben)*

**Ludwig IV. war Kaiser
des Heiligen Römischen
Reiches. Er residierte
in München.**

richtet. Die Anwesenheit des Herzogs in der Stadt gab der Entwicklung Münchens großen Aufschwung. Immer mehr Handwerker ließen sich nieder, die auch außerhalb des Stadtkerns ihre Häuser bauten. Dort siedelten sich zudem die Ordensgemeinschaften der Franziskaner und Augustiner an und errichteten große Klosterbauten.

Unter Ludwig IV. *(1294–1347)* stieg München zu einer europäischen Metropole auf. Im Jahr 1314 wählte man Ludwig IV. zum deutschen König. Im Jahr 1328 wurde Ludwig, den man auch Ludwig den Bayern nennt, sogar zum Kaiser gekrönt. Gesandtschaften aus vielen Ländern reisten an, um Audienzen beim Kaiser zu erbitten. In München traf sich der europäische Großadel. Handwerk und Handel blühten in dieser Zeit auf. Der Reichtum Münchens zog immer noch mehr Menschen an. Hatten 50 Jahre nach der Stadtgründung in München etwa 2.500 Menschen gelebt, so zählte die Stadtbevölkerung in der zweiten Hälfte des 14. Jahrhunderts bereits etwa 11.000 Personen.

Die Einwohner der neuen Stadtteile sollten geschützt werden, und daher entschloss sich Ludwig, einen Mauerring um die neuen Stadtteile zu ziehen. Auch diesmal, wie schon beim ersten Mauerbau, ging man in geplanter Weise vor. Von den bisherigen Toren der Stadt rückte die Mauer ziemlich genau 400 Meter – also um den bisherigen Durchmesser – weiter nach außen. Auf diese Weise erreichte München eine Größe, die dem Bevölkerungswachstum bis zum Ende des 18. Jahrhunderts genügte. Vier neue Haupttore, das Isartor im Osten, das Neuhauser Tor im Westen, das Sendlinger Tor im Süden, und das Schwabinger Tor im Norden, sowie mehrere Nebentore sicherten die Zugänge zur Stadt.

München – Zentrum des Salzes

Die Zolleinnahmen stiegen. Schon seit der Gründung Münchens durch Heinrich den Löwen besaß München »Zollrechte« und so genannte »Stapelrechte«. Für die Überquerung der Isarbrücke musste Zoll bezahlt werden. Ein Pflasterzoll wurde für die Fuhrwerke fällig, die die Straßen Münchens benutzten. Dieser Zoll wurde dazu verwendet, die Durchgangsstraßen zu pflastern. Die meisten Einnahmen erhielt München aber durch die Abgabepflicht auf jene Waren, die in der Stadt gehandelt wurden.

Ein Salzsender unterwegs

Dabei waren Holz und insbesondere das Salz Grundlage für den Reichtum der Bürger und der Stadt München. Salz war im Mittelalter ein begehrtes und notwendiges Gut. Es diente vor allem der Haltbarmachung von Fleisch und Fisch und wurde auch als Gewürz verwendet. München war ein Hauptumschlagplatz für diese Handelsware. Das in München gehandelte Salz wurde zum Großteil in den herzoglichen Salinen bei Reichenhall gewonnen und bis in die Schweiz, nach Köln und Flandern gebracht. Im Jahr 1370 etwa rollten 6.250 Fuhrwerke mit 100.000 Scheiben Salz, die je etwa 25 kg wogen, nach München. Es gab verschiedene Verordnungen, die den Salzhandel regelten und München begünstigten. Zunächst wurde das Salz von den Bergen in die Stadt Wasserburg am Inn befördert, wo es feilgeboten wurde. Das Salz, das für den Handel Richtung Westen bestimmt war, zum Beispiel für Schwaben oder die Schweiz, musste den Weg über München nehmen. Dabei besaßen die Münchner Kaufleute das Vorrecht, dass nur sie in Wasserburg das Salz einkaufen und es nach München bringen durften. Diese Leute hießen »Salzsender«. In München wurde das Handelsgut über die Isar geschafft und am Isartor verzollt. Wer andere Wege benutzte und dabei erwischt wurde, verlor sein ganzes Frachtgut. Zudem musste dieses Salz in München »gestapelt« werden. Das heißt: Das Salz wurde abgeladen und musste drei Tage

öffentlich in der Stadt ausliegen und zum Verkauf angeboten werden. Die Salzgeschäfte erwiesen sich für die Münchner Salzsender als sehr einträglich. Sie erwirtschafteten damit im Jahr durchschnittlich einen Wert, der etwa drei kleineren Stadthäusern entsprach. Doch mit diesen Sonderrechten haben sich die Münchner Kaufleute nicht zufrieden gegeben. Bereits im Jahr 1336 erwarben sie das Recht, nicht länger in Wasserburg einkaufen zu müssen, sondern konnten das Salz nun direkt vom Herkunftsort Reichenhall nach München holen.

Das Isartor – einträgliche Zölle

In München trafen die Verkehrsverbindungen von Ost nach West und von Süd nach Nord zusammen. Von dieser verkehrsgünstigen Lage profitierten die Münchner Bürger. Das Isartor, in der Nähe des Flusses gelegen, war nicht nur für das Salz ein wichtiges Zolltor, sondern auch für den Handel mit dem Süden, der ab dem

Das Isartor ist auch heute noch erhalten.

Der Schrannenplatz.
Hier standen schöne
Bürgerhäuser und auch
ein Galgen.

Der Schrannenplatz – der Marktplatz Münchens

Der Schrannenplatz (*Schranne = Getreidemarkt*) war auch nach dem Bau des neuen Befestigungsrings der wirtschaftliche und gesellschaftliche Mittelpunkt der Stadt. Um den Marktplatz herum standen die schönsten Bürgerhäuser, und an seiner Ostseite das Rathaus. Ein Erlass Kaiser Ludwigs hatte den Schrannenplatz zum »ewigen« Marktplatz Münchens bestimmt. Ludwig »freite« den Platz, womit er die Errichtung jeglicher fester Bauwerke auf dem Platz verbot. Auf dem Schrannenplatz kamen die Salzfuhren aus Osten an, die über die Isarbrücke und durch das Isartor rollten. Das Salz, das in München gestapelt werden musste, wurde bis zum Anfang des 15. Jahrhunderts auf dem Schrannenplatz

14. Jahrhundert stark zunahm. Wein, Tuche und Gewürze erreichten München aus Italien und Tirol. Transportweg war vor allem die Isar. Die Waren wurden in Mittenwald auf Flöße geladen und nach München verschifft. Die Zölle wurden am Isartor, wie bei den anderen drei Zolltoren auch, von einem Zöllner eingetrieben. Vor den Augen des Zollpflichtigen warf der Zöllner den fälligen Betrag in eine für den jeweiligen Zoll vorgesehene Kasse. Die Schlüssel für die verschiedenen Kassen besaß der Stadtkämmerer. Einmal in der Woche leerte der Kämmerer die Kassen und schrieb den Betrag auf – diese Prozedur geschah in Gegenwart des Zöllners.

zum Verkauf angeboten. Bewegliche Verkaufsbuden oder Holzbauten schützten das Salz vor Nässe.

Auf dem Schrannenplatz wurde natürlich auch, wie der Name sagt, mit Getreide gehandelt. Und vor dem Rathaus, auf dem »Eier- und Kräutlmarkt«, boten die Bauern aus der Umgebung ihre Produkte an. Bäcker, Metzger und Fischer beschickten die Brot-, Fleisch- und Fischbänke. Zugleich war der Markt Umschlagplatz für Waren, die von Fernhändlern eingeführt wurden: Gewürze, Seide, Korallen, Farben, Gold und Silber aus Venedig, Wein aus Tirol oder Tuche aus Brabant, Flandern und England. Zu kaufen gab es auch Loden, für dessen Herstellung München berühmt war. Nutztiere wurden jedoch abseits gehandelt. »Rossmarkt« und »Rindermarkt« sind Namen von Plätzen im heutigen München, die auf ihre frühere Nutzung hinweisen. Der Schrannenplatz diente jedoch nicht nur als Umschlagplatz für Waren. Hier fanden auch Turniere, Kundgebungen, kirchliche Prozessionen und öffentliche Hinrichtungen statt.

Bürger genießen Stadtrecht

Innerhalb des Mauerrings galt das so genannte Stadtrecht. König Ludwig der Bayer hatte Münchens Stadtrecht im Jahr 1340 in einer Urkunde umfassend aufgezeichnet. Warum war das Stadtrecht so wichtig? München unterstand, wie andere Städte im Mittelalter auch, einem Stadtherrn. Doch die Städte besaßen ein eigenes Stadtrecht. Es schützte die Gemeinschaft vor Übergriffen seitens des Herrschers und die Freiheit des Einzelnen. Jeder Bürger konnte z.B. selbst entscheiden, wen er heiraten wollte. Außerdem durfte er über sein Erbe verfügen und musste es nicht zwangsweise an den Herrscher abtreten.

Das Stadtrecht regelte auch das Zusammenleben der Einwohner. Im »Stadtrechtsbuch« legten die Bürger Gesetze fest, die im Stadtgebiet galten. Vergehen gegen diese Gesetze wurden unter Strafe gestellt. Ein Gericht befand über das Strafmaß, das ebenfalls im »Stadtrechtsbuch« vorgesehen war.

Das Stadtrecht sah nicht nur die Höhe der Steuern oder die Strafen für Diebstahl vor, sondern beinhaltete auch Regeln für das tägliche Zusammenleben der Einwohner, wie Bau- und Hygienevorschriften. So wurde zum Beispiel hinsichtlich der Sauberkeit der Gassen verfügt, dass die Einwohner Mist und Kehricht aus der Stadt zu bringen hatten – eine Vorschrift, die die Münchner allerdings oft nicht einhielten. 1397, so zeigen Dokumente, wurde jemand dafür bezahlt, »dass er Kot und Mist aus der Stadt fahre«. Im Jahr 1475 erließ der Rat das Verbot, Schweine in der Stadt frei herumlaufen zu lassen. Ausgenommen war eine »Antoniussau« pro Stadtviertel, die jeweils als Notration für die Armen vorgesehen war. So genannte »Antoniussäue« gehörten der Gemeinde. Sie wurden gefüttert und ernährten sich auch von den Abfällen, die die Menschen auf die Straße warfen. Der Name kommt vom Schutzheiligen der Haustiere, dem heiligen Antonius.

Er wird in der Heiligendarstellung oft zusammen mit einem Schwein dargestellt. Trotz allem herrschten im Mittelalter schlechte hygienische Verhältnisse in der Stadt. Sie waren ein idealer Nährboden für die Pest. Die Tod bringende Seuche wütete zwischen 1349 und 1496 zwölfmal in München. Zehntausende Menschen fielen ihr zum Opfer.

Der Münchner Stadtrat

Das Stadtrecht wurde in München vom Stadtrat kontrolliert, dem die Verwaltung der Stadt oblag. Er verfügte über die öffentlichen Gelder, legte die Vorschriften für die verschiedenen Gewerbe fest und war darüber hinaus auch für die Feuerwehr und die Verteidigung der Stadt zuständig. Der Stadtrat setzte sich aus einem »Inneren Rat«, einem »Äußeren Rat« und Vertretern der gesamten Bürgergemeinde zusammen. Der Innere Rat wurde von den wohlhabendsten und alteingesessenen Patrizierfamilien der Stadt gebildet. Der Äußere Rat wurde vom Inneren Rat gewählt. Auch

der Äußere Rat war von Patriziern besetzt (Patrizier, s. Begriffserklärungen). Wie die Vertreter aus der gesamten Bürgergemeinde in den Stadtrat gewählt wurden, darüber weiß die Geschichtsforschung bislang keine gesicherte Auskunft zu geben. Fest steht jedoch, dass der Innere Rat die größten Machtbefugnisse besaß. Und nur den Mitgliedern des Inneren Rates war es vorbehalten, ein Schwert in der Öffentlichkeit zu tragen.

Der Stadtrat wurde jedes Jahr neu gewählt und bestand nur aus Männern. Frauen durften keine öffentlichen Ämter bekleiden. Zumeist entstammten die Mitglieder des Stadtrats immer denselben Familien. Die Familien, die sogar über mehrere Jahrhunderte im Stadtrat vertreten waren und die Geschicke Münchens bestimmten, hießen: Barth, Ligsalz, Ridler, Schrenck, Rudolf, Pütrich und Pötschner. Drei Familien stellten über einen Zeitraum von mehr als 400 Jahren Mitglieder des Stadtrats: die Familie Barth 452 Jahre, die Familie Ligsalz 438 und die Familie Ridler 412 Jahre.

Die reiche Patrizierfamilie Ligsalz

Bürgerpflichten

Nicht jeder Einwohner der Stadt war gleichzeitig ein Bürger. Das Bürgerrecht Münchens bekam nur derjenige, der eine Reihe von Auflagen erfüllte: Wer das Bürgerrecht erwerben wollte, musste zunächst eine Aufnahmegebühr sowie eine jährliche Summe an Steuern zahlen. Die Jahressteuer belief sich Ende des 14. Jahrhunderts auf zwei Schillinge. Das entsprach einem Viertel Pfund Pfennige – ungewöhnlich, aber größere Geldbeträge wurden nach Gewicht des Pfennigs festgesetzt! Dass zwei Schillinge damals ein hoher Betrag waren, zeigt die Steuerliste der Stadt aus dem Jahr 1383. Nur 685 Bürger haben in jenem Jahr wenigstens zwei Schillinge in die Stadtkas-

Ein Münchner Pfennig

se eingezahlt, und damals zählte München rund 11.000 Einwohner. Darüber hinaus musste ein Bürger jährlich mit der gesamten Gemeinde vor dem Stadtrat einen Schwur leisten. Darin bekräftigte der Bürger, dass er den Nutzen für den Landesherrn und die Stadt vermehren und Schaden von ihnen abwenden wolle. Zusätzlich musste sich ein Bürger verpflichten, Aufgaben in der Feuer-, Tor- und Mauerwache zu übernehmen und der Wehrbereitschaft und anderen Ämtern zur Verfügung zu stehen. Immer wieder kam es zu großen Bränden

in der Stadt, denn die Häuser waren größtenteils aus Holz. 1327 vernichtete ein Feuer fast ein Drittel der Stadt. Nach diesem Brand ging man zum Bau von Steinhäusern mit Ziegeldächern über.

Die Münchner Stadtbevölkerung – Arm und Reich

Die alteingesessenen Patrizierfamilien bestimmten im Wesentlichen die Politik der Stadt, denn sie waren im Inneren und Äußeren Rat der Stadt vertreten. Ihr Reichtum war enorm. Diese Kaufmannsfamilien handelten im großen Stil mit Salz oder Tuchen, machten Geldgeschäfte oder waren in späterer Zeit auch an Bergwerken beteiligt.

Den Großteil der städtischen Bevölkerung aber stellten die Handwerker- und Gesellenfamilien. Die Handwerksmeister waren in so genannten »Zünften« organisiert. Zünfte waren Vereinigungen von Handwerksberufen, die einerseits die Qualität der Arbeit sichern sollten: Sie legten Arbeitsbedingungen und Arbeitsweisen innerhalb des Handwerks fest und grenzten ihre Arbeit gegenüber den so genannten »Pfuschern« ab. Pfuscher nannte man die Handwerker außerhalb der Zünfte. Andererseits kümmerten sich die Zünfte auch um gesellschaftliche Belange. Sie übernahmen Aufgaben in der Versorgung von armen oder kranken Mitgliedern. In München gab es beispielsweise die Zünfte der Schuster, Metzger, Schäffler (= Fassmacher) oder Pfister (= Bäcker). Daneben gab es in der Stadt Verwaltungsangestellte, wie den Stadtschreiber, der die Sitzungen des Stadtrates vorbereitete und protokollierte, und Berufe wie den Stadtarzt, Apotheker, Turmwächter und den Henker.

Für breite Bevölkerungsschichten gestaltete sich das Leben in der mittelalterlichen Stadt schwierig. In der zweiten Hälfte des 14. Jahrhunderts etwa lebte fast die Hälfte der Münchner in Armut. Nicht alle Handwerker und Kaufleute waren wohlhabend und konnten sich das Bürgerrecht leisten. Schwer war das Leben vor allem für jene, die kein Bürgerrecht erwerben durften: Gesellen, Dienstboten, Knechte, Mägde, Tagelöhner oder Totengräber.

Wittelsbacher Zwistigkeiten – die Bürger revoltieren

Nach dem Tod Ludwigs im Jahr 1347 brachen für München schlimme Zeiten an. Die Pest wütete, und es kam zu Hungersnöten. Kriege um das Erbe des Kaisers ließen die Steuern steigen. Im Jahr 1397 folgte ein weiterer erbitterter Kampf im Hause Wittelsbach um die Herrschaft. Drei Herzöge lagen miteinander im Streit: Stephan, Ernst und Wilhelm. Der aufwändige

Lebensstil der Herzöge verschlang immer mehr Geld. Neue Abgaben wurden für die Bevölkerung eingeführt: Wein, Vieh und Stoffe wurden besteuert.

Die Bürgergemeinde Münchens war unzufrieden – vor allem mit ihrer Stadtregierung, die von den Patrizierfamilien gestellt wurde. Die Bürgergemeinde lehnte sich auf. Erste Unruhen hatte es bereits im Jahr 1377 gegeben. 1385 war dann ein Vertreter der Patrizier, Johann Impler, von aufgebrachten Bürgern auf dem Schrannenplatz enthauptet worden. Angeblich hatte er gemeinsam mit einem Herzog Pläne gegen die Bürger geschmiedet. Die Lage war so gespannt und bedrohlich, dass die Herzöge Ernst und Wilhelm im Jahr 1397 aus der Münchner Herzogsburg ins nahe gelegene Dachau flohen. Offen brach die Revolte der Bürger 1398 aus, als bewaffnete Bürger vom Inneren Rat die Auslieferung des Stadtbanners, der Sturmglocke und der Torschlüssel verlangten. 1403 wurde schließlich ein neues Stadtgrundgesetz erlassen, das der Bürgergemeinde gegenüber dem Rat mehr Mitspracherechte in Fragen der Besteuerung und der Verwaltung der Finanzen einräumte.

Hofball in der
Neuen Veste um 1500

Ein goldenes Zeitalter bricht an

München erholte sich schnell von den Auseinandersetzungen. Die Stadt wurde weiter befestigt, indem der Mauerring verdoppelt wurde. Ab dem Jahr 1465 regierte Herzog Albrecht IV. (1465–1508) in München. In ihm fand die Stadt wieder einen großen Förderer. Er ließ die Fernhandelsstraße nach Italien über den Walchensee anlegen, und unter seiner Herrschaft wurde München zur Hauptstadt eines geeinten Nieder- und Oberbayern. Der Herzog war übrigens der Schwager des späteren österreichischen Kaisers Maximilian I., der München mehrmals mit glanzvollen Einzügen beehrte.

Der Kaisersaal der
Residenz

Einen ausführlichen Rundgang durch die Residenz findet ihr im 1. Rundgang.
Die Residenz war früher der feudale Wohnsitz der Wittelsbacher, der bayerischen und Münchner Herrscherfamilie. Heute ist die Residenz ein Museum und birgt reichhaltige Schätze.
Wirklich sehenswert!

In der zweiten Hälfte des 15. Jahrhunderts stieg die Bevölkerungszahl weiter an, etwa 13.500 Menschen lebten in München. Die alte Marienkirche, »Unsere Liebe Frau«, die im Jahr 1271 neben dem »Alten Peter« zu einer Pfarrkirche ernannt worden war, war inzwischen baufällig geworden. An ihrer Stelle sollte nun ein Dom gebaut werden, der viel mehr Gläubigen Platz bot: die Frauenkirche. Bauherr war die Stadt München: Der neue gotische Dom (Gotik, s. Begriffserklärungen) wurde zum Großteil aus den Steuern der Bürger finanziert.

Die Stadt der Künste – München als Residenzstadt

Ab der Mitte des 16. Jahrhunderts änderten sich die politischen und wirtschaftlichen Verhältnisse in München sichtbar. Der Landesherr gewann gegenüber dem Bürgertum nun stetig an Macht. So entzog im Jahr 1587 der damalige Herrscher Wilhelm V. (1579–1598) den Bürgern Münchens das Salzmonopol. Der Salzhandel lag nun in den Händen des Herrschers. Andererseits aber hat Herzog Wilhelm V. viele Verschönerungsarbeiten und neue prächtige Bauten für die Stadt in Auftrag gegeben. Es entstand unter anderem die Kirche St. Michael, der bedeutendste religiöse Bau im Zeitalter der Renaissance (s. Begriffserklärungen) nördlich der Alpen. Die großen neuen Bauaufgaben zogen viele Künstler und Kunsthandwerker nach München.

Schon im Jahr 1363 hatten die Wittelsbacher begonnen, nur wenige Gehminuten von der Herzogsburg entfernt, eine neue Burg zu errichten: Die »Neufeste«. Kurfürst Maximilian I. (1594–1651) – Bayern war inzwischen zu einem Kurfürstentum aufgestiegen – war es, der diesen Bau endgültig zu einer fürstlichen Residenz ausbaute. Von dieser schwärmte später sogar der Schwedenkönig Gustav Adolf – so sehr, dass er die Residenz am liebsten »auf Walzen« in seine Hauptstadt Stockholm gebracht hätte.

Dreißigjähriger Krieg – der Niedergang der Stadt

Unter dem Kurfürsten Maximilian I. hat die Stadt München die Wirren und Schrecken des Dreißigjährigen Krieges (s. Begriffserklärungen) erlebt. Das katholische Bayern stemmte sich den protestantischen Truppen unter der Führung eben jenes Gustav Adolf entgegen. Doch ohne Erfolg. Am 17. Mai 1632 standen die schwedischen Truppen vor den Toren Münchens. Kurfürst Maximilian I. floh. Das Umland war bereits verwüstet und mit Leichen übersät. Die schwedischen Truppen zogen in München ein, verschonten jedoch die Stadt unter der Bedingung, dass München die riesige Summe von 300.000 Reichstalern zahlte.

Gustav Adolf nahm Münchner als Geiseln gefangen.

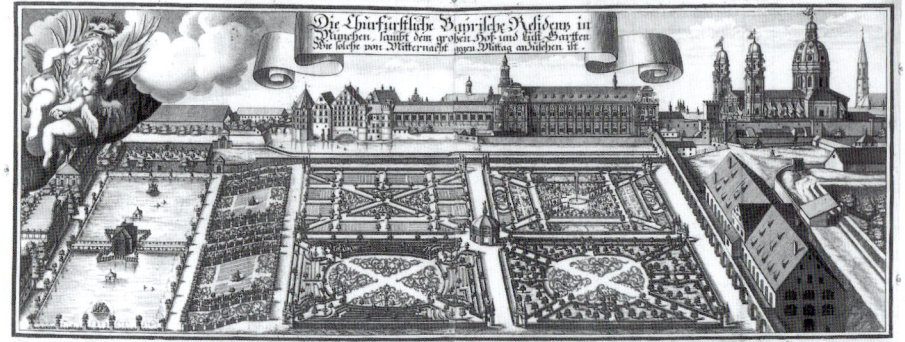

Da die Stadt nicht die ganze Summe aufbringen konnte, nahm Gustav Adolf 21
Bürger und 21 Geistliche als Geiseln mit.
München konnte das Geld auch weiterhin
nicht bezahlen. Und so dauerte die Gefan-
genschaft drei Jahre, bis die Geiseln endlich nach Hause zurückkehrten.

Erst nach dem Abzug der Truppen und
dem Ende der Pestepidemie in den Jahren
1634/1635 kam auch Kurfürst Maximilian
zurück. Doch Handel und Handwerk in der
Stadt lagen danieder – die Stadt hat sich
vom Dreißigjährigen Krieg und der Pest bis
ins 18. Jahrhundert hinein nicht erholt. Es
gab keine Samtweber, Kunstfärber, Mes-
singarbeiter und Zeugmacher mehr; von
den einst vielzähligen Tuchmachern, Stein-
metzen und Loderern *(= Handwerker, die
Loden herstellen)* waren nur noch wenige
übriggeblieben.

Der Kurfürst regiert

Mit Kurfürst Maximilian I. änderten sich die
politischen Verhältnisse in der Stadt. Der
bayerische Landesherr übernahm nun auch
die Macht in München. Für die Münchner

Die Residenz im
18. Jahrhundert.
Davor der Hofgarten.

Bevölkerung erließ er eine Reihe von Verordnungen, die vor allem das sittliche und
das katholisch-religiöse Leben betrafen:
An Werktagen durfte nicht getanzt werden,
der Besitz eines Rosenkranzes war Pflicht
wie auch das Niederknien, während die
Kirchenglocken zum Gebet läuteten. In
verschiedenen Kleiderordnungen schrieb
Maximilian den Untertanen vor, wie sie
sich zu kleiden hatten: Schmuck und edle
Stoffe aus dem Ausland waren verboten,
während er selbst als eitler Herr geschil-
dert wird, der seine Hü,te mit Perlen, Dia-
manten und Federn schmückte. Überwacht
wurden die Erlasse von der Polizei, die
dem Landesherrn unterstand. München, so
die Überzeugung Maximilians, sollte den
anderen Städten im Kurfürstentum Bayern
ein religiös-sittliches Vorbild sein. Viele
religiöse Orden holte Maximilian nach
München: Kapuziner, Paulaner und Karme-
liter bauten in den Jahren seiner Regent-
schaft Klöster in der Stadt.

Gleichzeitig trat Maximilian als Förderer der Künste hervor. Er ließ Plastiken anfertigen und sammelte alte Gemälde, vor allem von deutschen Künstlern, wie dem Nürnberger Maler Albrecht Dürer. Der Zuzug von Adeligen, Beamten und Dienstpersonal, die für den fürstlichen Hof arbeiteten, wuchs in dieser Zeit stetig. Adelige und Beamte bezogen Wohnung in der Stadt, wo sie zusammen mit der in den Klöstern lebenden Geistlichkeit schon bald mehr Einwohner stellten als die Bürger.

Kurfürst Maximilian I. verlangte religiöse Disziplin von seinen Untertanen.

Glanz und Elend Münchens

Die Wittelsbacher Kurfürsten gaben großartige Bauwerke und Kunstwerke in Auftrag. Schmuckstücke des Barock (s. Begriffserklärungen) und Rokoko (s. Begriffserklärungen) entstanden, die München weltberühmt gemacht haben: die Theatiner-

kirche und natürlich die Schlossanlage Nymphenburg, die im Westen vor der Stadt gebaut wurde – ein herrschaftlicher Landsitz mit riesigen Parkanlagen. Berühmte Architekten, Maler und Bildhauer aus Italien und Frankreich arbeiteten für das Fürstenhaus.

Doch die Hauptstadt des Kurfürstentums Bayern erlebte nicht nur höfischen Glanz. Kurfürst Max Emanuel (1679–1726) hatte mit bayerischen Truppen an der Seite Österreichs gegen die Türken gekämpft, die 1683 Wien belagerten und entscheidend geschlagen wurden. Doch bald danach wandten sich die politischen Verhältnisse gegen Max Emanuel. Er stellte sich im Pakt mit Frankreich gegen Österreich und unterlag schließlich seinem Gegner in einer Schlacht, in der im Jahre 1704 40.000 Kämpfer getötet wurden. Max Emanuel musste fliehen. Bayern und auch seine Hauptstadt wurden anschließend von österreichischen Truppen besetzt. Die Herrschaft der Österreicher in München dauerte 10 Jahre. 3.000 Männer aus dem bayrischen Oberland um Tölz versuchten, diese Besatzung mit Gewalt zu beenden. Unter der Führung des berühmt gewordenen Schmieds von Kochel, einem Ort unterhalb des Walchensees, traten sie schlecht ausgerüstet zum Kampf an. Sie wurden verraten und ergaben sich in Sendling, einem Dorf wenige Kilometer vor den Toren Münchens, den Besatzern. Die aber kannten keine Gnade: 1.000 Aufständische wurden in dieser berüchtigten »Sendlinger Mordweihnacht« im Jahre 1705 von der kaiserlichen Armee Österreichs niedergemetzelt.

Während der »Säkularisation«
wurden viele Kirchen und Klöster geplündert und zerstört.

40 Jahre später regierte ein Fürst, der
sein Volk liebte, und den auch das Volk
sehr schätzte: Kurfürst Max III. Joseph
(1745–1777). Dem Hof erlegte er äußerste
Sparsamkeit auf. Den Armen jedoch öffnete der Fürst in Notzeiten die Kornspeicher
und verteilte Lebensmittel. Besonders lag
ihm die Bildung des Volkes am Herzen.
Er führte in Bayern die Schulpflicht ein und
stellte Gelder für Handwerksschulen und
wissenschaftliche Bücher zur Verfügung.

Im Jahr 1781 zählte München rund 38.000
Einwohner, von denen die meisten entweder im Hof- oder Staatsdienst beschäftigt
oder als Priester oder Mönche in der Stadt
ansässig waren. Doch diese Situation sollte
sich bald ändern: Kurfürst Maximilian IV.
Joseph (1799–1825) und vor allem sein

berüchtigter Minister Graf Montgelas
regierten Bayern mit äußerster Härte. Im
Jahr 1803 wurden in Stadt und Land sämt-
liche Klöster und kirchliche Einrichtungen
dem Staat einverleibt. In Bayern wütete
die Säkularisation (s. Begriffserklärungen).
Es traf auch die Klöster und Kirchen Münchens. Klosteranlagen dienten jetzt als
Gefängnisse oder Kasernen, in denen Sträf-
linge und Soldaten untergebracht wurden.
Berühmte und prunkvolle Kirchen und ihre
Kunstschätze wurden zerstört, Priester und
Ordensmitglieder vertrieben.

München – Hauptstadt des Königreiches Bayern

Großartiges für Bayern ereignete sich im
Jahr 1806. Der französische General und
Kaiser Napoleon Bonaparte rief Maximilian
IV. Joseph feierlich zum König aus. Bayern
war nun Königreich und München Haupt-
stadt des Königreiches. Diese Ehre ver-
dankte Bayern dem politischen Geschick
Maximilians IV. Joseph. Er hatte sich mit
Napoleon verbündet. Dieser zeigte sich
erkenntlich und verlieh Maximilian die
Königswürde, woraufhin der bayerische
König seinen Namen änderte. Aus Maximi-
lian IV. Joseph wurde ein Maximilian I.
Joseph – wenn man zum König aufsteigt,
genügt ein vierter Platz nicht mehr, dann
muss es schon der erste sein.

König Ludwig I. – München verändert sein Aussehen

»Ich will aus München eine Stadt machen,
die Deutschland zur Ehre gereichen soll,

dass keiner Deutschland kennt, wenn er nicht München gesehen hat.« Mit diesen Worten gab König Ludwig I. (1825–1848), der Sohn von Maximilian I. Joseph, sein Vorhaben bekannt, das Aussehen der Hauptstadt München kunstvoll zu verändern. Er beschäftigte die berühmtesten Architekten, unter ihnen Leo von Klenze und Friedrich von Gärtner. Sie entwarfen Paläste, Tempel, Kirchen und Museen, die im so genannten klassizistischen Stil *(Klassizismus, s. Begriffserklärungen)* erbaut wurden. König Ludwig I. wollte aus seiner Stadt ein »Isar-Athen« machen. Mit dem Abtragen des Mauerrings war schon vor Ende des 18. Jahrhunderts begonnen worden. Ludwig öffnete die Stadt nach Norden mit der Ludwigstraße und ihren Prachtbauten. So wurde das mittelalterliche Mün-

chen mit seinen Gassen, Türmen, Toren und Kirchen durch großzügige Architektur ergänzt, die die Baustile des antiken Griechenlands oder Italiens zum Vorbild nahm.

Die Großstadt München

Ab der Mitte des 19. Jahrhunderts rückte München in den Rang einer Großstadt auf. Im Jahr 1861 lebten hier bereits 140.000 Menschen. Es herrschte große Wohnungsnot, unter der vor allem die Arbeiter litten, die nur wenig Geld verdienten. Die Zahl der Einwohner stieg bis 1880 auf 230.000 weiter an. Die drängendsten Probleme der Zeit mussten rasch in Angriff genommen werden: Es fehlte an Schulen und Krankenhäusern; die Stadt brauchte eine Kanalisation, und die Häuser mussten an die Wasserversorgung angeschlossen werden. Elektrisches Licht sollte die Gasbeleuchtung der Stadt ablösen.

König Ludwig II. – der Märchenkönig und sein ungeliebtes München

Als König Ludwig II. 1864 den Thron bestieg, war er erst 18 Jahre alt. Das Volk

Souvenirs aus München. Da darf König Ludwig II. nicht fehlen.

mochte den jungen König, der sein Leben ganz der Kunst verschrieben hatte. Der König war ein großer Musikliebhaber. Er verehrte vor allem den Komponisten Richard Wagner. Für ihn plante der König den Bau einer großen Oper in München, doch die Münchner lehnten den kostspieligen Plan ab. Von dieser Zeit an mied Ludwig München, wann immer er nur konnte. Zu seinem Lebensinhalt wurden nun Bau und Ausgestaltung seiner Königsschlösser: Schloss Herrenchiemsee auf der Herreninsel im Chiemsee, Schloss Neuschwanstein am Rande der Allgäuer Alpen und sein Jagdschloss Linderhof, versteckt in den Bergen bei Oberammergau – nicht zu vergessen das Bergschlösschen Schachen im Wettersteingebirge. Diese prunkvollen Schlösser sind einzigartige Kulturdenkmäler, die jährlich von Millionen Touristen *(s. Begriffserklärungen)* besucht werden.

Doch die aufwändigen Bauten trieben das Land Bayern an den Rand des finanziellen Ruins. Nachdem der König mit der Zeit zudem immer mehr unsinnige Befehle erteilte, wurde er entmündigt und ins Schloss Berg am Starnberger See gebracht. In der Nacht des 13. Juni 1886 ertrank Ludwig im Starnberger See. Die Umstände seines Todes sind bis heute rätselhaft geblieben, denn Ludwig war ein ausgezeichneter Schwimmer.

Die Zeit der Wende vom 18. zum 19. Jahrhundert – Stadt der Künstler

Nach dem Tod Ludwigs II. regierte Prinzregent Luitpold (1886–1912). Unter seiner Herrschaft erlebte die Kunst in München glanzvolle Zeiten. Hier herrschte nicht die übliche Hektik der Großstadt. München versprühte einen menschlichen und heiteren Eindruck. Das lockte Maler, Bildhauer, Musiker und Schriftsteller mit internationalem Ruf in die Stadt. Unter ihnen waren die Schriftsteller-Brüder Thomas und Heinrich Mann, die Maler Wassily Kandinsky und Franz Marc und die Komponisten Richard

Das Isartor um 1860

Ab 1791 wurde das Festungswerk der Stadt abgetragen. Die Mauern verschwanden, nur die Stadttore blieben großteils stehen. Ein schönes Beispiel der alten Anlage ist das Isartor, das bis heute erhalten ist.

Der »Tiger« von Franz Marc
aus dem Jahr 1912.

Strauß und Max Reger. Besonders das ehemalige Dorf Schwabing, das 1891 eingemeindet worden war, entwickelte sich zum
bevorzugten Künstlerviertel. Hier entstanden Kabarette und Kaffeehäuser, in denen
sich die Künstler gerne trafen. München
bot den Kunstschaffenden große Entfal-
tungsmöglichkeiten. Unterschiedlichste
Kunstrichtungen bestanden nebeneinander,
neue bildeten sich heraus.

Der Erste Weltkrieg und der letzte bayerische Monarch

Am 28. Juni 1914 starb in der bosnischen
Stadt Sarajewo der österreichische Thron-
folger Franz Ferdinand durch ein Attentat.
Ganz Europa wurde in der Folge in einen
vier Jahre dauernden Krieg verwickelt,
dem Millionen von Menschen zum Opfer
fielen. Hungersnöte und Grippeepidemien
suchten die bayerische Hauptstadt heim.
Am 7. November 1918, vier Tage vor Kriegs-
ende, zogen Zehntausende Münchner zur

Theresienwiese, um gegen den Krieg und die politischen Verhältnisse im Land zu demonstrieren. Im Verlaufe dieser Demonstration wurde der bayerische König Ludwig III. für abgesetzt erklärt. Die Republik *(s. Begriffserklärungen)* sollte die Monarchie, die Königsherrschaft, ablösen. König Ludwig leistete gegen diesen Beschluss keinen Widerstand. Noch am selben Abend verließ der abgesetzte Monarch München. Nach langem Umherirren bezog er schließlich ein Schloss am Chiemsee.

Ein Mann namens Hitler

Die Wirren setzten sich auch nach dem Krieg fort. Hunger, Arbeitslosigkeit und wirtschaftliche Schwierigkeiten herrschten in Deutschland. München unterschied sich dabei kaum von anderen deutschen Großstädten: Arbeiter streikten, die unzufriedenen Menschen demonstrierten, und die politischen Parteien waren untereinander unversöhnlich zerstritten. Dieses Durcheinander machte sich in München ein Mann zunutze, der später die Macht in Deutschland an sich riss und das Land und seine Menschen in den Abgrund des Zweiten Weltkriegs führte: Adolf Hitler. Seine Laufbahn als Politiker begann der gebürtige Österreicher, der im Ersten Weltkrieg in der deutschen Armee gedient hatte, in München. Hier hielt er politische Reden und versuchte mit Gleichgesinnten im Jahr 1923, die deutsche Staatsregierung in Berlin zu stürzen. Am 9. November 1923 war ein Marsch nach Berlin geplant, doch dieser endete am Münchner Odeonsplatz in einem Feuergefecht zwischen Teilnehmern des Marsches und der Polizei. 16 Demonstranten und drei Polizisten starben.

Hitler hatte in der 1920 in München gegründeten Nationalsozialistischen Deutschen Arbeiterpartei, abgekürzt NSDAP, schnell Karriere gemacht. Schon ein Jahr später stand er dieser Partei vor. München blieb das Zentrum der NSDAP, die im Jahr 1933 in Deutschland die politische Macht übernahm. 12 Jahre dauerte die Schreckensherrschaft Hitlers und seiner Partei. Nach und nach schalteten sie alle andersdenkenden Gegner aus. Mit Mord und Verbreitung von Terror und Einschüchterung setzten sie ihre politischen Ziele durch. Eines ihrer Hauptziele war die Vertreibung, Ver-

Der Eingang zum Konzentrationslager Dachau

Auf dem Königsplatz wurden am 10. Mai 1933 Bücher fortschrittlicher Autoren verbrannt.

folgung und Ausrottung der jüdischen Bürger. Sechs Millionen Menschen jüdischen Glaubens ermordeten die Nationalsozialisten im so genannten Holocaust, dem Massenmord an europäischen Juden, zwischen 1938 und 1945.

Judenverfolgungen in München

Juden gab es in München schon seit der Stadtgründung. Im Mittelalter spielten sie eine wichtige Rolle. Die Herzöge holten sie nach München, um sich von ihnen Geld zu leihen. Juden besaßen jedoch nicht die gleichen Rechte und Pflichten wie die übrigen Münchner Bürger. Das Bürgerrecht der

Das Konzentrationslager Dachau

Es entstand 1933 im nahe gelegenen Dachau. Hier wurden Gegner der Nationalsozialisten und jüdische Bürger eingesperrt und mussten Schwerarbeit leisten.
Im Jahr 1965 wurde das Konzentrationslager zu einer Gedenkstätte. Sie wird im Kapitel Museen (ab Seite 179) näher beschrieben.

Stadt konnten sie nicht erwerben, und sie unterstanden auch nie der Stadtgerichtsbarkeit, sondern direkt dem Herzog. Im frühen 13. Jahrhundert durften sie mit Erlaubnis des Herzogs ein jüdisches Gotteshaus, eine Synagoge, bauen. Das Haus stand in der Judengasse an der alten Stadtmauer, auf dem Gelände des Marienhofs, hinter dem Neuen Rathaus. Im heutigen Stadtbild erinnert jedoch nichts mehr an diese Straße. Wenige Jahre später erhielten sie auch einen eigenen Begräbnisplatz.

Im Mittelalter war es den Juden nur begrenzt erlaubt, Handel zu treiben. Ihr Hauptgeschäft war der Geldverleih, wofür sie enorm hohe Zinsen verlangen durften. Doch der Reichtum, den sie ansammelten, und die Zinsgeschäfte, die den Christen verboten waren, erweckten Neid und Missgunst unter der übrigen Bevölkerung. In den Jahren 1285, 1349 und 1413 kam es zu Ausschreitungen gegen die jüdische Bevölkerung. Die Anlässe waren immer frei erfunden: Man warf den Juden vor, ein Kind grausam ermordet zu haben, oder man behauptete, sie trügen die Schuld an der Pest, indem sie die Brunnen der Stadt vergiftet hätten. Blutrünstig war die Verfolgung im Jahr 1285, als ein Großteil der Münchner jüdischen Bevölkerung getötet wurde. Es starben etwa 180 Personen. Die Synagoge wurde niedergebrannt, während sich darin 67 Personen vor den Verfolgern versteckt hielten. Dennoch ließen sich Juden in der Folgezeit erneut in München nieder.

Im Jahr 1933, dem Jahr der Machtübernahme durch die NSDAP, lebten in München 19.000 Juden. Jenes Jahr war der Beginn einer Judenverfolgung in bisher nicht gekanntem Ausmaß. Zunächst wurde dazu aufgerufen, nicht mehr in jüdischen Geschäften einzukaufen. Im weiteren Verlauf erging das Verbot für Ehen zwischen Juden und Christen. Die Straßen, die nach jüdischen Bürgern benannt worden waren, erhielten neue Namen. Dann, in der Nacht vom 8. auf den 9. November 1938, kam es in der so genannten »Reichskristallnacht« zu den ersten gewalttätigen Übergriffen gegen die Menschen jüdischen Glaubens. Die Schaufenster ihrer Geschäfte wurden zertrümmert – der Name »Kristallnacht« steht für die Glassplitter der zerbrochenen Scheiben. Münchner Synagogen gingen in dieser Nacht in Flammen auf. Viele Juden wurden verhaftet. Von diesem Zeitpunkt an mussten Juden in der Öffentlichkeit einen gelben Stern auf ihrer Kleidung tragen, damit sie sofort als Juden erkennbar waren. Vermögen und Besitz der Juden wurden eingezogen. Wer als Jude bis 1938 nicht nach Nord- oder Südamerika, England, Frankreich, Palästina oder in die Schweiz ausgewandert war, ging in der Folge unbeschreiblich schlimmen Zeiten entgegen. Die hier gebliebenen Juden wurden misshandelt und in Vernichtungslagern eingesperrt. Die meisten starben dort schließlich an Hunger und Krankheit, wurden erschossen oder in als Duschräumen

getarnten Gaskammern vergast. In München haben nur 84 jüdische Bürger diese Schreckenszeit überlebt.

Der Zweite Weltkrieg – Widerstand gegen die Gewaltherrschaft

Unter der Herrschaft Hitlers und der NSDAP wurden nicht nur Juden verfolgt, ebenso traf es Zigeuner und Menschen aus slawischen Völkern, die schikaniert und oftmals getötet wurden. In Deutschland herrschte Intoleranz. In München und Berlin etwa wurden Bücher fortschrittlicher Schriftsteller bereits im Jahr 1933 öffentlich verbrannt, Werke von modernen Malern waren verpönt.

Doch immer wieder rührte sich auch Widerstand gegen Intoleranz, Krieg und Barbarei. Die Geschwister Sophie und Hans Scholl gehörten der »Weißen Rose« an. So nannte sich eine Gruppe von Münchner Studenten, die in den Jahren 1942–1943 Flugblätter verteilte. Darin riefen sie dazu auf, Hitlers Regime zu stürzen. Die Geschwister wurden schließlich von der Geheimpolizei gefangen genommen und hingerichtet. Dasselbe Schicksal war Johann Georg Elser 1939 widerfahren. Er hatte eine Zeitbombe im Münchner Bürgerbräukeller gezündet, die Hitler bei einer seiner Veranstaltungen hätte töten sollen. Elser hat Hitler verfehlt, die Bombe explodierte zu spät, als Hitler bereits auf dem Weg nach Berlin war.

Die Politik Adolf Hitlers mündete schließlich 1939 in den Zweiten Weltkrieg. Nach den anfänglichen Erfolgen der Deutschen hat sich das Blatt schnell gewendet. Bereits 1941 war die Niederlage abzusehen. Die deutschen Truppen wurden auf fast allen Kriegsschauplätzen zurückgedrängt. Alliierte Truppen, bestehend aus US-Amerikanern, Engländern, Franzosen und Russen, griffen nun Deutschland an. München wurde aus der Luft bombardiert. Tag und Nacht fielen Spreng- und Brandbomben, die große Teile der Stadt in Schutt und Asche legten, darunter Kirchen, Paläste, Museen. Ganze Straßenzüge der mittelalterlichen Altstadt wurden dem Erdboden gleichgemacht.

Als amerikanische Truppen am 30. April 1945 in München einzogen und in Deutschland das Ende der Schreckensherrschaft Hitlers besiegelten, waren rund 20.000 Münchner Soldaten in diesem Krieg gefallen. 6632 Münchner wurden bei den Luftangriffen getötet, 16.000 verletzt. 300.000 Menschen waren obdachlos geworden. Die Bevölkerung war von 889.000 im Jahr 1943 auf 470.000 zurückgegangen.

München nach 1945 – Kultur und Sport

Der Wiederaufbau der Stadt wurde schnell vorangetrieben. München zählte schon 1960 mehr als 1.000.000 Einwohner. Wohnungsraum musste geschaffen werden. Nicht immer war man darauf bedacht, die zerstörten alten Bauten wieder so herzustellen, wie sie früher waren. Stattdessen wurde leider allzu oft Neues bevorzugt. Doch München, die Hauptstadt des

Bundeslandes Bayern, hat bis heute eine Vielzahl alter Bauten bewahrt. Nicht umsonst ist München die beliebteste deutsche Stadt für Urlauber aus dem In- und Ausland. Jährlich kommen etwa 3,6 Millionen Touristen. 1972 fanden hier die Olympischen Sommerspiele statt. Das Endspiel der Fußball-Weltmeisterschaft 1974 wurde im Olympiastadion ausgetragen. Bei der Fußballweltmeisterschaft 2006 fanden mehrere Spiele in der Allianz Arena statt.

Abwechslungsreich und anziehend ist der Lebensraum München. Für ein reges kulturelles Leben sorgen Opernhäuser, viele Theater, Museen, Kunstausstellungen, Lesungen von Schriftstellern usw.

Wie ihr in diesem Reiseführer lesen werdet, bietet die Stadt für Kinder und Jugendliche unzählige Möglichkeiten zur Unterhaltung und eigenen Entfaltung.

Im Sommer zieht es die Bewohner hinaus zum Baden zu den nahen Seen im Süden der Stadt. Eine besondere Vorliebe hegen die Münchner für die Berge. Sie liegen vor der Haustür, und steht man an Tagen mit klarer Sicht auf dem Hügel neben dem Olympiastadion, den die Münchner in leichter Übertreibung »Olympiaberg« nennen, scheint das Hochgebirge zum Greifen nahe. In Scharen machen sich die Münchner sommers wie winters auf zum Bergwandern, Bergsteigen oder Langlaufen, Ski- und Snowboardfahren. Diese Annehmlichkeiten haben natürlich ihren Preis. München gilt als eine der teuersten Städte Europas.

Doch wiederum ist sie eine der schönsten Städte, auf die ihre Bewohner stolz sind. Nicht zuletzt auf den Fußball, der in München gespielt wird. Ist hier doch der TSV 1860 München, genannt die Löwen, ebenso zuhause wie der deutsche Rekordmeister FC Bayern München – der feiert national wie international herausragende Erfolge.

Große Künstler in München

Erasmus Grasser wurde in Schmidmühlen, einer kleinen Ortschaft in der Oberpfalz, geboren. In welchem Jahr ist ungewiss, wahrscheinlich 1450. Grasser machte eine Ausbildung als Schnitzer und bereiste während seiner Gesellenzeit zahlreiche Städte in Bayern.

Zu Beginn des Jahres 1470 ließ er sich in München nieder. 1476 wurde er als Meister in die angesehene Zunft der Münchner Schnitzer aufgenommen. Für den Münchner Rathaussaal fertigte er die berühmten »Moriskentänzer« aus Lindenholz an. Zu seinen Auftraggebern gehörten Stadträte, Fürsten und Kirchenväter. Um die vielen Aufträge bewältigen zu können, eröffnete Erasmus Grasser eine eigene Werkstatt, in der er Handwerker zu seinen Mitarbeitern ausbildete. In seinen letzten Lebensjahren gab der fromme Künstler einen großen Teil seines Vermögens für wohltätige Stiftungen aus. Erasmus Grasser starb im Jahr 1518 in München.

Cosmas Damian Asam wurde 1686 in Benediktbeuern geboren, sein Bruder **Egid Quirin Asam** 1692 in Tegernsee – beides kleine Orte in Oberbayern mit großen Klosteranlagen. Bereits ihr Vater, Hans Georg, war ein berühmter Maler. Zunächst gingen die Söhne bei ihm in die Lehre. Dann hielt sich Cosmas Damian in Rom auf, wo er durch das genaue Studium italienischer Maler viel hinzulernte. Cosmas Damian wurde ein herausragender Freskomaler, Egid Quirin Bildhauer und Stukkateur.

Sie arbeiteten beide im Stil des Barock *(s. Begriffserklärungen)*. Viele Aufträge führten die Brüder gemeinsam aus und ergänzten sich dabei auf wunderbare Weise. Es entstanden in ihrer Harmonie einzigartige Kirchenräume. Auch als Baumeister wurden die Asams tätig. Cosmas Damian starb 1739 in München, sein Bruder Egid Quirin 1750 in Mannheim.

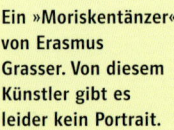

Ein »Moriskentänzer« von Erasmus Grasser. Von diesem Künstler gibt es leider kein Portrait.

Leo von Klenze wurde 1784 in einem kleinen Ort in Niedersachsen geboren. Das Handwerk als Baumeister erlernte er in Berlin. Zunächst arbeitete er am Königshof in Kassel. Im Jahr 1816 berief ihn schließlich König Ludwig I. an den Hof nach München, wo der König aus seiner Hauptstadt ein Athen an der Isar entstehen lassen wollte. Diese Vorgabe des Königs setzte Leo von Klenze mit größtem Geschick um. Er entwarf Gebäude und Plätze im so genannten klassizistischen Stil, dem zumeist die Bauten des antiken Griechenland als Vorbild dienten. Die Propyläen sowie die Glyptothek – beide Bauten befinden sich am Königsplatz – sind herausragende Beispiele dieser Architektur. Leo von Klenze wurde neben Friedrich von Gärtner, die miteinander wetteiferten, zum Lieblingsarchitekten des Königs. Klenze starb 78-jährig in München.

Carl Spitzweg wurde 1808 in München geboren. Er stammte aus einer reichen Münchner Bürgerfamilie, die vor allem mit Stoffen und Spezereien (= Gewürze) handelte. Da Carls ältester Bruder das elterliche Geschäft einmal übernehmen sollte, hatten die Eltern für Carl den Beruf des Apothekers vorgesehen. Er machte eine dreijährige Lehrzeit und schloss ein Studium der Pharmazie ab. Zeit seines Lebens reiste Carl Spitzweg gern durch Europa. Und es war auf einer Reise nach Italien, als er seine eigentliche Berufung entdeckte: die Malerei. In seinen Gemälden schildert Spitzweg mit Humor und Gespür die Menschen und die Alltagswelt seiner Zeit. Erst spät wurde dem Maler breitere Anerkennung zuteil. Auf der Weltausstellung des Jahres 1867 in Paris war Spitzweg mit vier Bildern vertreten, die dem Künstler internationales Lob einbrachten. Seine Bilder waren nun sehr begehrt. Spitzweg starb 1885 in München.

Leo von Klenze gestaltete den Königsplatz.

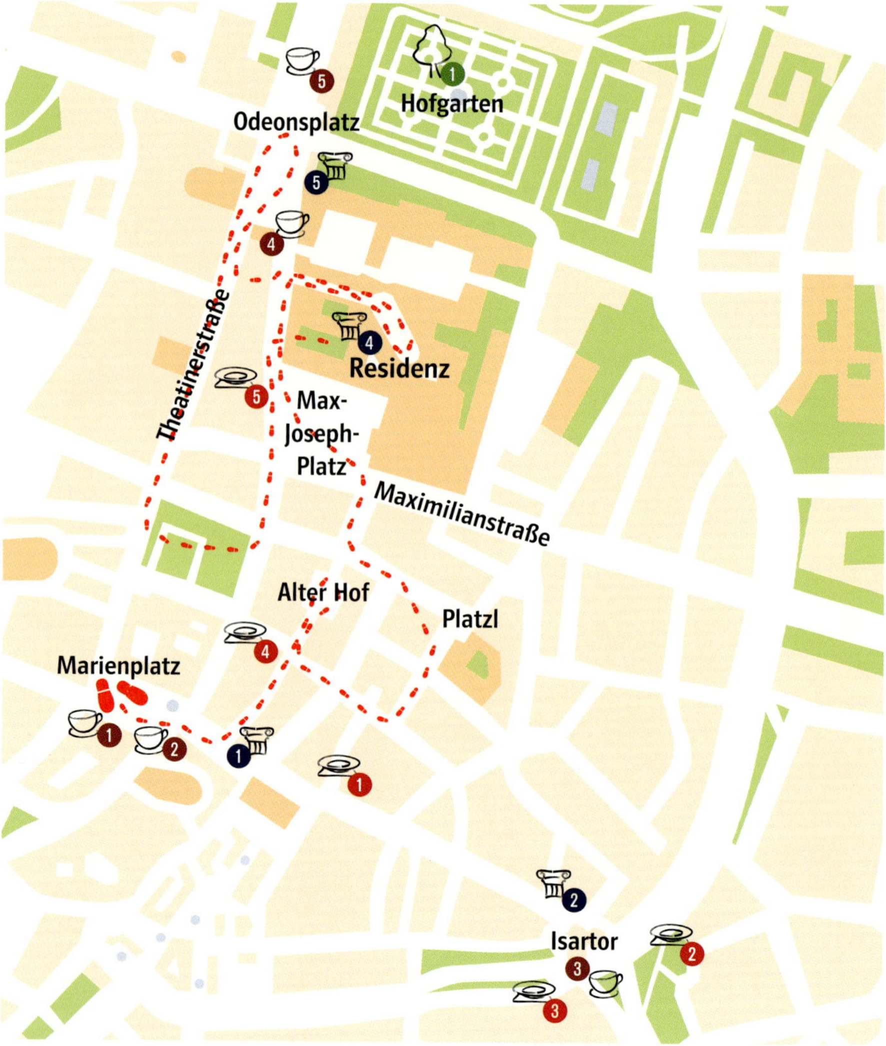

Hofgarten 1

Odeonsplatz 5

5

4

Residenz 4

5

Max-Joseph-Platz

Theatinerstraße

Maximilianstraße

Alter Hof 4

Platzl

Marienplatz 1

2

1

1

Isartor 2

3 2

3

Auf den Stadtteilkarten sind neben-
stehende Symbole eingezeichnet: Sie
verschaffen euch einen schnellen Überblick darüber, was es auf den Rundgängen zusätzlich an Nützlichem und
Interessantem gibt. Wer die genauen
Adressen von Gaststätten, Biergärten
und Cafés wissen möchte, braucht
nur im Kapitel »Freizeit« unter der
angegebenen Nummer nachsehen.

 Biergärten

 Cafés und Leckereien

 Restaurants und Gaststätten

 Museen

 Parks und Gärten

1. Rundgang: Vom Marienplatz zur Residenz – Das Herz Münchens

Der Marienplatz

»Achtung: drei, zwei, eins – jetzt!«, rief Polli-
no aufgeregt. Genau in diesem Augenblick
sprang der Zeiger der großen Turmuhr auf
11 Uhr und ein lustiges, wenn auch etwas
holpriges Glockenlied erklang. »Ui, sieh nur
Pollina, jetzt bewegen sich die Figuren!«
Tatsächlich, ein Glockenschläger kündigte
mit vier Schlägen die volle Stunde an. Dann
erschienen, wie von Geisterhand gezogen,
bunt bemalte Kupferfiguren: Ritter auf
Pferden, Gaukler und Fanfarenbläser, Fah-
nenträger und Pagen, und ein elegant
gekleideter Hofmarschall. Fasziniert verfolg-
ten die Geschwister das berühmte Münch-
ner Glockenspiel am Turm des Neuen Rat-
hauses.

Wie beliebt das Glockenspiel bei Touristen
aus aller Welt ist, merkten Pollino und Polli-
na, als sich binnen kurzer Zeit eine Men-
schenansammlung vor dem Neuen Rathaus
gebildet hatte. »Die obere Figurengruppe
stellt das Ritterturnier anlässlich der Hoch-
zeit von Herzog Wilhelm V. mit Renata von
Lothringen dar. Das Fürstenpaar in seiner
festlichen Kleidung siehst du oben in der
Loge«, begann Pollino seiner Schwester zu
erzählen. »18 Tage dauerten die Feierlich-
keiten im Februar des Jahres 1568. Die
Hochzeit war eines der prächtigsten Feste
des gesamten Jahrhunderts. Von überall
her kamen Fürsten und Grafen nach Mün-
chen. Fast 5.000 Ritter sollen an dem Fest-

zug teilgenommen haben. Achtung! Gleich
siehst du, wie der bayerische Ritter auf der
weißblauen Pferdedecke den Ritter aus
Lothringen vom Sattel stößt! Wie gerne wär
ich damals bei diesem Turnierspiel auf dem
Marienplatz dabei gewesen – oder wenigs-
tens bei einem anderen. Viele Ritter- und
Pferdeturniere fanden im Mittelalter auf
dem Platz statt. Beliebt bei den Zuschauern
war vor allem das Kübelstechen.«

»Kübelstechen? Davon habe ich noch nie
was gehört«, bemerkte Pollina belustigt.
»Das ging so«, erwiderte Pollino: »Zwei
Ritter traten gegeneinander an, jeder mit
einer langen Lanze bewaffnet und einem
Kübel auf dem Kopf. Wem es als Erstem
gelang, den Kübel vom Kopf des Gegners
herunterzustoßen, hatte gewonnen.« »Wie
groß war denn dieser Kübel?«, fragte Polli-
na neugierig. »Na ja, der war nicht so leicht

zu treffen. Und wenn's daneben ging...«
»... ging's ins Auge«, ergänzte Pollina, wobei
sie sich kichernd die Hand vor ihr linkes
Auge hielt. Sie wusste um die Leidenschaft
ihres Bruders für Ritterspiele und Kämpfe,
und oft genug musste sie zuhause als Spiel-
partnerin herhalten.

Das Münchner **Glockenspiel** findet
jeden Tag um 11 und 12 Uhr, von März–Ok-
tober auch um 17 Uhr statt. Die 32 Figuren
des Glockenspiels sind lebensgroß. Der
Ritter und sein Pferd zum Beispiel messen
2,10 Meter. Unterhalb der Turnierszene
seht ihr acht Männer, die einen ungewöhnlichen Tanz aufführen. Sie tragen eine
schwarz-rote Tracht. Die Männer hüpfen
und drehen sich unter Reifen hindurch, die
mit Bändern geschmückt sind. Dieser Tanz
ist in München sehr berühmt und wird als
»Schäfflertanz« bezeichnet. Schäffler sind
Handwerker, die Fässer und andere Gefäße
aus Holz herstellen. Im Mittelalter war
Schäffler ein wichtiger Beruf. Holzfässer
dienten zu Transport und Aufbewahrung
von Salz und Wein.

Das Glockenspiel am
Neuen Rathaus

Zur Entstehung des **Schäfflertanzes** gibt es folgende Legende: Im Jahr 1517 wütete die Pest in München und viele Bürger starben. Auch nach dem Ende der Seuche trauten sich die Einwohner nicht aus dem Haus. Die Schäffler wagten sich als Erste auf die Straße. Mit Tanz und Spiel flößten sie den verängstigten Bürgern neuen Mut ein. Schon bald folgten die Münchner den Schäfflern und ahmten deren lustige Bewegungen nach. Schäfflern werdet ihr auf euren Rundgängen durch München noch des Öfteren begegnen: Sie stehen als Figuren aus Stein oder Holz in Sälen, Museen und an Hausecken. Aber auch »lebendige« Schäffler gibt es noch in der Stadt. Alle sieben Jahre veranstalten sie in der Faschingszeit den Schäfflertanz und treten in Firmen und Geschäften, in Ämtern oder auch im Zirkus auf. Münchner Schäffler zählen ihr Lebensalter übrigens nach miterlebten Schäfflertänzen, das heißt, aus einem 70-jährigen Opa kann auf diese Weise problemlos ein 10-jähriger »Hüpfer« werden.

»Hast du die Fratze dort gesehen? Und da drüben, den Ritter in seiner Rüstung, und den hier auf seinem Pferd?« Pollino wusste gar nicht, wo er zuerst hinschauen sollte. Die Fassade des Neuen Rathauses war mit Wappen, Masken und Tierköpfen sowie mit Statuen von bayerischen Königen und Kurfürsten verziert. »Ganz links an der Ecke kriecht sogar eine Eidechse die Wand hoch!«, rief Pollino und stupste seine Schwester leicht in die Seite. »Kannst du denn eine Eidechse nicht von einem Lindwurm unterscheiden?«, entgegnete Pollina und flüsterte ihrem Bruder in geheimnisvollem Ton ins Ohr: »Der Lindwurm ist ein schreckliches, Furcht erregendes Ungeheuer. Sein Name ist ein altes Wort für Drache. ›Lind‹ bedeutet so viel wie leuchtend, und ›Wurm‹ wurde früher alles sich windende Getier genannt. Der Münchner Lindwurm hatte Fledermaus ähnliche Flügel, die ihn über die Dächer der Stadt trugen. Dann wurde der Tag zur Nacht und der Himmel verdunkelte sich tiefschwarz. Der todbringende Atem des Lindwurmes brachte die Pest in die Gassen und Häuser, und viele viele Menschen starben jämmerlich.« Gespannt lauschte Pollino der Erzählung. Er kuschelte sich immer näher an seine Schwester, die nicht müde wurde zu erzählen: »Eines Tages ließ sich das Ungeheuer am Marienplatz nieder. Zuerst traute sich

Der steinerne Lindwurm an der südwestlichen Ecke des Rathauses. Einst im Mittelalter, so die Legende, soll er sich hier am Marienplatz niedergelassen haben, um Tod und Verwüstung über die Stadt zu bringen.

niemand, dem Lindwurm entgegenzutreten. Dann nahmen die Männer der Hauptwache ihren ganzen Mut zusammen, zielten mit ihrer Kanone auf das Ungeheuer, feuerten, und...« »Und?«, fragte Pollino gespannt. »... und trafen es genau ins Herz. Der Lindwurm war auf der Stelle tot und München damit von der Pest erlöst«, endete Pollina.

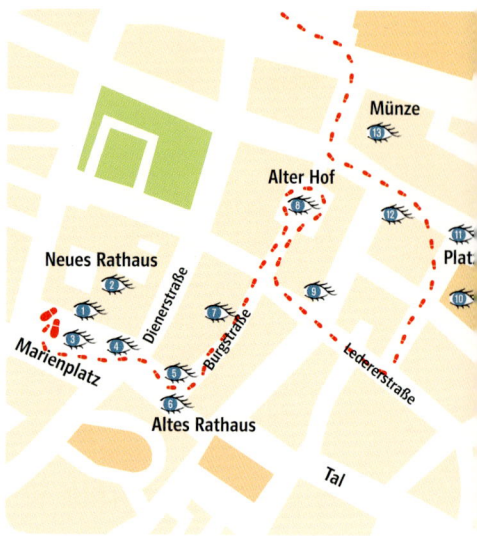

Das **Neue Rathaus** wurde Ende des 19. Jahrhunderts errichtet, nachdem es dem Bürgermeister und seinen Stadträten im Alten Rathaus, das schräg gegenüber steht, zu eng geworden war. Die Fassade des riesigen Gebäudes aus Backstein ist fast 100 Meter lang. Um das Neue Rathaus bauen zu können, mussten jedoch 24 Häuser, darunter Jahrhunderte alte Bürgerhäuser, abgerissen werden. Nur noch auf alten Abbildungen könnt ihr erkennen, wie der Marienplatz früher einmal ausgesehen hat. Um einen guten Überblick über den berühmtesten Platz Münchens und seine nähere Umgebung zu bekommen, fahrt ihr am besten mit dem Aufzug am Eingang zum Neuen Rathaus (links) bis in das vierte Stockwerk, und von dort geht's weiter zur Turmgalerie ganz nach oben, bis in den 9. Stock. Seit München besteht, ist der **Marienplatz** das »Herz« der Stadt. Einheimische und Touristen, Souvenirhändler und Straßenkünstler bevölkern den Platz. Die Menschen gehen bummeln, erledigen Einkäufe oder sitzen bei schönem Wetter gemütlich bei einem Kaffee oder Eis im Freien. In der Vergangenheit, man kann es sich schwer vorstellen, ging es hier noch lebhafter zu, als der Marienplatz nämlich noch »Schrannenplatz« hieß und Münchens wichtigster

Marktplatz war. Von 1158–1854, also etwa 700 Jahre, trug er den Namen »Schrannenplatz«. Hier gab es Getreide (wie euch der Name »Schranne« bereits verrät) zu kaufen, aber auch andere Lebensmittel wie Salz, Gemüse, Obst, Fisch, Fleisch oder Brot und verschiedene Handelsgüter, darunter wertvolle Stoffe wie Seide und Brokat oder Tuche, Farbstoffe und exotische Gewürze aus Venedig. Auch Wein aus Tirol oder Eisen wurden feilgeboten.

An den »Schrannentagen«, dienstags und samstags, als großer Markt abgehalten wurde, herrschte auf dem Platz und in den umliegenden Straßen ein besonders großes Durcheinander. Im Jahr 1819 etwa wurden an einem Tag sage und schreibe 1.034 Bauernwagen und 2.968 Handkarren gezählt, die sich mit ihrer Fracht über den Marienplatz und durch die Straßen drängten. Den Münchner Stadträten, die sich

**Das Neue Rathaus
am Marienplatz**

durch dieses Geschiebe und Gedränge in ihr Rathaus quetschten mussten, wurde es schließlich zu bunt. Sie beschlossen, den Markt nun völlig aufzulösen und auf andere Plätze zu verlegen. Der Obst- und Gemüsemarkt war schon Jahre vorher auf dem Gelände des heutigen **Viktualienmarktes** untergebracht worden. Und im Juli 1854 wurde der »Schrannenplatz« schließlich in »Marienplatz« umbenannt.

»Auf dem Schrannenplatz scheint es früher romantisch zugegangen zu sein: glanzvolle Feste mit Ritterturnieren und der Markt-betrieb...«, meinte Pollina, die neben Pollino auf der Turmgalerie stand und das Treiben von oben verfolgte. »Von wegen romantisch! Hier wurden auch Todesurteile vollstreckt«, erwiderte Pollino. »Von 1570–1590 zum Bei-spiel, also in nur zwanzig Jahren, fanden auf dem Schrannenplatz mehr als 50 Hin-richtungen statt: Pferdediebe, Kirchenräu-ber, Zauberer und Betrüger wurden hier hingerichtet. Ist dir der Raubritter Diez von Swinburg ein Begriff?«, wandte sich Pollino an seine Schwester. Nicht schon wieder

eine dieser Rittergeschichten, hoffte Pollina. »Diez wurde mit vier seiner Komplizen gefasst und zum Tode verurteilt. Vor seiner Hinrichtung wollte der gefürchtete Ritter noch einen letzten Wunsch erfüllt bekommen. Er bat darum, dass er und seine Knechte in einer Reihe aufgestellt würden und man ihn zuerst köpfen sollte. Wenn es ihm dann gelänge, an seinen Komplizen vorbeizulaufen, sollten diese begnadigt werden.« »Ohne Kopf?«, warf Pollina zweifelnd ein. »Ja! Genauso ungläubig reagierten damals auch Richter und Herzog. Aber sie nahmen den letzten Wunsch des zum Tode Verurteilten an. Dem Ritter wurde als Erstem der Kopf abgeschlagen. Noch bevor der Kopf zu Boden fiel, sprang der Raubritter auf und wankte an seinen vier Knechten vorbei. Erst dann stürzte er tot zu Boden.« »Und weiter?« Jetzt wurde Pollina neugierig. »Nun, die Zuschauer jubelten natürlich über diese unglaubliche Heldentat, und Richter und Herzog blieb nichts anderes übrig, als die vier Komplizen des Raubritters zu begnadigen und freizulassen.«

Die **Mariensäule** ist nicht nur der Mittelpunkt des Marienplatzes, sondern die gedachte Mitte der gesamten Stadt: Der Nabel Münchens. Bester Beweis dafür ist, dass die Kilometerangaben auf Wegweisschildern nach München stets die Entfernung zur Mariensäule zeigen. Die 11,6 Meter hohe Säule wurde im November 1638 von Kurfürst Maximilian I. eingeweiht. Der Kurfürst verehrte die Gottesmutter. Zum Dank, dass Maria die Stadt während des Dreißigjährigen Krieges vor größeren Schäden bewahrt hatte, ließ er ihr, der

»hochmögenden Schutzfrau Bayerns«, ein »gottgefälliges Werk« errichten. So steht es in lateinischer Schrift auf dem Sockel der Säule geschrieben.

Die kleinen, nackten Knaben auf dem Marmorsockel sind so genannte Putten. Die Künstler des Barock (s. Begriffserklärungen) und Rokoko (s. Begriffserklärungen) haben auf ihren Gemälden und in ihren Plastiken mit Vorliebe Putten dargestellt. Die Putten an der Mariensäule sind Heldenputten. Sie kämpfen gegen die »Plagen der Menschheit«. Der Löwe steht dabei für den Krieg, die Schlange für den Unglauben, der Basilisk (ein Hahn mit Drachenschwanz) stellt die Pest dar und der Drache den Hunger.

Die Mariensäule am Marienplatz

Ganz oben auf der Säule thront die vergoldete Marienstatue. Auf dem Haupt Mariens sitzt eine prachtvolle Krone. In der rechten Hand hält sie das Zepter. Im linken Arm trägt sie das segnende Christuskind. Die Gottesmutter steht auf der Mondsichel und wendet sich nach Osten, der Morgensonne entgegen. Sie hat die Heldenputten zur Erde geschickt, um München und die ganze Menschheit in Zeiten der Not und des Krieges zu retten. Das über zwei Meter hohe Marienstandbild wurde um 1593 von dem in Holland geborenen Bildhauer Hubert Gerhard geschaffen. Bis 1620 schmückte es den Hochaltar der Frauenkirche, dann wurde es auf die Mariensäule gestellt.

Ein Heldenputto im Kampf mit der Schlange

Auf dem Weg zum Alten Rathaus kommt ihr am **Fischbrunnen** vorbei. Er ist der älteste der über 100 öffentlichen Brunnen in München. Bereits im Jahr 1343 wurde dieser Brunnen auf dem Schrannenplatz schriftlich erwähnt. In jener Zeit hieß er noch Bürgerbrunnen, später dann einfach Marktbrunnen. Erst seit Ende des 17. Jahrhunderts bezeichnen ihn die Münchner als Fischbrunnen. Damals waren die Verkaufsstände der Fischer in der Nähe des Brunnens. Die drei hübschen Burschen aus Bronze, die um die Mittelsäule des Brunnens sitzen, stellen allerdings keine Fischer, sondern Metzgerlehrlinge dar. Sie werden gerade mit dem Brunnenwasser zu Gesellen »getauft«, denn sie haben bereits das Handwerk erlernt und die Gesellenprüfung abgelegt.

Um diese seltsame Taufe verstehen zu können, müsst ihr den alten Brauch des »Metzgersprungs« kennen. Es gibt ihn schon seit dem Jahr 1670. Nachdem die Lehrlinge ihre Lehrzeit als Metzger beendet hatten, wurden sie zu diesem Brunnen geführt. Dann mussten sie dreimal um den Brunnen herumgehen. Der älteste Geselle sprach dabei folgende Worte: »Allhier hast du das Metzgerhandwerk aufrichtig und redlich erlernt, sollst auch ein rechtschaffener Metzgerknecht werden. Du sollst aber getauft werden bei dieser Frist, weil du gern Fleisch, Bratwürstel und Braten isst.« Die frisch ernannten Gesellen vollzogen mit einem Sprung in den Brunnen ihre Taufe. Damit haben sie sozusagen alle Unarten von sich gewaschen und konnten in Zukunft ihr Handwerk reinlich ausüben. Und sie durften von nun an mit anderen Gesellen im Wirtshaus Bier trinken oder mit Mädchen zum Tanzen ausgehen.

Pollino näherte sich entschlossenen Schrittes dem Rand des Fischbrunnens. »Du willst doch hoffentlich nicht in den Brunnen

springen?«, rief Pollina ihrem Bruder
ungläubig hinterher. »Ich bin doch nicht von
allen guten Geistern verlassen! Wer will
denn schon mit Mädchen tanzen?«, knurrte
Pollino und zog seinen Geldbeutel aus der
Tasche. Dann nahm er alle Münzen und
Geldscheine heraus und tauchte den Geldbeutel ins Wasser. »Jetzt werde ich das
ganze Jahr Geld haben. Das Brunnenwasser
soll nämlich Zauberkräfte besitzen, und wer
darin seine Geldbörse wäscht, dem geht
das Geld das ganze Jahr über nicht aus.
Sogar der Münchner Oberbürgermeister
macht das«, sagte Pollino überzeugt. Auch
Pollina kannte das »Geldbeutelwaschen«.
Aber sie wusste, dass es nur am Aschermittwoch erfolgreich war – wenn überhaupt! »Dann kannst du mich ja jetzt zu
einem Eis einladen?« Pollina wollte sich
diese Chance nicht entgehen lassen. Und
ihr ganz genaues Wissen über das »Geldbeutelwaschen« konnte sie ihrem Bruder
auch noch nach dem Besuch in der Eisdiele
mitteilen.

Das Alte Rathaus

Das **Alte Rathaus** am Marienplatz gibt es
bereits seit dem Jahr 1310. Nachdem das
Bauwerk durch Brände mehrmals schwer
beschädigt worden war, beschlossen die
Münchner Stadträte, ihr Versammlungsge-
bäude neu zu gestalten. Sie beauftragten
den Erbauer der Frauenkirche, den Architekten Jörg von Halspach, mit einem Neubau. So entstand in den Jahren 1470 bis
1480 das Alte Rathaus in seiner gotischen
Bauweise. Früher befanden sich im Keller
und im Erdgeschoss »Schergenstuben«, das
waren kleine Gefängniszellen. Zudem hatten die Bäcker ihre Verkaufsläden im Erdgeschoss eingerichtet. In der Mitte der mit
Zinnen und Türmchen geschmückten Fassade könnt ihr die Statue von Ludwig dem

Bayern, dem ersten deutschen Kaiser aus Bayern, erkennen. Ludwig war ein leidenschaftlicher Jäger. Oft begab er sich zur Bärenjagd in die Berge. Auf einem seiner Jagdausflüge starb Ludwig im Alter von 65 Jahren, angeblich in den Armen eines Bauern. Im Jahr 1347 wurde der Kaiser in der Marienkirche, der alten Frauenkirche, beigesetzt.

Leider wurde im Zweiten Weltkrieg das ursprüngliche Gebäude schwer zerstört und nie wieder ganz aufgebaut. Das Alte Rathaus, wie es heute zu sehen ist, besteht nur noch aus dem Teil, der früher für Veranstaltungen und öffentliche Empfänge vorgesehen war. Nichtsdestotrotz: Im Obergeschoss gibt es einen wunderschön gestalteten und geschmückten Festsaal, das »Tanzhaus« genannt. Der fürstliche Hof und die reichen Familien Münchens feierten hier prunkvolle Feste mit Tanz und Gesang. Der Festsaal war nicht nur »Tanzhaus«, er diente auch zum Empfang von bedeutenden Gästen und war bis zum Bau des Neuen Rathauses der Sitz des Münchner Stadtrates. Leider ist der Festsaal nur zu besonderen Anlässen geöffnet. Schade, denn hier gibt es viel zu bewundern. Sehenswert sind die große, gewölbte Holzdecke sowie die malerischen Wappen von 96 deutschen und europäischen Fürsten. Und dann gibt es noch die berühmten »Moriskentänzer«. Die komischen und zugleich anmutigen Tanzfiguren hat Erasmus Grasser im Jahr 1480 für den Festsaal des Alten Rathauses geschaffen. Es handelt sich hier jedoch um Kopien. Die Originale sind im Münchner Stadtmuseum ausgestellt.

Der Künstler zeigt die »Moriskentänzer« bei ihrem närrischen Tanz, wie sie mit ihren spitzen Schnabelschuhen die Beine in die Höhe werfen, sich drehen und wenden. Der »Moriskentanz« war früher in Bayern sehr beliebt. Bei diesem Tanz umringten Tänzer in fantasievollen Kostümen eine zur »Königin« erwählte Frau. Der Tänzer mit den verrücktesten Verrenkungen und Bewegungen erhielt zur Belohnung einen Apfel oder einen Ring. Der »Moriskentanz« entstand im späten Mittelalter und soll sich aus spanischen Schwerttänzen und englischen Faschingsbräuchen entwickelt haben. Man tanzte ihn in ganz Europa und noch heute werden in München »Moriskentänze« während der Faschingszeit aufgeführt.

**Der »Zauberer«:
Ein Moriskentänzer
von Erasmus Grasser**

nicht nur die Straße, sondern das ganze umliegende Gebiet bezeichnet. Es lag außerhalb der Stadtmauer und führte in etwas abschüssigem Verlauf bis zur Isar. Vom »Tal« heraufziehend hatten die Reisenden dann durch das »Talburgtor« Zutritt zur Stadt.

Am Tor musste jeder Fremde sein Reisebüchlein vorzeigen, in dem sein Name, der Geburtsort und der Zweck der Reise vermerkt waren. Für jede auswärtige Person und für jedes Tier verlangten die Münchner eine Einlassgebühr. In der Nacht wurden die Stadttore mit dicken Balken verriegelt und Nachtwächter, mit Lanzen und Laternen ausgestattet, hielten Wache. Wer als Einwohner spät nach Hause kam und dann noch in die Stadt wollte, konnte dies nur durch kleine Einlasstore neben dem Haupttor. Heute stehen keine Wächter mehr am Rathausturm, und wenn ihr unter dem Turm hindurchgeht, wird von euch auch keine Gebühr mehr wie früher verlangt.

Der **Turm des Alten Rathauses** ist der einzige noch erhaltene Turm der ersten Stadtmauer Münchens. Früher hieß der Turm »Unteres Tor« oder auch »Talburgtor«. Händler und Kaufleute, die über die Salzstraße und die Isarbrücke nach München gelangten, erreichten zunächst das »Tal«. Heute ist das »Tal« der Name einer breiten Straße, die vom Rathausturm in Richtung Isar führt. Aber damals wurde mit »Tal«

Auf der dem »Tal« zugewandten Seite des Rathausturmes steht die anmutige Bronzefigur der **Julia**. Sie ist ein Geschenk der Münchner Partnerstadt Verona. In der ita-

Oben: Julia
Unten: Die Katze
auf dem Dach

lienischen Stadt waren die beiden Hauptfiguren »Romeo und Julia« aus dem gleichnamigen Theaterstück von William Shakespeare beheimatet. Die Münchner lieben »ihre« Julia über alles und schmücken sie immer wieder mit Blumen. Schräg gegenüber sitzt eine **Katze** auf dem Hausdach. Habt ihr sie entdeckt? Wenn ihr jetzt ein Klingeln hört, dann stammt es vom »Wind-Mobile« im Durchgang des Rathausturmes. Es hängt gleich in der Nähe des Eingangs zum **Spielzeug-Museum**, das sich seit 1983 im Rathausturm befindet. Hier könnt ihr auf vier Turmstockwerken schöne Puppenstuben, ganze Armeen von Zinnsoldaten, Modellautos und -eisenbahnen und sonstiges Spielzeug aus Holz und Blech bewundern. Die ältesten Ausstellungsstücke der Spielzeug-Sammlung stammen aus dem 18. Jahrhundert.

Der »Weinstadl« war früher das Haus des Stadtschreibers.

Rund um den »Alten Hof«

Die Burgstraße führt euch nun zum **Weinstadl**. Das ist der Name eines der schönsten noch erhaltenen, gotischen Bürgerhäuser in München. Es wurde im Jahr 1550 vom Stadtrat gekauft und zum Stadtschreiberhaus umgebaut. Der Stadtschreiber war nach den Ratsherrn der einflussreichste Beamte der Stadt. Er schrieb Gesetze in die Gesetzesbücher oder Briefe und Urkunden für die Stadträte nieder und kümmerte sich um die Rechnungen des städtischen Haushalts.

Der Weinstadl
Wusstet ihr, dass in der »Bierstadt« München bis ins späte Mittelalter mehr Wein als Bier getrunken wurde?

Der Name »Weinstadl« bezieht sich richtigerweise nicht nur auf das Haus des Stadtschreibers, sondern auch auf das dahinterliegende Haus an der Dienerstraße. Die beiden Gebäude sind mit einem schönen Laubenhof miteinander verbunden. Im Weinstadl lagerte bis zum 18. Jahrhundert der städtische Weinvorrat. Wein, und nicht etwa Bier, war in München bis ins späte Mittelalter das beliebteste Getränk. Erst als sich durch Steuererhöhungen der ausländische Wein für die Münchner verteuerte, bevorzugten sie das preiswertere Bier.

Pollino und Pollina gingen die Burgstraße entlang bis zum Torturm der alten Burg von München, die heute »Alter Hof« genannt wird. Damit folgten sie dem Verlauf der ersten Stadtmauer, die der Gründer Münchens, Herzog Heinrich der Löwe, anlegen ließ. Die Burgstraße war eine der ersten Straßen in der Stadt, die gepflastert wurde. Erst damit wurde die »Burgstraße« überhaupt zur »Straße«, denn der Name »Straße« leitet sich ab vom lateinischen Wort für Pflaster, »stratum«. Nahezu alle übrigen Straßen Münchens wurden früher als Gassen bezeichnet. »Kennst du die Geschichte, wie Herzog Heinrich zu seinem Beinamen ›der Löwe‹ kam? Der Herzog ritt eines Tages durch den Urwald«, begann Pollino zu erzählen. »Plötzlich hörte er ein wildes Gebrüll. Ein riesiger Drache kämpfte mit einem Löwen. Wenig fehlte und der Löwe wäre getötet worden. Da stach der Herzog mit seinem Schwert den Drachen nieder und rettete so das Leben des Löwen. Von da an blieben der Herzog und der Löwe für immer zusammen«.

Diese Vorliebe für Löwen hat sich auch weiterhin bei Herrschern und Bürgern erhalten. Die Wittelsbacher tragen den Löwen im Wappen. Und schon der Vater von Ludwig dem Bayern ließ im 13. Jahrhundert einen Löwen aus Afrika nach München bringen. Seitdem hielten sich die Fürsten immer wieder exotische Tiere. Herzog Albrecht soll sogar mit einem zahmen Löwen durch die Gassen der Stadt spaziert sein. Das Löwenhaus der Herzöge befand sich in der Burgstraße, an der Stelle des Eckhauses mit der Hausnummer 7. Im so genannten »Löweneck« wohnten auch die Löwenwärter. Hier konnten die Münchner von einem Holzsteg in ein Gehege mit einem Löwenpaar hinabblicken. Einer Vielzahl von Löwen aus Stein und aus Bronze werdet ihr später noch begegnen – sogar welchen, die Glück bringen! Schlussendlich ist der Löwe das Wappentier Bayerns. Übrigens schmücken sich in München auch eine Brauerei und eine Fußballmannschaft mit einem Löwen als Symbol.

Die erste Burg Münchens: Der »Alte Hof« 🎧

Wenn ihr nun durch den Torturm am Ende der Burgstraße hindurchgeht, steht ihr im Innenhof der Herzogsburg. Hier residierten die Wittelsbacher Herzöge, die bayerischen Herrscher und Stadtherrn Münchens. Der Innenhof des **Alten Hofs** gehörte zu einer mächtigen alten Burganlage, von der noch einige Gebäude erhalten geblieben sind. Bereits im 13. Jahrhundert entstand die Burg als Regierungssitz der Wittelsbacher Herzöge. Damit wohnten die Herzöge zwar

Der »Alte Hof«. Auch der alte Torturm ist erhalten.

nicht mitten in der Stadt, aber die Lage der Burg am damaligen Stadtrand und an der Stadtmauer ermöglichte eine gute Verteidigung, sowohl gegen anrückende Feinde als auch gegen unzufriedene und wütende Bürger. Der Alte Hof bestand aus einer Anlage von vier großen Häuserblöcken, »Stöcke« genannt, die um den Innenhof herum gebaut waren. Der imposante Torturm im Süden, durch den ihr den Alten Hof betreten habt, und ein tiefer Graben im Norden schützten die Herzogsburg.

In dieser Burg residierte auch Kaiser Ludwig der Bayer. Mit ihm erlebte der »Alte Hof« zu Beginn des 14. Jahrhunderts seine Blütezeit. Die Innenräume wurden mit

Kunstwerken ausgestattet. Ferner wurde eine Art Schule, in der Vorträge gehalten wurden und Gespräche stattfanden, eingerichtet. Auch die Hofkapelle Sankt Lorenz wurde erbaut. In der kleinen Kirche wurden während der Regierungszeit von Kaiser Ludwig dem Bayern die Reichsinsignien aufbewahrt – die Zeichen für die Macht des Kaisers: Krone, Zepter, Reichsapfel, Schwert und heilige Lanze. Tag und Nacht bewachten vier Mönche die Reichsinsignien.

Schon im Jahre 1363, also noch vor den Krawallen und Bürgeraufständen im Jahr 1385, hatten die Herzöge beschlossen, eine neue Burganlage, die »Neue Veste«, aus der später die »Residenz« wurde, zu gründen. Seither trägt diese Anlage hier den Namen »Alter Hof« oder »Alte Veste« – alte Festung. Mittlerweile waren die Häuser der Münchner Bürger nahe herangerückt, so dass die Burg nicht mehr einfach zu verteidigen war. Der »Alte Hof« hatte aber noch lange nicht ausgedient. Er wurde nach dem Umzug in die Neue Veste als Stadtwohnung der Herzöge und ihrer Gäste sowie als Verwaltungsgebäude genutzt. Bis heute sind von der alten Festung der Burgstock mit seinem Torturm und der Zwingerstock rechts daneben erhalten geblieben.

*»Auch das **Affentürmchen** stammt noch von der ›Alten Veste‹. Das ist der dreistöckige*

Holzfachwerkerker an der Mauer des Burg-stocks«, erklärte Pollina. »Ja, ja, schon gut Frau Architektin. Holzfachwerker… Du meinst wahrscheinlich das längliche Ding dort drüben, mit den Spitzen oben und unten. Aber einen Affen sehe ich hier weit und breit nicht«, bemerkte Pollino. »Jetzt nicht mehr, aber früher saß ein Affe aus Stein als Schmuck am Torturm. Den Affen ließ Herzog Ludwig der Strenge dort anbringen, zur Erinnerung an die Affengeschichte.« Pollina hielt kurz inne, bevor sie fortfuhr.

»Herzog Ludwig besaß ein kleines, zahmes Äffchen aus dem Orient, das er von einem Reisenden als Geschenk erhalten hatte. Der Affe war durch seine Albernheiten und Späße beim Herzog und seinen Bediensteten sehr beliebt und durfte frei in der Burg herumlaufen. Eines Tages beobachtete der Affe, wie das Kindermädchen den kleinen Sohn des Herzogs hin und her schaukelte. Aus dem kleinen Kind wurde später der mächtige Kaiser Ludwig der Bayer, der…« »He, bleib bei der Affengeschichte!«, forderte Pollino ungeduldig.

»Na schön! Als das Kindermädchen das Zimmer kurz verließ, schnappte sich der Affe den kleinen Ludwig und spielte mit ihm wie das Kindermädchen: Mehrmals warf er den Kleinen in die Luft und fing ihn wieder auf. In diesem Augenblick kam das Kindermädchen zurück, sah, was vor sich ging und begann panisch zu schreien. Der Affe ließ vor Schreck das Herzogskind beinahe fallen. Dann packte er den kleinen Ludwig und flüchtete durch eine Luke aufs Dach der Burg, bis auf die Turmspitze des

Affentürmchens. Sofort begannen die Bediensteten des Herzogs unter dem Turm Kissen und Decken auszubreiten. Gebannt verfolgten alle, was der Affe nun mit dem Kind anstellen würde. Der Herzog hatte die Anweisung gegeben, sich absolut still zu verhalten, um das Äffchen zu beruhigen. Und tatsächlich, der Affe kehrte mit dem kleinen Ludwig zurück in das Zimmer und legte das Herzogskind ins Bett.«

Die Münchner erzählen die Affengeschichte auch mit einem etwas anderen Verlauf. Ihrer Ansicht nach beobachtete der Affe nicht das Kindermädchen mit dem Herzogskind, sondern ein »Tönlschwein«, das in das Zimmer schlich, um den kleinen Ludwig aufzufressen. Die so genannten »Tönlschweine«, ein anderer Name für sie war Antoniussäue, waren jene Schweine, die in der Stadt frei herumlaufen durften. Erinnert ihr euch an das Geschichtskapitel? Die Tönlschweine trugen ein Glöckchen um den Hals. In den Gassen machten sie sich auf die Suche nach Futter. Da die Münchner damals ihre Abfälle und Essensreste einfach auf die Straße warfen, wurden diese Schweine besonders fett. So ein dickes, fresssüchtiges »Tönlschwein« machte sich also daran, den Sohn des Herzogs zu verspeisen. Der Affe überlegte nicht lange: Er sprang auf das Schwein, von dort aufs Bett, in dem der kleine Ludwig lag, packte ihn und kletterte aus dem Fenster so hoch wie nur möglich: auf die Spitze des Affenturmes. Erst als das Schwein grunzend den Innenhof der Burg verließ, turnte der Affe mit dem Spross der Herzogsfamilie wieder zurück in das Zimmer.

Vom Alten Hof zur Residenz

Ihr geht jetzt wieder zurück in die Burgstraße und biegt gegenüber dem »Weinstadl« in den Durchgang zur Ledererstraße ein, die zunächst nur eine enge Gasse ist. Nach wenigen Metern kommt ihr an einem mittelalterlichen Haus vorbei, dem so genannten **Zerwirkgewölbe**. Es diente ⑨ 👁

Das »Zerwirkgewölbe«

Ende des 13. Jahrhunderts als Heim für die Jagdfalken von Herzog Ludwig, dem Vater Kaiser Ludwigs des Bayern. Ende des 15. Jahrhunderts wurde das Gebäude dann zu einem Bürgerhaus umgebaut. Die Bezeichnung »Zerwirkgewölbe« bekam das Haus mit seinen gewölbten Innenräumen erst Jahrhunderte später. Dann wurde hier das bei Hofjagden erlegte Wild aufbewahrt und auch »zerwirkt«, das heißt: Hasen, Rehe, Wildvögel und anderes Wild wurden gehäutet oder gerupft, um sie dann zu zerlegen und das Fleisch für den Verkauf vorzubereiten.

Zwischendurch diente das Zerwirkgewölbe auch als Bräuhaus. 1589 hatte Herzog Wilhelm V. das erste herzogliche Hofbräuhaus in München gegründet. Dieses Bräuhaus wurde dann im Jahr 1598 in das »Zerwirkgewölbe« verlegt, bis es im Jahr 1644 am »Platzl« seinen ständigen Sitz bekam. Womit ihr schon mitten drin seid in der Entstehungsgeschichte des weltberühmten Münchner Hofbräuhauses.

Dass ihr jetzt in einem der beliebtesten Touristenviertel Münchens gelandet seid, beweisen euch die zahlreichen Souvenirläden rechts und links der Orlandostraße. Ob auf T-Shirts, Mützen, Bierkrügen, Tellern oder Tassen – überall ist München, das Hofbräuhaus und sein berühmtes Bier zu sehen. Es wird euch nicht schwer fallen, das **Hofbräuhaus** zu finden. Folgt ein-fach den anderen Touristen. In Gruppen oder allein, kaum ein Tourist wird es versäumen, das Gebäude am »Platzl« aufzusuchen. Dabei wird hier erst seit 1830 das Bier öffentlich ausgeschenkt. Vorher war das Hofbräuhaus nur das, was sein Name besagt: ein Bräuhaus, in dem das Bier für den Fürsten und seinen Hof gebraut wurde.

Pollino und Pollina gingen durch die große Eingangstür des Hofbräuhauses. An langen Holztischen saßen überwiegend Männer, die sich mit lauter Stimme unterhielten und sich immer wieder mit ihren Bierkrügen zuprosteten. Weiter hinten im Saal spielte eine Blasmusikkapelle. Für Pollina war der Lärm beinahe unerträglich. Pollino brüllte seiner Schwester ins Ohr: »Hier werden bis zu 10.000 Liter Bier an einem Tag ausgeschenkt. Bis vor 60 Jahren war die kleinste Menge Bier, die man im Hofbräuhaus bekommen konnte, ein Liter oder eine ›Maß‹, wie man in München sagt. Erst später wurden an ›Auswärtige‹, arme Künstler und Studenten kleinere Mengen ausgegeben.« Pollino geriet ins Schwärmen. »Um herauszufinden, ob das Bier gut, kräftig und sein Geld wert ist, haben sich die Münchner die ›Bierbeschau‹ ausgedacht. Und die geht so: Auf eine Holzbank, die mit Bier begossen wird, setzen sich die so genannten ›Bierbeschauer‹. Sie tragen ihre traditionellen hirschledernen Hosen und warten etwa eine Stunde, ohne sich auf der Bank zu rühren. Dann stehen sie alle gleichzeitig auf. Bleibt die Sitzbank an ihren Hosen kleben und wird mit hochgezogen, ist das Bier erster Güte. Und wenn die ›Bier-

beschauer‹ mit der Holzbank am Hintern dann noch bis zur Eingangstür kommen, dann ist die absolute Spitze erreicht«, kicherte Pollino.

Die Münchner und ihre Liebe zum Bier: Mit diesem Thema lassen sich mehrere dicke Bücher füllen. Diese Liebe ist so groß, dass im Jahr 1844 2.000 Münchner die Einrichtung von 30 Wirtshäusern demolierten.

Am »Platzl« steht nicht nur das Hofbräuhaus. Hier gibt es auch mittelalterliche Bürgerhäuser zu bewundern.

Das »Ohrwaschl« befindet sich oben links am Gebäude »Platzl 2«.

»Ohrwaschl« werden euch an alten Bürgerhäusern in der Stadt immer wieder begegnen: Augen aufgesperrt! Ein besonders schönes Exemplar seht ihr auf dem zweiten Rundgang an der Gaststätte »Hundskugel«.

Und das, weil der Bierpreis etwas erhöht worden war. Doch wenn selbst der preußische Staatsmann Otto Graf von Bismarck missmutig reagierte, wenn er nicht Münchner, sondern anderes Bier vorgesetzt bekam: »Es ist nass, aber es ist nicht dass!«, soll er dann gesagt haben. Welchen Wert muss dieses Getränk erst für die Münchner selbst haben?

Am **Platzl**, wie die Einwohner der Stadt liebevoll zu dem kleinen Platz sagen, steht gegenüber dem Hofbräuhaus ein sehr schönes Bürgerhaus aus dem 15. Jahrhundert, mit einem »Ohrwaschl«. Wer wissen möchte, was damit gemeint ist, sollte einen Blick auf das Dach des Gebäudes mit der Hausnummer »Platzl 2« werfen. Den seitlichen, abgeschrägten Dachaufsatz bezeichnen die Architekten mit »Dachgaube« oder Halbgiebel. Früher war daran ein Flaschenzug angebracht, mit dem schwere Lasten auf den Dachboden gezogen werden konnten. Irgendwie sieht so eine »Dachgaube« doch aus wie ein »Ohrwaschl«? – ähm ..., auf Hochdeutsch müsste das »Ohrmuschel« heißen, aber dieses Wort kommt einem Münchner schwer über die Lippen.

Die »Platzlgasse«, wo ihr einen Blick auf die renovierten Innenhöfe mittelalterlicher Bürgerhäuser werfen solltet, führt euch zur **Pfistermühle**. Im Jahr 1570 wurde hier eine Mühle für die Hofbäckerei errichtet. Herzog Albrecht IV. gründete 1492 die Hofpfisterei. Das Wort Pfisterei leitet sich vom lateinischen »pistor« ab und bedeutet Bäcker. Die Bäckerei des Herzogs befand sich zunächst in der »Alten Veste« und wurde dann 1578 hierher verlegt. Das leckere Pfisterbrot aus Natursauerteig gibt's gleich eine Ecke weiter. Die Bäckerei in der Sparkassenstraße bäckt das Brot nach 600 Jahre alten Rezepten.

Der einstige Hofgraben ist heute eine Straße. Den Namen trägt sie, weil hier eben früher der tiefe Burg- und Stadtgraben verlief. Ihr gelangt nun zum ehemaligen »Hauptmünzamt«, kurz **Münze** genannt. Die »Münze« ist ein Gebäude, das Herzog Albrecht V. von 1563–1567 errichten ließ. Zunächst hieß der Bau »Fürstlicher Marstall«, denn hier befanden sich die Stallungen für die Reit- und Zugpferde sowie für die Kutschen und Prunkschlitten des herzoglichen Hofes. In den Obergeschossen wurden eine Zeit lang die wertvollen Kunstsammlungen und die Bibliothek des Herzogs aufbewahrt. Einen Teil davon könnt ihr jetzt in der Residenz bewundern. Ab dem 19. Jahrhundert prägte der bayerische Staat in diesen Räumen seine Münzen, deshalb der Name »Münze«. Inzwischen ist hier das Bayerische Landesamt für Denkmalpflege untergebracht.

Besonders sehenswert ist der Innenhof der »Münze«. Um dorthin zu gelangen, geht ihr durch die Eingangstür des Landesamts für Denkmalpflege in das Haupt-Treppenhaus. Hier sind riesige Einzelteile des Modells ausgestellt, das für das Denkmal für König Maximilian I. angefertigt wurde. Dem Original werdet ihr später auf dem Max-Joseph-Platz begegnen.

Der Innenhof
der »Münze«

Der Innenhof der »Münze« ist auf allen vier Seiten von Arkadengängen umrahmt. Die unzähligen Säulen aus Marmor und Kalkstein geben dem Hof ein luftiges, schwebendes Aussehen. Habt ihr nicht auch das Gefühl, plötzlich mitten in Italien gelandet zu sein? Das Gefühl täuscht nicht, denn der Innenhof der »Münze« ist im italienischen Renaissance-Baustil *(s. Begriffserklärungen)* errichtet worden.

Der Max-Joseph-Platz

Nicht weit entfernt von der »Münze« liegt der **Max-Joseph-Platz**. Unübersehbar, mitten auf dem Platz, thront das Denkmal von Maximilian I. Joseph, Herrscher über das Königreich Bayern. Wie ein römischer Kaiser mit Toga und gebietender Geste wird er dargestellt. Dabei wollte der erste bayerische König gar nicht sitzend, sondern stehend abgebildet werden. Erst nach seinem Tod im Jahr 1825 wagte es sein Nachfolger, König Ludwig I., das wuchtige Bronze-Denkmal 1835 aufzustellen. Die großzügigen und einheitlich gestalteten Gebäude, die an den Platz grenzen, fallen euch sicher ins Auge. Sie sind im so genannten klassizistischen Baustil *(Klassizismus, s. Begriffserklärungen)* errichtet. Der Platz und die Häuser wurden nach den Plänen von mehreren Architekten, allen voran Leo von Klenze, zu Beginn des 19. Jahrhunderts gestaltet und erbaut.

Das Denkmal von
König Maximilian I.
Joseph. Im Hintergrund
das Nationaltheater.

»Dabei machten sich die Architekten und ihre Mitarbeiter erst einmal bei den Münchnern sehr unbeliebt«, sagte Pollina und deutete auf das große Gebäude hinter dem Max-Joseph-Denkmal: »Siehst du dort, das ist das Nationaltheater. Für dieses Theater musste ein ganzes Franziskanerkloster mitsamt Kirche und Friedhof weichen. Das passte den Einwohnern ganz und gar nicht! Nach Ansicht der Münchner wurde durch den Abriss des Klosters ›heilige Erde‹ entweiht. Doch die Architekten ließen sich von ihren Plänen nicht abbringen und setzten den Bau des Nationaltheaters unbeirrt fort. Nach sieben Jahren Bauzeit konnte das Theater 1818 schließlich fertiggestellt werden. Aber dann zerstörte ein Feuer das Gebäude teilweise und die Münchner glaubten, darin die gerechte ›Strafe Gottes‹ zu erkennen. Doch Leo von Klenze ließ das Nationaltheater wieder fast genau so aufbauen, wie es vor dem Brand ausgesehen hatte.«

Das **Nationaltheater** wurde von seinen Architekten im klassischen Stil, der sich an die Bauten des antiken Griechenland anlehnt, geplant. Die Hauptfassade des Theaters erinnert an einen antiken griechischen Tempel: Säulen stützen einen Dreiecksgiebel. Darin sind Bronzefiguren zu sehen: Apollo, der griechische Gott der Künste, der Dichtung und der Musik. Ihm zur Seite stehen die neun Musen. Sie galten den antiken Griechen als Schutzgöttinnen der Künste und Wissenschaften. Mit seinen über 2.100 Zuschauerplätzen ist das Münchner Nationaltheater eines der größten Theater Europas.

Nach dem Nationaltheater entstanden, ebenfalls in klassizistischer Bauweise, die Hauptpost mit der offenen Säulenhalle und die Gebäude der hier beginnenden Maximilianstraße. Die Maximilianstraße führt bis zur Isar – exklusive Modegeschäfte, Kunstgalerien und Luxushotels haben sich in dieser Straße angesiedelt. Auch die Südfassade der Residenz, der so genannte Königsbau, bekam von Leo von Klenze ein »klassizistisches« Aussehen.

Der Weg führte Pollino und Pollina die Residenzstraße entlang. »Hier muss doch irgendwo der Eingang sein!«, Pollina sah sich um. Sie wollte mit ihrem Bruder die Residenz besichtigen, den ehemaligen Wohn- und Regierungssitz der Wittelsbacher Herzöge, Kurfürsten und Könige. Pollina war neugierig auf die Kunstschätze, mit denen sich die Herrscher umgaben. Besonders interessierten sie die reichhaltigen Kunstsammlungen, die in den Räumen der Residenz ausgestellt waren. Die Geschwister gingen durch ein großes Tor und betraten den Kapellenhof der Residenz, einen lang gestreckten, schmalen Innenhof. An seinem Ende war ein Durchgang zu sehen, der zu einem weiteren Hof führte. Der Eingang zum Residenzmuseum war aber nirgends zu entdecken.

„Komm, lass uns den Mann dort fragen. Vielleicht kann er uns weiterhelfen", sagte Pollino nach einer Weile und näherte sich dem Durchgang, der die beiden Höfe miteinander verbindet. Der Mann trug einen langen dunklen Mantel und hatte ein von vielen Falten durchfurchtes Gesicht. Er kniete vor einem großen, schwarzen Stein, den er mit einem Tuch abrieb. Der Stein war schon so glatt poliert, dass sich das Gesicht des Mannes darin spiegelte. »Entschuldigung«, sagte Pollino fast flüsternd und so behutsam, wie er nur konnte. Der Alte drehte sich um und warf Pollino einen fragenden Blick zu. »Wissen Sie, wo wir den

Eingang zur Residenz finden? Ich glaube, meine Schwester und ich haben uns verlaufen.«

»Tja, hier seid ihr tatsächlich verkehrt«, meinte der Alte mit schwacher Stimme. »Die Residenz betritt man heutzutage durch den Königsbauhof. Früher einmal war der Eingang tatsächlich hier, aber zu jenen Zeiten hieß das Gebäude noch gar nicht Residenz, sondern Neue Veste«, sagte der Mann mit träumerischem Gesichtsausdruck. Pollino betrachtete neugierig den großen schwarzen Stein. Die Versuchung war zu groß: Vorsichtig strich er mit den Fingern über seine glatte Oberfläche. »Weißt du, wie viel der Stein wiegt?«,

wandte sich der Alte an Pollino und sagte: »182 Kilogramm. Und ich kannte jemanden, der schleuderte den Stein wie einen Ball mehrere Meter durch die Luft. Seht ihr die drei dicken Nägel dort?« Der Mann wies auf eine Reihe von Nägeln, die in unterschiedlicher Höhe über dem Stein in die Wand geschlagen waren. »Der oberste Nagel sitzt in fast vier Meter Höhe. Mein Herr konnte ihn aus dem Stand mit dem Fuß herausschlagen.« Pollino und Pollina richteten ihren Blick vom Nagel auf den Alten. Mit einem leichten Schups gab Pollina ihrem Bruder zu verstehen, dass es wohl besser wäre, sich zu verziehen. Kein Wort glaubte sie dem Alten, und auch Pollino schaute skeptisch vom Stein zu den Nägeln und wieder zurück.

Johannes und Herzog Christoph der Starke

»Ihr zweifelt an meinen Worten, nicht wahr?«, sagte der Alte schließlich und runzelte die zerfurchte Stirn noch mehr. »Aber würdet ihr meine Geschichte kennen, wäre das anders. Denn jedes Wort ist wahr. Mein Name ist Johannes. Ich war der treue Diener von Herzog Christoph dem Starken. Und seit dem Tod meines Herrn sorge ich dafür, dass seine Heldentaten nicht in Vergessenheit geraten. Deshalb komme ich jeden Tag, um diesen Stein zu putzen. Früher befanden sich der Stein und die Nägel noch unter dem Torturm der Alten Burg, aber Kurfürst Maximilian I. ließ die Sachen dann hierher bringen. Dort, auf der Tafel, steht alles genau so beschrieben, wie ich es euch soeben erzählt habe.« Pollino und Pollina betrachteten eine Tafel, auf die der Alte zeigte.

»Mein Herr war der stärkste Mann, der jemals in Bayern lebte. Keiner konnte es mit Herzog Christoph aufnehmen. Schon als kleiner Bub war er eine Kämpfernatur. Er war eines von acht Kindern, die Anna von Braunschweig ihrem Mann, Herzog Albrecht III., auch ›der Fromme‹ genannt, schenkte. Ihre fünf Söhne, Johann, Sigmund, Albrecht, Christoph und Wolfgang, waren allesamt wahre Prachtburschen. Ich sollte mich um den kleinen Christoph kümmern. Mein Gott, war das anstrengend! Denn anstatt den Erzählungen seiner Mutter zu folgen, die ihm von heiligen Dingen, von Märtyrern, Bischöfen, Mönchen und Einsiedlern berichtete, schlich sich Christoph stets davon. Meine

Aufgabe war es dann, ihn in der Alten Burg wieder aufzuspüren. Meist entdeckte ich Christoph im Wappensaal oder in der Rüstkammer, wo er mit Schilden und Schwertern spielte.« Das erinnerte Pollina an ihr eigenes Schicksal. Sie konnte den Alten nur zu gut verstehen: Wie schwierig es doch ist, auf solche Kinder aufzupassen! Und sie sah dabei ihren Bruder an, der den Worten des Dieners gespannt lauschte.

»Bald konnte jeder am Hof erkennen, was für ein mutiger und starker Ritter aus Christoph werden würde. Ob beim Ringen, beim Fechten oder Springen, beim Schießen mit der Armbrust oder beim Werfen mit dem Spieß – keiner der anderen Burschen konnte es mit Christoph aufnehmen. Wenn wir gemeinsam auf Jagd gingen, konnte selbst ich nicht mehr mithalten – und ich war kein schlechter Jäger, das könnt ihr mir glauben! Aber Christoph preschte auf seinem wilden Ross durch den Wald und erlegte mit dem Schwert oder der Armbrust jedes Tier, auf das er es abgesehen hatte. Eines Tages wollte der kleine Christoph den Löwen des Herzogs einen Besuch abstatten. Er betrat heimlich den Löwenzwinger in der Burgstraße, um mit den gefährlichen Tieren zu spielen. Doch der riesige Löwe stürzte sich auf den Eindringling, um ihn zu zerfleischen. Und was macht Klein-Christoph? Er reißt das Maul der Bestie mit einem einzigen, kräftigen Ruck auseinander und tötet den Löwen. Seitdem trug mein Herr den Spitznamen ›Christoph der Starke‹.

Im Jahr 1460 starb Herzog Albrecht III. Es war ein schwerer Schlag für meinen Herrn, als Elfjähriger den Vater zu verlieren. Sie waren beide begeisterte Jäger, und oft waren sie zusammen auf die Jagd gegangen. Die Begräbnisfeier für Herzog Albrecht fand im Kloster Andechs statt. Als vier kräftige Männer den schweren Grabstein herbeischleppten, kam ihnen Christoph entgegen, packte die riesige Marmorplatte und legte sie behutsam auf die Gruft des Verstorbenen. Nach dem Tod des Vaters regierten die beiden ältesten Söhne des Herzogs, Johann und Sigmund, über Oberbayern und München. Während sich seine Brüder um das Herzogtum kümmerten, wurde Christoph immer übermütiger. Er konnte nicht genug kriegen von Spielen und Waffen. Mit dem Würfelspielen verbrachte er Stunden. Und sein

Umgang mit Geld war leichtsinnig. Das Geld, das er von seiner Mutter oder seinen Brüdern bekam, war schnell weg!

Aber Christoph hatte auch seine guten Seiten. Einst, im Winter desselben Jahres, in dem sein Vater starb, vollbrachte der Herzogssohn eine seiner größten Heldentaten. Ein schweres Gewitter tobte eines Nachts über München. Der Blitz setzte das Haus der Ligsalz, einer angesehenen und reichen Münchner Bürgerfamilie, in Brand. Hohe Flammen versperrten den Helfern den Zutritt zu den Räumen des Bürgerhauses, und es war nur eine Frage der Zeit, bis die Bewohner darin verbrennen würden. Herzog Christoph hörte von dem Unglück und eilte der bedrohten Familie zu Hilfe. Ohne zu zögern, zerschmetterte er mit einem Fußtritt die Haustür und schleppte die Bewohner ins rettende Freie. Frau Ligsalz aber konnte sich nicht beruhigen, denn ihr jüngstes Kind war noch immer in der Dachstube von den Flammen eingeschlossen. Christoph kämpfte sich bis in die Dachstube vor, ergriff das Kind und brachte es nach draußen. Dann erstickte mein Herr den Brand, indem er die Hausmauern einfach eindrückte.

Als Christoph wieder in die Alte Veste zurückkehrte, erkannte ihn niemand, so schwarz vor Ruß war er. Erst als sie mich neben dem kleinen Mohren sahen und ich der Herzogsfamilie von der Heldentat Christophs erzählte, ließen uns die Wachen passieren. Zur Belohnung für seinen Mut bekam der Herzogssohn dann sogar von seiner Familie hundert Goldtaler. Aber als Christoph das Geld beim Stadtkämmerer abholen wollte, sagte der Finanzverwalter der Stadt: ›Woher soll ich das Geld nehmen, kein einziger Taler ist mehr in der Truhe. Die Stadt ist arm, mein Herr!‹ Christoph glaubte dem Kämmerer kein Wort. Er hob den Deckel der Truhe und sah, dass sie zur Hälfte mit Goldstücken gefüllt war. Da packte Christoph den Geizhals und stopfte ihn in die Truhe. Dann schlug er den Deckel zu und setzte sich darauf. ›Nun geht's euch wie den Goldtalern, die müssen auch immer in der dunklen Truhe liegen, obwohl sie gerne ans Licht kämen‹, sagte mein Herr frech zu dem Kämmerer in der Truhe. Erst als der hoch und heilig versprach, das Geld auszuzahlen, ließ Christoph den Kämmerer wieder heraus.

Aber bald begann auch für meinen Herrn der Ernst des Lebens! Wie es sich für Herzogssöhne gehörte, wurden Christoph und seine Brüder zur Ausbildung ins Welschland – heute sagt ihr Italien dazu – geschickt. Vielleicht würde aus dem einen oder anderen ein hoher Kirchenmann, etwa ein Bischof oder Kardinal, hofften Mutter Anna und die beiden älteren Brüder Johann und Sigmund. Na, ihr werdet wohl bereits ahnen, womit sich mein Herr beschäftigte: Weder mit Latein noch mit der Bibel, sondern mit Ringen, Reiten und Fechten. Christoph kehrte mit seinem Bruder Wolfgang nach kurzer Zeit wieder in seine Heimatstadt zurück, während Herzog Albrecht als fleißigstes von den Herzogskindern weiter in Italien studierte.

Nach dem Tod des Herzogs Johannes regierte sein Bruder Sigmund allein. Doch Sigmund war als Herrscher wenig geeignet. Ihm waren die Kunst und ein ruhiges Leben viel lieber als Kriegsgefechte und Streitigkeiten mit feindlichen Herzögen. Er überließ seinem Bruder Albrecht, der wieder aus Italien zurückgekehrt war, das Herrschen. Das passte meinem Herrn allerdings ganz und gar nicht. Der letzte Wille ihres Vaters war, dass sich stets die beiden ältesten Söhne die Herrschaft teilten. Und das hieß, dass Christoph mitregieren sollte. Aber sein Bruder Albrecht lehnte dies ab, und es kam so, wie es kommen musste: die Brüder zerstritten sich und wutentbrannt verließ Christoph München.

Über die folgenden Jahre spreche ich nicht gern. Es war wirklich keine leichte Zeit, weder für mich noch für meinen Herrn. Ständig lebten wir in der Angst, von den Soldaten Herzog Albrechts gefangen genommen oder getötet zu werden. Als die Herzogin Anna schwer erkrankte, kehrte Christoph in die Stadt zurück und betrat die Alte Burg. Nachdem er seine Mutter besucht hatte, wollte Christoph noch unbedingt ein Bad im Hofbad nehmen. Ich sah meinem tapferen Herrn an, wie sehr ihn die Krankheit seiner Mutter mitgenommen hatte. Und was tat sein Bruder Albrecht: Er nützte den schlimmen Zustand meines Herrn und ließ Christoph gefangen nehmen. So eine Gemeinheit! Christoph wurde in einen Turm der Neuen Veste gesperrt, wo er ganze 19 Monate und 2 Tage verbrachte. Diesen Turm gibt es übrigens auch heute noch. Die Wittelsbacher glauben, dass, so lange der Christophturm steht, auch ihr Geschlecht nicht untergehen werde.«

»Aber warum brach Christoph nicht aus? War er nicht der stärkste Mann in Bayern?«, entrüstete sich Pollino. »Warum? Weil er dazu zu stolz war. Christoph wollte, dass alle Münchner sahen, welches Unrecht ihm angetan worden war. Jederzeit hätte er ausbrechen können! Als ich meinen Herrn eines Tages besuchte, hat er die Gitterstäbe einfach auseinandergebogen – als wären sie aus Gummi und nicht aus Eisen! Im Oktober des Jahres 1472 war es aber dann endlich so weit: Die Proteste der Bevölkerung wurden immer wütender, und so entließ Herzog Albrecht seinen Bruder Christoph aus dem Gefängnis. Als die Münchner Bevölkerung hörte, dass die Brüder in Zukunft nicht mehr in Streit miteinander leben würden, brach großer Jubel aus. Christoph aber wollte nicht mehr an der Regierung beteiligt sein. Er überließ die Herrschaft seinem Bruder allein.

Während Herzog Albrecht die Neue Veste zur fürstlichen Residenz ausbauen ließ und dort mit seiner Frau Kunigunde wohnte, zogen mein Herr und ich in die Alte Burg. Christoph und sein Bruder Herzog Wolfgang waren die letzten Wittelsbacher Herzöge, die ihren Wohnsitz in der Alten Burg hatten. Christoph und Albrecht lebten zwar nicht mehr in offenem Streit, aber so richtig ausgesöhnt hatten sie sich nicht.

Für mich und meinen Herrn begann nun eine Zeit, die uns in viele Länder der Welt führte. Wir kamen nach Ungarn, bereisten Flandern und kämpften schließlich als Kreuzritter im Heiligen Land. Doch auf der Rückreise von Jerusalem erkrankte Herzog Christoph schwer. Wir befanden uns gerade in einem Kloster auf *der griechischen Insel Rhodos. Selbst die Klosterschwestern vermochten die Krankheit meines Herrn mit ihren Kräutern und Säften nicht zu heilen.*

Als Christoph erkannte, dass sein Tod nahe war, rief er mich zu sich. Mit schwacher Stimme gab er letzte Anweisungen: Ich sollte allen Brüdern, Verwandten und Freunden in München seinen Segen überbringen und seinem Bruder Albrecht mitteilen, dass er ihm endgültig verziehen habe. Das legendäre Schwert, das mein Herr für seine Dienste vom Ungarischen König bekommen hatte, sollte in der Schatzkammer der Neuen Veste aufbewahrt werden. Mir vermachte Herzog Christoph eine Leibrente, so dass ich für den Rest meines Lebens mein Auskommen fand. Einen so gütigen Herrn wird es nie wieder geben«, endete der Alte seine Erzählung. Tränen kullerten ihm über die Wangen.

Auch Pollino und Pollina schnieften, als sie dem Diener Johannes hinterhersahen, wie er den Kapellenhof verließ, um eine Ecke bog und verschwand. Pollina nahm ihren Bruder an der Hand und führte ihn in den **Brunnenhof**. *In der Hofmitte befand* *sich einer der schönsten Brunnen Münchens, der »Wittelsbacher Brunnen«. »Wusstest du, dass Brunnen wandern können? Der Wittelsbacher Brunnen stand nämlich bis zum Jahr 1611 am Rindermarkt. Aber in jenem Jahr ging dem Münchner Stadtrat das Geld aus, und er hat deswegen diesen Brunnen verkauft. Herzog Maximilian I. hat den Brunnen erworben und ihn hier aufstellen lassen«, berichtete Pollina.*

Über der Wasserschale des Wittelsbacher Brunnens thront auf einer Säule die Bronzefigur von Herzog Otto I., dem ersten Wittelsbacher Herzog, der ab dem Jahr 1180 über Bayern regierte. Um das Brunnenbecken sind mehrere Figuren angeordnet. Die liegenden Wassermänner verkörpern die vier großen bayerischen Flüsse: Donau, Inn, Isar und Lech. An den Ecken befinden sich Statuen antiker römischer Götter und Göttinnen. Sie stellen die vier Elemente Luft, Feuer, Erde und Wasser dar: Juno steht für Luft, Ceres für Erde, Vulkanus für Feuer und Neptun für Wasser. Zudem bevölkert allerlei groteskes Meeresgetier den Brunnenrand.

»Und, Brüderchen, was nun? Der Eingang zur Residenz befindet sich offensichtlich am Max-Joseph-Platz. Also zurück? Oder sollten wir, da wir nun schon einmal hier sind, erst einen Abstecher zum Odeonsplatz machen...« »...und dann futtern, schließlich

**Im Brunnenhof
der Residenz**

dauert so eine Besichtigung der Residenz doch sehr lange«, beantwortete Pollino die Frage seiner Schwester. Die Geschwister verließen die wunderbaren Innenhöfe in Richtung Residenzstraße. Als sie am Eingang zum Kapellenhof vorbeikamen, hielt Pollino inne. Aber von Johannes, dem Diener Herzog Christophs, keine Spur! Pollina war inzwischen am Residenzgebäude entlanggegangen. Sie stand vor einem großen Löwen aus Bronze, der ein Schild in seinen Pranken hielt. Aus dem Schild ragte ein Löwenkopf, dessen Nase Pollina liebevoll streichelte. »Das bringt Glück und erfüllt dir einen lang ersehnten Wunsch«, wandte sich Pollina an ihren Bruder. Pollino ließ sich die

**Streicheln
bringt Glück.**

Gelegenheit nicht entgehen und berührte vorsichtig die Löwennase. Dann drehte er sich um, und tatsächlich: Vor ihm lagen in der Auslage eines Cafés Schoko-Leckereien und Kuchen in allen Größen. Das ging aber schnell, wunderte sich Pollino und steuerte auf den Eingang des Cafés zu. »He, du Drückeberger. Unser Rundgang ist noch nicht zu Ende«, Pollina zog ihren Bruder mit sich.

Drückeberger ganz anderer Art besaßen in München eine Zeit lang sogar eine eigene Gasse. Unter der Regierung Hitlers und der NSDAP war die Viscardi-Gasse als »Drücke-

bergergasserl« bekannt. Damals befand sich an der Wand der Feldherrnhalle eine Gedenktafel, die an die Toten der Schießerei auf dem Odeonsplatz im Jahr 1923 erinnerte *(s. Kapitel »Die Geschichte Münchens«)*. Jeder, der an dieser Tafel vorbeiging, musste die Hand zum Hitlergruß heben. Wer das nicht tat, wurde von Wachleuten umgehend verhaftet. Viele Münchner wollten den Hitlergruß aber vermeiden. Doch wenn die Feldherrnhalle nun mal auf dem Weg lag, was dann? Die »Drückeberger« nahmen einfach einen kleinen Umweg: Sie gingen durch die Viscardi-Gasse zur Theatinerstraße und dann hinter der Feldherrnhalle vorbei. Seid auch ihr Drückeberger? Der Rundgang führt zunächst zum Odeonsplatz, dann zur Theatinerkirche. Wenn ihr aber direkt zur Theatinerkirche gehen wollt... Also: »Drückebergergasserl« – ja oder nein?

16

Insgesamt befinden sich vier Löwen vor der Residenz. Jeder hält ein Schild in den Tatzen, auf dem eine Löwenschnauze prangt. Wer auf Nummer Sicher gehen will, streichelt alle vier!

Das »Siegestor«
begrenzt die Ludwig-
straße im Norden.

Odeonsplatz und Ludwigstraße

Vom **Odeonsplatz** habt ihr einen herrlichen Blick auf die **Ludwigstraße**, eine der
schönsten Straßen Europas. Die 40 Häuser
und Palais, die links und rechts entlang
der Straße stehen, sind harmonisch aufeinander abgestimmt. Sie haben breite
Fassaden und sind gleich hoch, nur die
Kirchtürme der Ludwigskirche in der Ferne
ragen heraus. Entworfen wurde die Ludwigstraße von den Architekten Ludwig von
Klenze und Friedrich von Gärtner. Fast
meint man, dass die beiden Häuserzeilen
in der Ferne irgendwann zusammenstoßen
müssten.

Ludwig I., den Bauherrn der Ludwigstraße,
entdeckt ihr nicht weit vom Odeonsplatz.
Die Münchner haben ihm hier ein Denkmal
errichtet. Es zeigt den Wittelsbacher Herrscher mit Königskrone auf einem Pferd,
begleitet von zwei Dienern. Ludwig I. gab
im Jahr 1816 den Auftrag zum Bau der
Ludwigstraße, die nach ihm benannt ist.
Damals war diese Gegend nur Ackerland,
das erst beim Dorf Schwabing endete.
Etwa einen Kilometer weit führt sie vom
Odeonsplatz bis zum Siegestor. Wer wie
Pollino und Pollina schon einmal in Rom
gewesen ist, dem kommt das Siegestor

sicherlich bekannt vor. Kein Wunder, wurde es doch nach dem Vorbild des Konstantinsbogens am Forum Romanum errichtet. An der Ludwigstraße befindet sich die Bayerische Staatsbibliothek, die einen Bestand von ca. 8 Millionen Büchern hat. Etwas weiter die Straße hinauf kommt man zur Ludwig-Maximilian-Universität, eine der größten Hochschulen Deutschlands.

Die Theatinerkirche

Vom Odeonsplatz sind es nur ein paar Schritte zur **Theatinerkirche**. Die  Kirche wurde in den Jahren 1663–1688 im barocken Baustil errichtet. Die eigenwillig verschnörkelten Türme sind 71 Meter hoch. Auf der Kuppel könnt ihr erkennen – am besten mit Fernglas –, wie ein Löwe mit hoch gerecktem Schweif eine goldene Erdkugel umkreist. Die vier Statuen an der Kirchenfassade stellen Heilige dar: Es sind die heilige Adelheid sowie die Heiligen Ferdinand, Maximilian und Kajetan. Sie sind die Namenspatrone der Personen, die an der Entstehung der Theatinerkirche maßgeblich beteiligt waren.

Die Theatinerkirche
am Odeonsplatz

»Solch eine wundervolle Kirche – für die Erfüllung ihres sehnlichsten Wunsches!«, seufzte Pollina, die mit ihrem Bruder vor der Theatinerkirche stand. »Henriette Adelaide von Savoyen war die Frau von Kurfürst Ferdinand Maria. Im Jahr 1659 tat sie einen Schwur: Würde sie einen Sohn gebären und der Kurfürst damit einen Nachfolger und Erben bekommen, würde sie als Dank dem Gründer des Theatinerordens, dem heiligen Kajetan, eine Kirche errichten – so schön und wertvoll, wie es sie in keiner anderen

Stadt gäbe! Drei Jahre später erfüllte sich der Wunsch der Kurfürstin: Im Juli 1662 wurde Prinz Maximilian II. Emanuel geboren. Und wenig später begannen italienische Architekten mit dem Bau der Theatinerkirche. Sie ist dem heiligen Kajetan geweiht und wird deshalb auch Sankt-Kajetan-Kirche genannt. »Warum haben denn Italiener die Kirche gebaut? Gab es keine tüchtigen einheimischen Architekten?«, wollte Pollino wissen. »Die Kurfürstin war selbst Italienerin«, bemerkte Pollina. »Sie stammte aus Turin und hatte bereits viele Barockkirchen berühmter italienischer Architekten gesehen, vor allem in Rom.

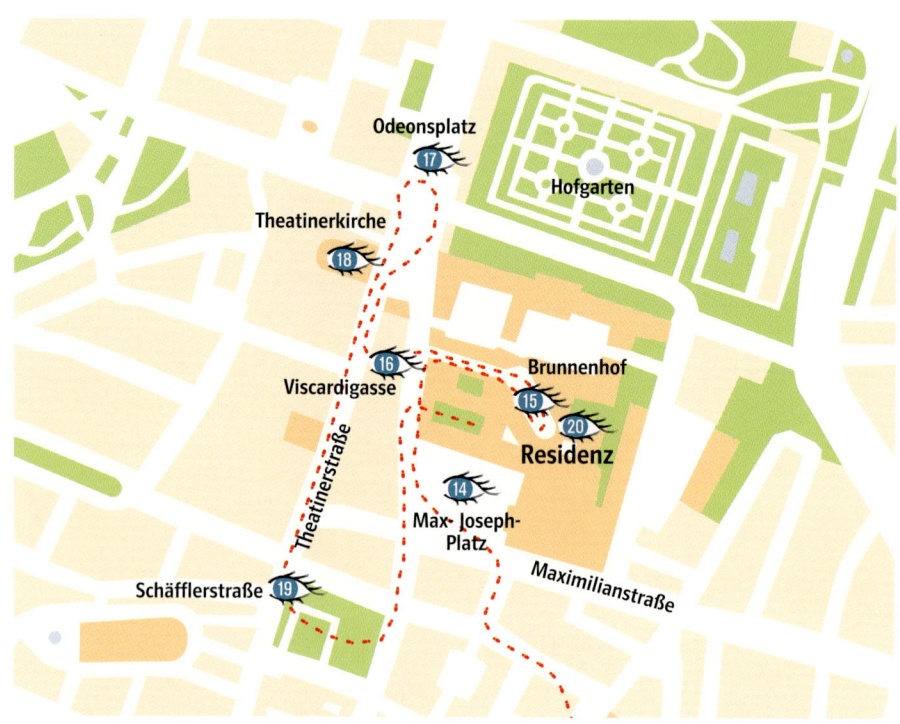

Dort steht die Kirche Sant' Andrea della Valle, die Mutterkirche des Theatinerordens – vielleicht erinnerst du dich noch? Auch die neue Kirche in München war für diesen Orden bestimmt und sollte ähnlich, aber eben noch schöner gebaut sein.

Lange Zeit wohnten die Theatinermönche neben der Kirche in einem Kloster. Allerdings war es den Theatinermönchen im Gegensatz zu Mitgliedern anderer Bettelorden (s. Begriffserklärungen) nicht erlaubt zu betteln. Deshalb waren sie auf Spenden aus der Bevölkerung angewiesen. Sollte es einmal vorkommen, dass ihnen niemand zu essen und trinken brachte, konnten die Mönche mit einer ›Hungerglocke‹ auf ihre Notlage aufmerksam machen. Ganze zwei Mal in all der Zeit mussten die Theatiner die ›Hungerglocke‹ läuten – und jedes Mal hatten die Münchner ein derart schlechtes Gewissen, dass sie die Mönche noch lange danach mit doppelten Portionen Brot, Hühner, Obst, Fleisch und Bier versorgten.« – »Keine schlechte Idee, das mit der Hungerglocke ...«, überlegte Pollino.

Der Innenraum der Theatinerkirche ist mit vielen weißen Stuckdekorationen verziert. An den Altären im Querschiff der Kirche stehen überlebensgroße Holzstatuen der Evangelisten Markus (nördliches Querschiff) und Johannes (südliches Querschiff). Sie stammen aus der Zeit, als die Kirche gebaut wurde. Ursprünglich gab es auch die Figuren von Lukas und Matthäus. Aber die Theatinerkriche wurde im Zweiten Weltkrieg schwer beschädigt, und die beiden Figuren des Lukas und Matthäus wurden zerstört. Auf dem südlichen Altar des Querschiffes seht ihr auf dem Gemälde den heiligen Kajetan abgebildet. Der Heilige wirkt als Pesthelfer. Kajetan wurde als Kind einer adeligen Familie im Jahr 1470 in der italienischen Stadt Vicenza geboren. Kajetan verschrieb sein Leben vor allem

der Pflege von Kranken. Im Jahr 1524 gründete er den Theatinerorden. Nach seinem Tod 1527 lebten und wirkten die Theatinermönche nach dem Vorbild Kajetans. Die Theatiner errichteten in vielen Ländern Klöster und ließen sich auch in München nieder.

Vier Säulen rahmen den Hochaltar der Kirche. Um die Säulen winden sich Lorbeerranken, und wenn ihr genau hinseht, könnt ihr dazwischen spielende Putten erkennen. Sehenswert ist auch die kunstvoll geschnitzte Kanzel aus dem 17. Jahrhundert. Sie ist mit Heiligenfiguren und Putten verziert.

*Die Geschwister gingen die Theatinerstraße entlang, als Pollina an zwei Hausecken **Schäffler-Figuren** entdeckte. Die lusti- 19 gen Tänzer standen am Beginn der Schäfflerstraße. In dieser Straße befanden sich lange Zeit die Werkstätten und Wohnungen der Schäffler. Kichernd versuchte sich Pollina im Schäfflertanz, hüpfte und sprang und drehte sich um Pollino herum. Doch der blieb teilnahmslos – bei ihm läutete die Hungerglocke, und zwar stürmisch! Für heute hatten die Geschwister genug gesehen.*

Eine Schäffler-Figur

Tipp: Wenn ihr noch Lust habt, könnt ihr den Rundgang fortsetzen. Weiter geht's im Residenzmuseum. Pollino und Pollina aber war dies zu anstrengend, denn ein Besuch im Residenzmuseum nimmt einige Stunden in Anspruch.

Die Residenz steckt voller Kunstschätze.

Die Residenz 20

Über Jahrhunderte war die **Residenz** der politische und kulturelle Mittelpunkt Münchens. Hier wohnten und regierten die Wittelsbacher Herzöge, Kurfürsten und Könige. Zu Anfang aber war diese fürstliche Residenz mit ihren riesigen Wohnpalästen und prächtigen Innenhöfen lediglich eine befestigte Burg. Diese Burg wurde im zweiten Drittel des 14. Jahrhunderts gebaut. Die Wittelsbacher Herzöge verlegten ihren Sitz von der »Alten Veste« in die »Neue Veste«. Diese war zunächst eine viereckige Anlage, geschützt durch dicke Mauern, Türme und einen breiten Wassergraben.

Unter Herzog Albrecht V. wurde die »Neue Veste« im 16. Jahrhundert zu einem Schloss im Baustil der Renaissance erweitert. Der Herzog ließ seine Wohnräume mit Kunstgegenständen und Gemälden ausschmücken. Neben Arbeitsräumen für die Regierungsgeschäfte und die Verwaltung des Hofstaates entstanden nun auch prächtig ausgestattete Festsäle. Herzog Albrecht V., der auch »der Prächtige« und »der Großartige« genannt wurde, liebte Luxus und Vergnügen, und schon bald folgte in der Residenz ein Fest dem anderen. Der ganze Hofstaat begann, in Pracht zu leben.

In den folgenden Jahrhunderten veränderten die Wittelsbacher ihren Herrschersitz stetig. Man riss die alte Burgmauer ab und füllte den Burggraben auf. Die Haupt- und Nebengebäude der Burg wurden erweitert. Mit der Zeit entstand ein riesiger Wohnpalast, der sieben, meist aufwändig gestaltete Innenhöfe umschließt. Die Residenz bietet so viel Platz, dass jeder Herrscher sein ureigenes Arbeits-, Wohn- und Schlafzimmer einrichten konnte. Stadtauswärts, vor der Residenz, wurde ein schöner Garten angelegt, in dem die Bewohner und Gäste des Hofes »lustwandeln« konnten.

Die Residenz war einer der prächtigsten Fürstenhöfe Europas. Sogar als achtes Weltwunder wurde sie bezeichnet. Jetzt ist die Residenz unbewohnt. Die Wittelsbacher zogen 1918 aus der Residenz aus. Wenig später wurde die riesige Bauanlage zum »Residenzmuseum« umfunktioniert. In den 130 einzigartig ausgestatteten Räumen könnt ihr euch ein Bild machen, mit welchem Luxus und mit welcher Pracht sich die Herzöge, Kurfürsten und Könige in der Residenz umgaben.

»Für den Vormittag oder den Nachmittag?« Verdutzt betrachteten Pollino und Pollina die junge Frau hinter der Kasse. Die beiden wollten gerade eine Eintrittskarte für das Residenzmuseum lösen. Nachmittag??? Es war gerade mal 10 Uhr vormittags. »Ich wollte euch nur darauf hinweisen, dass es zwei unterschiedliche Rundgänge durch die Residenz gibt. Eine Route ist für den Vormittag vorgesehen, und eine andere für den Nachmittag. Zu beachten ist dabei: Die Räume, die man am Vormittag besichtigen kann, sind am Nachmittag größtenteils nicht zugänglich und umgekehrt«, klärte sie die Dame an der Kasse auf. »Hier habt ihr einen Plan, auf dem beide Rundgänge eingezeichnet sind.« Pollino und Pollina erkannten zwei verschieden farbige Linien, die durch die Räume der Residenz führten. »Antiquarium, Grüne Galerie, Herzkabinett – ich glaube, der Vormittags-Rundgang ist genau das Richtige«, meinte Pollina schließlich. Sie hatte sich bereits vor der Reise

nach München über die Kunstsammlungen der Residenz eingehend informiert.

»Ich möchte auf alle Fälle in die Schatzkammer«, bemerkte Pollino entschlossen. »Das Schwert von Herzog Christoph darf ich mir auf keinen Fall entgehen lassen. Der Rest ist mir egal, meinetwegen können wir auch die Fische im Aquarium angucken.« »Dann ist es wohl das Beste, ihr kauft eine Karte für den Rundgang am Vormittag und eine Karte für die Schatzkammer«, schlug die Kassiererin vor. »Übrigens, junger Mann«, sagte sie zu Pollino eher beiläufig, »im ›Antiquarium‹ – und nicht ›Aquarium‹ – gibt es weder Fische noch anderes Meeresgetier zu sehen, sondern eine Sammlung antiker Plastiken. Deshalb trägt der Raum den Namen ›Antiquarium‹.« Verlegen trat Pollino von einem Fuß auf den anderen. Pollina schmunzelte und zwinkerte erleichtert der Museumsangestellten zu.

Der Perseus-Brunnen

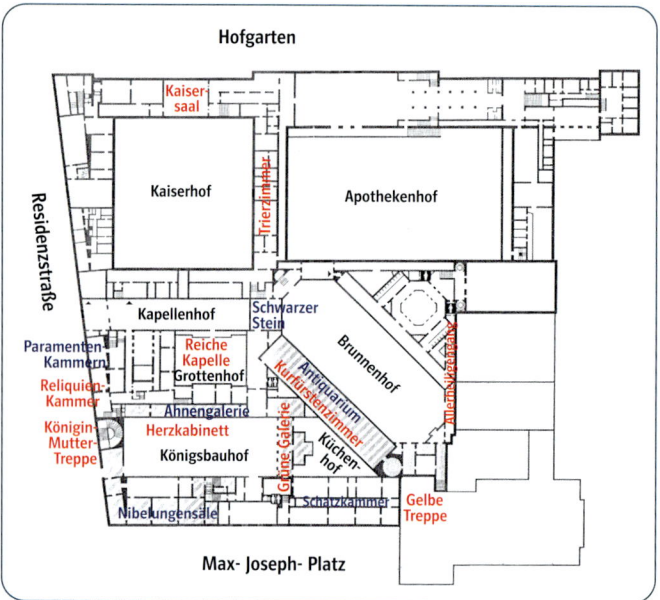

Übersichtsplan der
Residenz:
Erdgeschoss (blau)
Obergeschoss (rot)

1. Rundgang (Vormittag)

Der Vormittags-Rundgang führt zunächst in die **Ahnengalerie**. Dort blicken euch Herzöge, Kurfürsten und Könige aus 121 Gemälden entgegen. Früher war der Raum, in dem sich die Bildnisse befinden, ein offener Wandelgang zum Residenzgarten. Herzog Karl Albrecht hat hier seine Ahnen in Portraits darstellen lassen. Ein großes Bild in der Mitte zeigt den legendären Ahnherren der Wittelsbacher, Herzog Theodo, der im 5./6. Jahrhundert gelebt haben soll.

Von der Ahnengalerie kommt ihr in den **Grottenhof**. Er ist der schönste und am reichsten ausgestattete Innenhof der Residenz. In seiner Mitte befindet sich der berühmte Perseus-Brunnen, den der Künst-

ler Hubert Gerhard etwa um 1590 geschaffen hat. Dargestellt sind Perseus und Medusa, zwei Gestalten aus der griechischen Sage. Medusa war die Tochter eines antiken griechischen Meeresgottes. Die Göttin herrschte als schreckliches Ungeheuer über das Meer und galt als unbesiegbar. Sie hatte einen versteinernden Blick. Auf dem Brunnen seht ihr Medusas Kopf mit Schlangen bedeckt, und aus ihrem Hals fließt Wasser in das bronzene Brunnenbecken. Perseus war das Kind von Göttervater Zeus und Danae, einer Königstochter und Braut des Zeus auf Erden. Mit einem Gott als Vater und einem Menschen als Mutter war Perseus ein Halbgott. Danae wurde von König Polydektes von der Insel Seriphos gefangen genommen und musste in seinem Haus als Sklavin dienen.

Doch Perseus war stets in ihrer Nähe und beschützte sie. Eines Tages verlangte der hinterhältige Herrscher ein kostbares Geschenk von Perseus. Ansonsten müsse Perseus die Insel verlassen und seine Mutter preisgeben. Perseus war verzweifelt. Weder er noch seine Mutter konnten sich ein teures Geschenk leisten. Da versprach Perseus dem König der Unterwelt, ihm den Kopf der berüchtigten Medusa zu bringen. Der König willigte ein. Perseus hatte zunächst keine Idee, wie er Medusa bezwingen könnte. Da kam ihm die Göttin Athene, eine Tochter des Götterkönigs Zeus, zu Hilfe. Sie wusste, wie es möglich war, dem versteinernden Blick der Medusa zu entgehen: Indem Perseus es vermied, der Meeresgöttin ins Gesicht zu blicken.

Weiter wird erzählt, dass sich Perseus in die Höhle der schlafenden Medusa schlich, nach ihrem Hals tastete und ihr mit einem Sichelschwert den Kopf abschnitt. Medusa war getötet! Perseus überreichte dem König das Haupt der Medusa, der es ansah und? – ja, der versteinernde Blick wirkte immer noch. Daraufhin verließen Perseus und seine Mutter die Insel.

Sehenswert ist die Grotte, die aus Tuffstein, Tropfstein, farbig gefassten Muscheln und verschiedenen Kristallen besteht. Die vergoldete Bronzestatue des eilenden römischen Gottes Merkur springt dem Betrachter förmlich entgegen. Ausgestattet mit Flügelhelm und Flügelschuhen sorgte er nach antikem Glauben für sicheres Geleit von Wanderern, Kaufleuten und Hirten. Hinter Merkur tragen Mohren das bayerische Herzogswappen.

Das **Antiquarium** ist der größte Raum im Renaissance-Baustil nördlich der Alpen, der nicht für eine Kirche geschaffen wurde. Im Jahr 1566 kaufte Herzog Albrecht V. eine große Sammlung antiker Kunstwerke von der reichen Kaufmanns-Familie Fugger aus Augsburg. Dem Herzog fehlte aber ein Raum, in dem er die Statuen und Büsten ausstellen konnte. So ließ er von 1568–1571 das Antiquarium bauen, einen 66 Meter langen Gewölbe-Saal. Später wurde das Antiquarium zur Festhalle umgestaltet und ausgemalt. Oben in den so genannten Stichkappen der Fenster findet ihr 102

Die Grottenanlage mit dem eilenden Merkur

Ansichten von altbayerischen Städten sowie Schlössern, die zum Herrschaftsgebiet der Wittelsbacher gehörten. In der langen Reihe von Steinbüsten an den Seitenwänden befindet sich auch die des berühmten römischen Feldherrn und Herrschers Julius Cäsar. Er steht ganz am Beginn der Büstenreihe.

Über eine Treppe erreichten Pollino und Pollina das Obergeschoss der Residenz. Die Geschwister betraten nun den Königsbau, der König Ludwig I. und seiner Frau als Wohnung diente. Am Fuß der **Gelben Treppe** *blieb Pollina stehen und betrachtete die Marmorfigur der »Venus Italica«. »Ist sie nicht wunderschön?« Bewundernd ließ Pollina ihren Blick langsam über die lächelnde Göttin streichen. »König Ludwig I. war ein richtiger Italien-Fan«, sagte Pollina. »Er war gerade mal 18 Jahre alt und noch Prinz, als er das erste Mal nach Italien reiste. Auch später fuhr Ludwig immer wieder mit seinen Freunden, darunter vielen Künstlern, in den sonnigen Süden. Ludwig I. liebte Italien, das Land und die Leute. Und er schätzte die italienische Kunst. Kein Wunder also, dass er sich in Italien in eine Statue des Künstlers Antonio Canova verliebte. Der*

Bildhauer hatte eine Aphrodite, die griechische Göttin der Liebe und der Schönheit, aus Marmor gemeißelt. In der Antike nannten die Römer diese Göttin ›Venus‹, und deshalb betitelte Canova seine Statue ›Venus Italica‹, also ›Italienische Venus‹. Ludwig I. schien es, als wäre sie lebendig. Er wollte unbedingt eine ›Venus Italica‹ für die Residenz haben und bestellte bei Canova eine Kopie.« Pollina drehte sich um, aber ihr Blick ging ins Leere. Ihr Bruder war bereits die Gelbe Treppe hinauf und in das Vorzimmer der königlichen Gemächer gegangen. Dort betrachtete er interessiert die riesigen Gemälde mit Darstellungen von Schlachten.

Die **Kurfürstenzimmer** befinden sich direkt über dem Antiquarium. Sie dienten zunächst als Unterbringung für die reichhaltige Bibliothek. Später wurden die Zimmer von den Kurfürsten zu Wohnräumen umgestaltet. Die heutige Einrichtung der Kurfürstenzimmer stammt aus dem 18. Jahrhundert und zeigt, mit welchem Geschmack Kurfürst Max III. Joseph und seine Frau Maria Anna ihre Schreib- und Schlafzimmer ausstatteten. Auf dem Gemälde »Das kleine Hofkonzert« im Schlaf-

Das Deckengemälde in der Ritterstube

„Das kleine Hofkonzert«

zimmer des Kurfürsten sind die Bewohner zu sehen: Kurfürst Max III. Joseph spielt Cello; neben ihm sitzt seine Ehefrau am Spinett, einem alten Tasteninstrument. Mit auf dem Bild sind auch die Haustiere des Kurfürsten: Dogge Donau und Affe Schmidl, der an einem Krautblatt knabbert.

Kurfürst Max III. Joseph sorgte sich um seine Untertanen und war daher ein äußerst beliebter Herrscher. Die große Leidenschaft des Kurfürsten war die Musik. Oft beteiligte er sich an den Konzerten der Hofmusiker, die ihn wegen seines ausgezeichneten Spieles auf der Violine sehr schätzten. Nicht verpassen solltet ihr im ehemaligen Speisezimmer zwei Gemälde von Canaletto aus dem 18. Jahrhundert. Der berühmte Maler aus Venedig, der eigentlich Antonio Canal hieß, hat darauf das Schloss Nymphenburg mit vielen Details dargestellt. Ihr geht nun einen langen Gang entlang, den so genannten **Allerheiligengang**. An den Wänden befindet sich eine Folge von Fresken (s. Begriffserklärungen), die zeigen, welche Landschaften König Ludwig I. durchquert und welche Städte er auf seinen zahlreichen Italien-Reisen besucht hat. Der König beauftragte den Maler Carl Rott-

mann, seine »Urlaubserinnerungen« festzuhalten. Die Bilder-Reise beginnt in Trient, führt über Verona, Florenz und Rom bis nach Cefalù in Sizilien. Zu jeder Reise-Station hat Ludwig I. ein kleines Gedicht geschrieben. Der Allerheiligengang war so etwas wie das gemalte Urlaubs-Fotoalbum des Königs.

Es folgt eine schier endlos scheinende Reihe von Räumen, die früher alle einmal von Angehörigen oder Gästen der kurfürstlichen Familie bewohnt waren. Am Ende des lang gestreckten Ganges erreicht ihr die **Trierzimmer**. Die Räume heißen so, weil hier der Fürst und Bischof Clemenz Wenzeslaus aus Trier während seiner vielen Besuche wohnte. In den Trierzimmern befanden sich einst die Gästewohnungen. Diese Zimmer wurden um 1615 errichtet und tragen eigenartige Namen: »Saal des Rechts«, »Saal der Entscheidung«, »Saal des Rates« und so weiter. Um diese seltsamen Bezeichnungen verstehen zu können, betrachtet ihr am besten ein Deckengemälde in der »Ritterstube«. Darauf thront im Mittelfeld stellvertretend für alle Wittelsbacher Herrscher: der Fürst. Der Fürst ist hier als wichtigster Entscheidungsträger

Das Antiquarium beherbergt eine Sammlung antiker Kunst.

»Das Paradies«

dargestellt. In seinen Händen hält er Feld-
herrnstab und Gesetzbuch. Sie sollen dem
Betrachter mitteilen: Die Herrschaft eines
Fürsten beruht nicht nur auf Waffen, sondern auch auf Gesetzestreue, um sowohl
Kriegs- wie auch Friedenszeiten zu meistern. Die Gemälde und Teppiche in den
Trierzimmern führen Gästen und Gastge-
bern vor Augen, wie ein umsichtiger Fürst
regieren soll.

*»Pollina, sieh mal, wie viele Tiere sich auf
dem Bild befinden. Da gibt es welche, die
kenne ich gar nicht«, drang die Stimme von
Pollino aus der Grünen Galerie zu seiner
Schwester. »Und da sind auch noch Adam
und Eva, aber nur ganz klein!« Wovon
Pollino so schwärmte, war das Gemälde
»Das Paradies« von Roelant Savery. Die
Grüne Galerie verdankt ihren Namen dem*
*grünen Seidendamaststoff, mit dem die
Wände des Raumes überzogen sind.*

*»Oh wie heeerzlich, eine Liiiebeslandkarte –
komm schnell Pollino. Hier ist genau das
Richtige für dich!« Pollina befand sich
bereits im nächsten Zimmer. Pollino ahnte,
dass das, was nun kam, so gar nicht seinen
Interessen entsprach. Doch trotzdem sah
er sich das Zimmer an. Er trat zu Pollina,
die eingehend eine ungewöhnliche Land-
karte über dem Spiegel an der Kaminwand
studierte. Es war die fantastische Land-
karte der Liebe. Pollino betrachtete den
Raum genauer und entdeckte eine Vielzahl
von Herzen: Herzen, die von Putten aus
dem Meer gefischt wurden; Herzen in Fes-
seln; Herzen, die brannten oder von einem
Löwen gefressen wurden. »Der Raum, in
dem wir uns befinden, ist das **Herzkabinett**,*

sagte Pollina in hohem, gekünsteltem Tonfall, »und wie du siehst, gibt es hier überall Gemälde mit Herzen in allen Farben und Formen.« »Die spinnen, die Mädchen…«, brummelte Pollino vor sich hin.

Der Vormittags-Rundgang endet im Erdgeschoss in den **Nibelungensälen**. Auf den Wand- und Deckengemälden dieser Räume wird die alte germanische Nibelungensage erzählt. Diese Sage entstand aus dem so genannten Nibelungenlied, das um das Jahr 1200 niedergeschrieben wurde. Im ersten Saal, dem *»Saal der Helden«*, werden die wichtigsten Figuren der mittelalterlichen Erzählung vorgestellt: Siegfried, der Eroberer des Nibelungenschatzes; Kriemhild, die Schwester des Burgunderkönigs Gunther; Gunther selbst; die starke Brunhilde und schließlich Hagen, der Gefolgsmann Gunthers.

Im Mittelpunkt der Handlung steht der Held Siegfried. Er möchte Kriemhild heiraten. Doch zuvor muss er Gunther, den Bruder Kriemhilds, für sein Anliegen gewinnen. Siegfried hilft deshalb Gunther, die von Gunther umworbene Brunhilde als Braut zu erobern. Endlich können auch Siegfried und Kriemhild heiraten *(Bilder dazu im »Saal der Hochzeit«)*. Brunhilde aber verlangt Siegfrieds Tod. Siegfried gilt jedoch als unbesiegbar. Der Gefolgsmann Gunthers, Hagen, erfährt von der einzigen Stelle, an der Siegfried verwundbar ist. Mit dem Hieb einer Lanze tötet er den Helden *(»Saal des Verrats«)*. Wisst ihr, wo Siegfried verwundbar war? Wenn nicht, dann seht ihr das im Bild. Kriemhild nimmt Rache für

ihren getöteten Ehemann. Sie lockt ihre Verwandten und den Mörder in einen Hinterhalt, wo Hagen und die ganze Königsfamilie umgebracht werden. Auch Kriemhild stirbt *(»Saal der Rache«)*.

2. Rundgang (Nachmittag)

Für alle, die das Residenzmuseum am Nachmittag besuchen wollen, ist folgender Rundgang vorgesehen:

Zunächst geht's wie bei der Vormittagstour durch die Ahnengalerie. Doch jetzt ändert sich der Weg. Am Anfang stehen die Paramentenkammern. Von da führt die Kapellentreppe nach oben in die **Reliquienkammer**. Hier werden in Gefäßen und Behältnissen kostbarste Reliquien *(s. Begriffserklärungen)* aufbewahrt. Herzog Wilhelm V. begann im 16. Jahrhundert, diese Reliquiensammlung anzulegen. Dazu war übrigens die Genehmigung des Papstes erforderlich. Zu den wertvollsten Stücken gehört das Passions-Ostensorium *(es ist mit der Kennziffer »21« ausgewiesen!)*. Das kostbare

Das Wort »Ostensorium«
kommt vom lateini-
schen »ostendere«.
Das heißt: entgegen-
strecken, sehen lassen,
offenbaren.

Gefäß enthält gleich mehrere Reliquien von
höchster Bedeutung, unter anderem ein
Stück der Geißelsäule, an die Jesus Christus
gebunden wurde; ein Teil der Dornenkrone
Jesu; einen Kreuzsplitter und ein Stück des
Essigschwammes, den die Soldaten Jesus
am Kreuz reichten. Wem es nicht zu gru-
selig ist, der kann sich noch den Schädel
von Johannes dem Täufer (Kennziffer »47«)
oder die drei Kindermumien im so genannten »Kindlschrein« in der Raummitte ansehen. Die Leichen stammen angeblich vom
»großen Kindermord« des König Herodes.
Die mumifizierten Kinder liegen auf roten
Bettlaken und sind mit goldbestickten
Seidengewändern bekleidet.

Von einer Empore könnt ihr in die **Hofkapelle** der Residenz hinabblicken. Dieser
kleine Raum wurde 1603 zur Kirche geweiht.
Damals regierte Kurfürst Maximilian I.,
der als streng gläubiger Katholik lebte.
Besonders verehrte er die heilige Maria.
Oft kniete er stundenlang in der Kirche, um
von ihr himmlischen Schutz zu erbitten.
Maximilian I. ließ die Hofkapelle mit vielen
Abbildungen und Darstellungen der Gottesmutter ausschmücken. Früher wurden in
der Hofkapelle sehr festliche Gottesdienste
mit sechs Priestern, vier Chorknaben und
zahlreichen Musikern abgehalten. Dabei
schaute der König dem Geschehen von
einem Platz im dritten Stockwerk zu.

Nächste Station ist die **Reiche Kapelle**.
Ursprünglich war sie der Aufbewahrungs-
ort des kostbaren Reliquienschatzes und
zugleich die Privatkapelle von Maximilian I.
Im Gegensatz zur Hofkapelle war dieser
Raum nur den Wittelsbacher Fürsten vorbehalten. Den Bediensteten war das Betreten streng verboten. Für die Ausstattung
der kleinen Kirche arbeiteten die besten
Gold- und Silberschmiede aus München
und Augsburg. Der Innenraum der Reichen
Kapelle wirkt wie ein riesiges Schmuck-
kästchen. Die Decke ist mit vergoldeten
Reliefs geschmückt. Die Wände sind mit
wunderschönem Marmor verkleidet. Bunte
Glasmalereien auf den Fenstern erzeugen
ein warmes Licht. Selbst der Fußboden
besteht aus mehrfarbigem Marmor und
kostbaren Steinen. Überall glänzt es in
Gold und Silber: In der Nische über der
Eingangstür steht eine vergoldete Christus-
figur; an der rechten Seitenwand eine

Die Reiche Kapelle
ist überreich mit Kunst-
werken geschmückt.

Prunkorgel, die mit Goldplättchen und Miniaturmalereien aus Elfenbein verziert ist. Sie funktionierte jedoch nie richtig. Das Prunkstück ist der Hauptaltar aus Silber und Ebenholz. An den Längswänden sind Erlebnisse aus dem Leben der Gottesmutter Maria dargestellt.

Schließlich gelangt ihr in den **Kaisersaal**. Er wurde in den Jahren 1611–1616 errichtet. Um die Gemälde an der Decke genau betrachten zu können, müsst ihr euch ganz schön den Hals verrenken. Immerhin befinden sich die Abbildungen in fast 10 Metern Höhe! Auf dem Kamin des Kaisersaals steht die Bronzefigur »Tellus Bavarica«. Der Bildhauer Hubert Gerhard hat das Werk um das Jahr 1590 geschaffen. Er hat hier Tellus, die römische Göttin der Fruchtbarkeit, als Vorbild genommen. Die »Tellus Bavarica« verkörpert das Land Bayern und den Reichtum der bayerischen Erde. Die Kleidung

und die Ausrüstung der Statue haben dabei bestimmte Bedeutungen. Die Hirschdecke und das Horn stehen für den Wildreichtum in den bayerischen Wäldern. Der große Krug und das Salzfass zu Füßen der Figur dagegen verweisen auf die reichhaltigen Wasser- und Salzvorräte Bayerns.

Bevor ihr den Nachmittags-Rundgang abschließt, lohnt es sich noch, die Königin-Mutter-Treppe hochzusteigen. Sie führt euch in die **Königsappartements** von König Ludwig I. und seiner Ehefrau. Sowohl der König als auch die Königin verfügten über luxuriöse Wohnräume und je einen Thronsaal. Auffallend sind die Parkettböden aus Ahorn, Ebenholz und Mahagoni. Die Innenausstattung der Appartements wählte Leo von Klenze aus, einer der Lieblingsarchitekten von König Ludwig I.

Die »Tellus Bavarica«

»Nun komm schon, Pollina!« Ungeduldig wartete Pollino am Eingang zur Schatzkammer. Pollina fand die Eintrittskarten zur Schatzkammer nicht. Sie steckten weder in ihrer Jackentasche noch in den Hosentaschen. Ratlos standen die Geschwister vor dem Museumswärter. »Na, sucht doch nochmal in Ruhe, vielleicht sind sie ja im Rucksack! Und wenn sie auch da nicht sind, dann hat sie wohl das Pudel-Gespenst gefressen«, grinste der Wärter.

»In der Residenz gibt es einen riesigen schwarzen Pudel, der hier seit Jahrhunderten als Gespenst sein Unwesen treibt«, berichtete der Wärter. »Er hat feurig-rote Augen, die glühen wie heiße Kohlestücke. Wenn er sein Maul aufreißt, strömt sengende Glut heraus. Der Teufel hat einen Diener des Kurfürsten in diese schreckliche Gestalt verwandelt. Dieser Diener war ein gemeiner Schurke. Als München von den Österrei-

chern besetzt wurde, versteckte der Kurfürst seine Schätze vor dem Feind. Und was machte der Diener, dieser Judas? Für viel Geld verriet er den Österreichern, wo die Schätze des Kurfürsten zu finden waren. Zum Glück und seinem Pech hat man ihn dabei belauscht. Die Strafe ließ nicht lange auf sich warten, und der Diener wurde geköpft. In der Hölle wurde er nicht nur zum Pudel, er musste obendrein glühendes Gold schlucken – deshalb sein feuriger Atem.«

Beeindruckt lauschten Pollino und Pollina der Geschichte des Museumswärters. Einem Pudel waren sie in der Residenz bisher nicht begegnet – vielleicht auf einem der Gemälde, aber sicher keinem Pudel-Gespenst! Pollina stellte den Rucksack auf den Boden. Sie nahm den Reiseführer heraus, und da, zwischen den Seiten, waren die Eintrittskarten eingeklemmt! Von wegen »vom Pudel-Gespenst gefressen«, schimpfte Pollina und warf dem Museumswärter noch einen wütenden Blick hinterher. Pollino machte sich sofort auf die Suche nach dem Schwert von Herzog Christoph dem Starken.

**Die Statuette des
heiligen Georg**

Schatzkammer

Im Jahr 1565 hatte Herzog Albrecht V. in seinem Testament festgelegt, dass der Hausschatz nach seinem Tod niemals verkauft werden dürfe. Bis Anfang des 17. Jahrhunderts wurden die kostbaren Kunstgegenstände im Silberturm der Neuen Veste gesammelt. Dann haben die Wittelsbacher Kurfürsten und Könige den Hausschatz an anderen Orten untergebracht, bis schließlich diese Schatzkammer eingerichtet wurde. In den zehn Räumen der Schatzkammer sind etwa 1.300 Kunstwerke ausgestellt.

Besonders lohnt sich der Besuch der ersten beiden Räume. Im Raum I findet ihr das **Gebetbuch** von **Kaiser Karl dem Kahlen**. Es wurde zwischen 846 und 869 hergestellt. Interessieren euch Königskro-

nen? Davon gibt es in diesem Raum besonders schöne Exemplare: die Krone von Kaiserin Kunigunde aus dem 11. Jahrhundert und eine englische Königinnenkrone aus dem 14. Jahrhundert. Der Raum II der Schatzkammer enthält das **Straußenei-Gefäß**. Das Straußenei sitzt in einem vergoldeten Rahmen. Darunter knien kleine Engelsfiguren. Angeblich soll das Gefäß, das um 1415 angefertigt wurde, eine kostbare Reliquie enthalten. In Raum III könnt ihr die reich verzierte **Statuette** des **Ritters Sankt Georg** bewundern. Das kleine Reiterstandbild wurde 1597 angefertigt. Im Sockel soll sich eine Reliquie des Heiligen Georg befinden. In Raum V leuchtet euch endlich zwischen zwei Herzogsschwertern das berühmte **Schwert** von **Herzog Christoph dem Starken** entgegen.

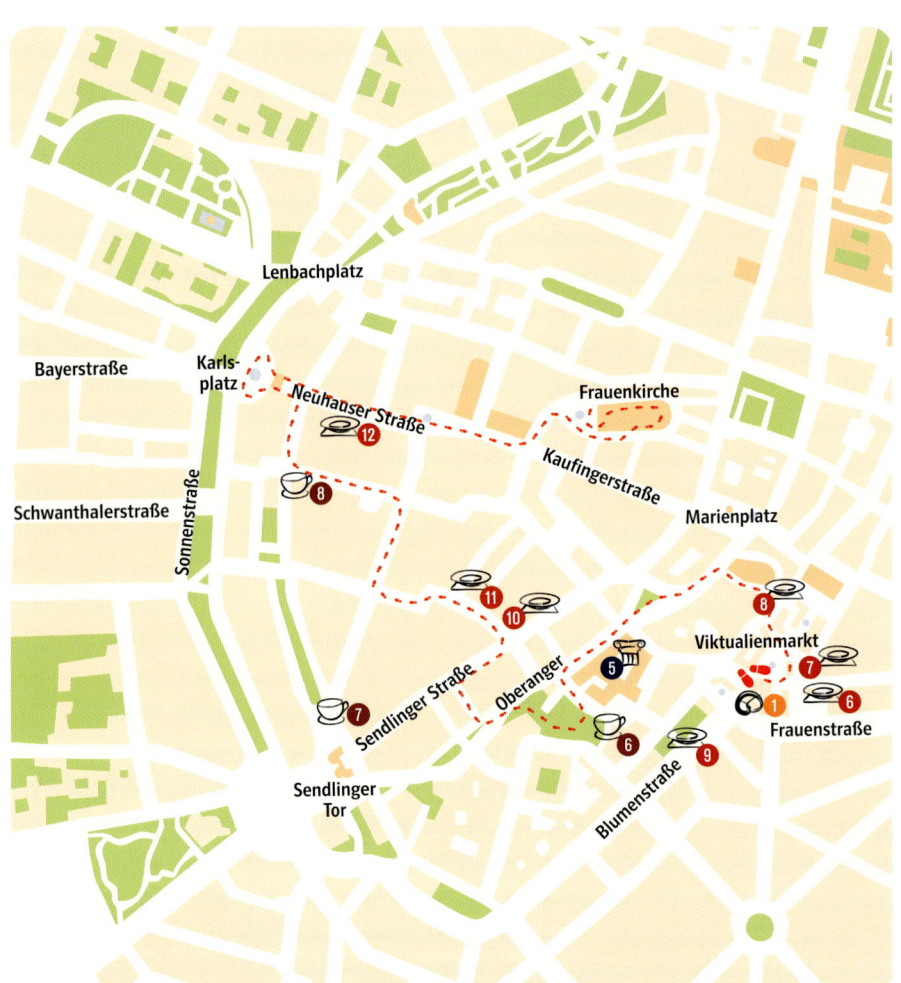

2. Rundgang: Kirchen, Häuser und Plätze – Das »alte« München

Der Viktualienmarkt

Der Viktualienmarkt

»Wie erkennt man, ob ein Ei frisch ist oder nicht?«, testete Pollina die Kochkenntnisse ihres Bruders. Vor ihr lagen sorgsam aufgestapelte Eierschachteln am Stand einer Geflügelhändlerin. »Ganz einfach«, begann Pollina belehrend, »du musst das Ei ins Wasser legen. Jedes Ei hat eine Luftblase, und je älter ein Ei ist, desto größer ist diese Blase. Das bedeutet, dass ein frisches Ei untertaucht, während ein altes Ei auf dem Wasser schwimmt.« Pollino überlegte, ob er den Ei-Test nicht gleich machen

sollte. In der Nähe stand ein Brunnen, und mit einem geschickten Wurf könnte er das Ei sicherlich ins Brunnenwasser bugsieren. »Sehr gut, junge Frau!«, machte sich eine dickliche Marktfrau, die hinter dem Berg von Eierschachteln hervorlugte, bemerkbar. »Und am besten schmecken Eier etwa 2–5 Tage, nachdem sie gelegt wurden. Wie diese hier!«, verkündete die Marktfrau und deutete auf die Eier, die vor ihr in der Auslage aufgereiht waren.

Der Viktualienmarkt ist berühmt für seine Lebensmittel-Spezialitäten.

Pollino und Pollina befanden sich auf dem größten Markt für Lebensmittel in München, dem **Viktualienmarkt** (»Viktualie« kommt aus dem Lateinischen und ist eine alte Bezeichnung für Lebensmittel). Im Jahr 1807 beschlossen die Münchner, den Obst- und Gemüsemarkt vom Marienplatz auf das Gelände des Heiliggeistspitals zu verlegen. Dieses Spital war Kranken- und Armenhaus. Nach und nach wurden seine Gebäude abgerissen und dafür immer mehr Marktbuden aufgestellt.

Die Geschwister schlenderten die Stände entlang. Sie konnten sich im wahrsten Sinn des Wortes gar nicht »satt sehen« an dem riesigen Angebot an frischem Obst und Gemüse, Fleisch und Fisch, Gewürzen und Säften. »Das sind aber tolle Paradeiser!« Pollino blieb vor einer Kiste knallroter Tomaten stehen. »Paradeiser? Das sind doch Tomaten«, bemerkte Pollina. »Ist doch dasselbe. Tomaten werden auch Paradeiser oder Paradiesäpfel genannt«, meinte Pollino, der dieses witzige Wort für Tomaten vom letzten Ski-Urlaub in Österreich noch in Erinnerung hatte. »Und bei den Azteken, dem alten mexikanischen Volksstamm, hieß eine Tomate ‚tomatl‘«, fügte Pollino stolz an. »Aha, dann warst du als Dreijähriger also ein Azteke. Damals hast du eine Tomate auch immer so genannt …«, witzelte Pollina.

Sabine und die Annerl-Bäckerin-Oma

Der süße Duft frisch gebackenen Brotes lockte Pollino und Pollina zu einem Holzhäuschen. Über der Eingangstür hing ein Schild: »Annerl-Bäckerin« stand darauf, in schwungvollen handgeschriebenen Buchstaben. Die Tür war offen, und verschiedenste Brot- und Semmelsorten waren zu sehen. Zu Hunderten lagen die Brotlaibe und Semmeln hinter Glasscheiben und auf Holzgerüsten. »Na, kommt's eini!«, rief ihnen eine freundlich dreinblickende, kleine Frau im Münchner Dialekt entgegen. »Beiß'n tu i net, im Gegenteil, i hob a ganze Menge, des si beiß'n lasst!« Die Frau kicherte, und ihre rot gefärbten Wangen begannen dabei noch mehr zu leuchten. Zwei riesige, lebhafte Augen hinter dicken Brillengläsern musterten die Geschwister neugierig.

»Keine Angst, meine Oma ist immer so!«, schaltete sich ein Mädchen ein, das jetzt hinter der Theke auftauchte. Wie ihre Großmutter trug auch das Mädchen eine Brille und hatte eine weiße Schürze umgebunden. »Ich bin Sabine – und das ist meine ›Annerl-Oma‹!«, setzte das Mädchen hinzu. »Wie wär's mit Brez'n? Ganz frisch!« Sabine nahm aus einem Korb zwei Brez'n heraus und reichte sie Pollino und Pollina. »Dreimal am Tag backen wir Brez'n und Semmeln. Wir verkaufen alles in allem 26 Brot- und 30 verschiedene Semmelsorten«, erzählte Sabine. »Also, da wären: Sojakrusterl, Eiweckerl mit Milch, Bierstangerl mit Zwiebel, dann gibt's Ciabattabrötchen oder Bierlaiberl …«

»Geh, hör auf!«, warf Sabines Oma dazwischen. »Du machst die Zwoa ja ganz narrisch. Wisst's ihr überhaupt, wer die Brez'n erfunden hat?« Pollino und Pollina schüttelten den Kopf, während sie weiter an den leckeren Brezen knabberten. »Die Mönche warn's! Um während der Fastenzeit ned gar so hungern zu müssen, haben die sich mit der Brez'n ein frommes Gebäck ausgedacht. Sie legten eine dünne Teigrolle so zusammen, dass sie wie zum Gebet gekreuzte Arme ausschaute. Salz drüber und im Ofen gebacken – fertig warn's, die Brez'n!«

»Seit 50 Jahren bin i jetzt scho auf dem Viktualienmarkt«, begann die Bäckersfrau erneut, »damals war i die Kleinste, die Jüngste und auch die Frechste auf dem Marktplatz – so wie jetzat die Sabine!« Dabei herzte die Oma ihre Enkelin. »I kann mi no genau erinnern: Im Mai des Jahres 1950 war i des erste Mal auf dem Viktualienmarkt. Um sieben Uhr früh ging's los – und da dran hat si seither nix geändert! Einfach war's ned, aber i hab's immer no besser g'habt wia die Gmiastandlerinnen, ihr sagt's dazu wohl ›Gemüsehändlerinnen‹. Die müssen scho um 5 Uhr in der Friah ihre Ständ aufbau'n. Ganze drei Stunden brauchn's dazua. Und dann stengans bis zu 14 Stunden da draußen – na, des war nix für mi. Wisst's, wie viel mir hier san auf'm Viktualienmarkt? 140 Händler! Und zammhalten dean mir alle – besonders mir Frauen.

Am lustigsten wird's am Faschingsdienstag – dann tanz' ma wild auf! Für den berühmten ›Tanz der Marktfrauen‹ nehma mir sogar Tanzunterricht!«, kicherte die »Annerl-Bäckerin«.

»Ihr seid's keine Münchner, stimmt's?«, fragte Sabine. Zwar schüttelte Pollino den Kopf, während seine Schwester mit dem Kopf nickte. Ja, sie waren keine Münchner. »Du, Oma«, hauchte Sabine mit zuckersüßer Stimme ihrer Omi ins Ohr, »heit is doch ned so viel los. Moanst ned, dass i die Zwoa a bissl durch den Viktualienmarkt führen könnt?« »Des hab' i mir scho gedacht«, erwiderte die Bäckersfrau, »du find'st doch immer was. Erst das Follaiball...« »Volleyball, Omilein!«, korrigierte Sabine. »...dann die Orgelspielerei. Na, dann schleich di!« Sabine schlüpfte mit Pollino und Pollina durch die Tür des Bäckerladens nach draußen.

»Na, worauf habt's Lust?«, wandte sich Sabine an die Geschwister. »Also – bei Freisinger's gibt's saugute Münchner Salzgurkerl, beim Muzzafer Sadak super Oliven und Schafskäse, und in der Metzgerzeile Würschtl, so viel ihr wollt. Der Rottler hat 60 verschiedene Sorten Marmelade, die er noch selber macht...«
Vor so vielen tollen Angeboten lief den beiden das Wasser im Mund zusammen. »Ich hab's! Kommt mal mit!«
Sabine führte die Geschwister zu einem kleinen, in grüner Farbe gestrichenen Holzstand. An der Theke ließ sich Sabine drei Teller mit Mehlspeisen auf ein Tablett stellen. Dann machte sie Pollino und Pollina ein Zeichen, ihr hinter den Stand zu folgen. Sabine stellte sich an einen der runden Kaffeetische und verteilte die Teller. »Bei Karnoll's gibt's einfach den besten Millirahmstrudel in ganz München. Langt's zu!«, lächelte Sabine und schob sich das erste Stück in den Mund. Pollino und Pollina ließen sich nicht zweimal bitten – in null Komma nix hatten sie ihre Strudel weggeputzt.
»So, jetzt noch einen Saft am Fruchtsafteck, dann muss ich aber los!« Sabine klaubte mit der Gabel die letzten Krümel Strudel vom Teller. »Ich hab gleich Orgelunterricht. Wenn ihr wollt, könnt ihr mich besuchen kommen. Ich bin den Nachmittag über in der Frauenkirche.« Pollino und Pollina bedankten sich bei Sabine für die köstliche Einladung. Sie wollten die nette Münchnerin auf jeden Fall wiedersehen.

Der Karl-Valentin-Brunnen. Über den bekannten Münchner Komiker erfahrt ihr noch mehr in diesem Reiseführer.

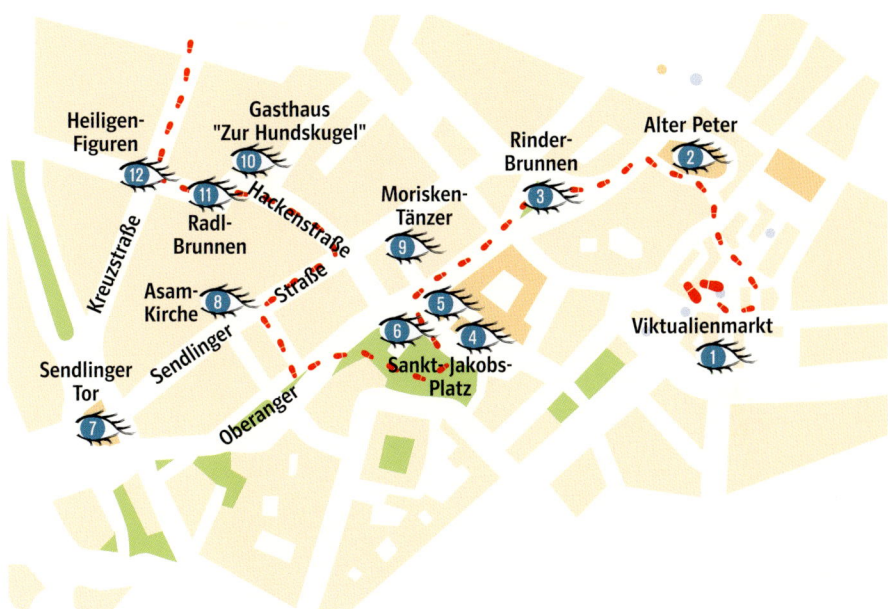

Der »Alte Peter« – ## Die erste Kirche Münchens

Vom Viktualienmarkt geht ihr eine kleine Anhöhe hinauf zum »Petersbergl«. Das ist der höchste Punkt der Altstadt Münchens. Auf dem »Petersbergl« siedelten die ersten Münchner, schon bevor Heinrich der Löwe die Stadt gründete. An der Stelle der heutigen **Kirche Sankt Peter** stand auch die erste Kirche Münchens, die damals allerdings ein viel kleineres Gotteshaus war. Der Vorgängerbau von Sankt Peter wurde in den folgenden Jahrhunderten zu einer großen Kirche ausgebaut.

Ende des 13. Jahrhunderts bekam die Kirche auf dem »Petersbergl« einen reich geschmückten Innenraum, und an ihrer Westfassade wurden zwei Türme hochgezogen. Im Jahr 1294 schließlich wurde das Gotteshaus feierlich dem Apostel Petrus geweiht. Für Sankt Peter hatten die Münchner schon bald einen einzigartigen Namen: »Alter Peter«. Nach einem Brand im Jahr 1327, der die Kirche schwer beschädigte, wurde Sankt Peter größtenteils noch einmal neu errichtet. Statt zwei Türmen bekam die Kirche nur einen, den jedoch mit zwei Turmspitzen. Anfang des 17. Jahrhunderts wurde daraus wiederum eine einzige. Damals wurde der Petersturm mit seinem spitzen Helm als Turmdach gekrönt.

Der Innenraum von Sankt Peter wurde prächtig ausgeschmückt. Das lag zum einen daran, dass mit dem Bau der neuen Frauenkirche eine große »Konkurrentin« entstanden war. Es entwickelte sich zwischen Sankt Peter und der Frauenkirche fast ein kleiner Wettstreit darum, welche

**Die Kirche »Alter Peter«
und ein Maibaum**

Kirche die schönere sei. Andererseits kam den beiden Pfarrkirchen Münchens zugute, dass die reichen Bürgerfamilien in den wichtigsten Gotteshäusern der Stadt eine eigene Kapelle und einen eigenen Altar besitzen wollten. Sie stifteten die Ausstattung und beauftragten namhafte Künstler mit der Herstellung von bunt verzierten Kirchenfenstern und kostbaren Altargemälden und Altaraufsätzen. Mit solchen Stiftungen erreichten die wohlhabenden Münchner Bürgerfamilien, dass ihnen die Kirche einen Ablass ihrer Sünden gewährte. In Sankt Peter, wie auch in der Frauenkirche, befinden sich zahlreiche Kapellen, die mit dem Namen ihrer Stifterfamilien bezeichnet werden.

Als schwere Bombenangriffe im Zweiten Weltkrieg den »Alten Peter« fast komplett zerstört hatten, schien er für immer verloren. Es wurde sogar überlegt, die Kirchenruine für einen modernen Neubau wegzusprengen. Aber ab 1949 machten sich die Münchner daran, ihren geliebten »Alten Peter« so weit als möglich wieder so aufzubauen, wie er früher war.

Pollino und Pollina betraten den »Alten Peter« durch das Seitenportal neben dem Aufgang zum Turm. Von der Galerie des Sankt-Peter-Turmes hat man die beste Aussicht über das alte München, und die wollte sich Pollina auf keinen Fall entgehen lassen. Den Aufstieg auf den Turm verschoben sie noch etwas. Als die Geschwister in den Innenraum der Kirche gelangten, erstreckten sich vor ihnen zwei lange Reihen von hohen, quadratischen Pfeilern. »Die Pfeiler weisen darauf hin, dass die Kirche Sankt Peter als Pfeilerbasilika im gotischen Baustil errichtet wurde. Sie gliedern den Innenraum in Mittelschiff und zwei Seitenschiffe, links und rechts davon«, begann Pollina zu erklären. Aber Pollino hörte gar nicht zu. Zielstrebig näherte er sich einem Relief (s. Begriffserklärungen) aus rotem Marmor, das an der Wand links vom Eingang befestigt war.

»Psst, Psst!« Pollino winkte seine Schwester zu sich. »So sah damals ein Ritter aus«, flüsterte Pollino und deutete auf das Bild auf dem Relief. »Das ist die berühmte **Grabplatte des Ritters Balthasar Pötschner**. Sie stammt aus dem Jahr 1505. Ganz unten sind der Ritter und seine Frau Anna abge-

bildet. Darüber hält Papst Gregor gerade eine Messe. Vor ihm kniet ein Kardinal, und hinter dem Altar guckt der Bischof hervor. Es wird berichtet, dass der Papst nicht wusste, ob er angesichts der vielen Kriege auf Erden weiter an Gott glauben sollte. Da erschien ihm während des Gottesdienstes ein Engel und bestärkte ihn in seinem Glauben an Gott. »Wahrscheinlich hat der Ritter bei den grausamen Gefechten auch oft an Gott gezweifelt«, sprach Pollina ihren Gedanken laut aus und dachte an die Zeiten der wilden Ritterschlachten.

Durch das Mittelschiff nähert ihr euch dem Hochaltar des »Alten Peter«. Dabei kommt ihr an den **Statuen der zwölf Apostel** vorbei, die auf Konsolen an der Innenseite der riesigen Kirchenpfeiler stehen. Die Apostel sind an ihren Attributen, das heißt, den Gegenständen, die sie tragen oder halten, zu erkennen. Besonders sehenswert sind die Darstellungen des heiligen Andreas mit dem Balkenkreuz (links vor dem Hochaltar) sowie des heiligen Paulus, der ein Schwert und ein Buch in Händen hält (rechts vor dem Hochaltar).

Die schönste Statue der Kirche stellt den Namenspatron von Sankt Peter, den Apostel Petrus, dar. Sie befindet sich auf dem Hochaltar unter einem goldenen Baldachin. Dort sitzt der aus Holz geschnitzte **heilige Petrus** auf einem Thron. Petrus überragt die vier vergoldeten Kirchenväter, die ihn umgeben, und blickt in den Innen-

Die Grabplatte des
Ritters Balthasar Pötschner

raum der Kirche. Auf seinem Haupt trägt er die Papstkrone, die so genannte »Tiara«. Wenn der römische Papst stirbt, nimmt der Pfarrer des »Alten Peter« diese Krone ab. Erst wenn wieder ein neuer Papst ausgerufen und im Vatikan gekrönt wird, bekommt die Petrus-Statue die Papstkrone erneut aufgesetzt. Wie Rom hat also auch München eine Papstkrönung!

Die Petrus-Statue hat der Künstler Erasmus Grasser für den Hochaltar der Kirche Sankt Peter geschaffen. Im 17. und 18. Jahrhundert wurde dieser Altar im Barock-Stil erweitert und ausgeschmückt. Wie eine Art Bühne steht er nun vor euch, prächtig mit Gold und rosa Marmor verkleidet. Als Vorbild diente übrigens der Hochaltar in der Peterskirche in Rom – von dem Pollino und Pollina in ihrem Reiseführer über Rom berichten.

Im linken Seitenschiff des »Alten Peter« befindet sich, gleich neben dem Seitenportal, der so genannte **»Schrenck-Altar«**. Mit diesem Namen wird nicht nur ein Altar, sondern eine ganze Kapelle bezeichnet. Darin steht der Altar der Familie Schrenck. Der sehenswerte Altaraufsatz ist eines der ältesten und bedeutendsten Kunstwerke

der Kirche von Sankt Peter. Er entstand etwa um das Jahr 1400 in München und ist aus dem für einen Altaraufsatz ungewöhnlichen Material Sandstein gefertigt. Der Aufsatz ist in mehrere Bildfelder aufgeteilt. Unten könnt ihr eine Gruppe von Heiligen erkennen: auf der linken Seite den heiligen Martin auf dem Pferd, wie er gerade dem Bettler eine Hälfte seines Mantels überreicht, in der Mitte den Papst und rechts den heiligen Ulrich, der am Fisch in seinen Händen zu erkennen ist.

Die Bildszene darüber stellt das Jüngste Gericht dar. Zu Füßen der Apostel steigen die Verstorbenen aus ihren Gräbern. Sie werden entweder in die Hölle verdammt (zu sehen rechts) oder kommen als Selige in den Himmel (links). Auf dem Altaraufsatz ganz oben ist Christus als Weltenrichter abgebildet. Ihn umgeben, von links nach rechts: Maria, Johannes der Täufer und zwei Engel mit Posaune. Und wenn ihr genau hinguckt, könnt ihr auch das Wappen der Familie Schrenck erkennen. Es zeigt einen Pfeil auf rotem Untergrund.

Der heilige Martin teilt seinen Mantel.

Die Familie Schrenck stiftete den Altaraufsatz im Jahr 1407. Noch im selben Jahr wurde diese Kapelle unter dem Namen »Sankt-Martin-« und »Sankt-Ulrich-Altar« geweiht. Hier feierten die Schrencks ihren Gottesdienst und bestatteten ihre Familienmitglieder. Später wurde die Kapelle dann in »Schrenck-Altar« umbenannt. Die alteingesessene Patrizierfamilie Schrenck war im 15. Jahrhundert eine der wohlhabendsten Familien Münchens. Die Schrencks waren erfolgreiche Kaufleute und betrieben Kupfer- und Eisenschmieden sowie Papiermühlen.

Wenn ihr nun die Kirchenwand in Richtung Hauptportal entlanggeht, kommt ihr an einer Kapelle mit dem Namen **»Altar der Heiligen Matthäus und Matthias«** vorbei. Diese Kapelle enthält eine sehr kostbare Reliquie. Ihr könnt sie in einem Glaskasten auf der rechten Seite sehen. Darin werden die Knochen der heiligen Munditia aufbewahrt, die in einer römischen Katakombe gefunden wurden. Die heilige Munditia starb als Märtyrerin im Jahr 310. Die Münchner verehrten diese Reliquie so sehr, dass sie die Knochen mit vielen roten und grünen Edelsteinen schmückten.

Bevor ihr den Innenraum des »Alten Peter« verlasst, lohnt sich noch ein Blick auf den Grabstein der Münchner Familie Aresinger. Das **»Aresinger-Epitaph«** (Epitaph ist das griechische Wort für eine Gedenktafel mit Inschrift) wurde 1482 von Erasmus Grasser geschaffen. Auf rotem Marmor ist der Auftraggeber des Kunstwerkes in Begleitung von Heiligen dargestellt. Ulrich Aresinger

kniet rechts unten. Daneben ist sein Wappen zu sehen. Er war Dekan in der Kirche Sankt Peter und ein sehr gebildeter Mann. Oben auf dem Bild sind der heilige Petrus mit dem Himmelsschlüssel und die heilige Katharina zu erkennen.

*»Toll, was?« Mit einer ausladenden Handbewegung strich Pollina über das Panorama der Stadt, das sich vor ihr ausbreitete. 306 anstrengende Stufen hatten die Geschwister erklommen, um auf die Aussichtsgalerie des **Turmes vom »Alten Peter«** zu gelangen. Jetzt standen sie in 91 Metern Höhe und München lag ihnen sozusagen zu Füßen. Pollino keuchte: »An Aufzüge denkt bei Kirchtürmen nie jemand! Typisch! So werden Kinder wieder mal benachteiligt!« »Ja, und die gefräßigen müssen besonders leiden!«, zog Pollina ihren Bruder auf.*

Über und unter den Geschwistern tickten an jeder Wand des rechteckigen Turms Kirchenuhren, insgesamt acht Stück. »Damit zweimal vier Männer von vier Seiten gleichzeitig doppelt nachschauen können, wenn's achtmal vierseitig einmal zwölfmal Zwölfe schlägt«, zitierte Pollino den berühmten Münchner Komiker Karl Valentin, über den ihr im nächsten Rundgang mehr erfahrt!

»Siehst du, wie schief die Turmspitze des ›Alten Peter‹ ist?«, fragte Pollina. Pollino schaute nach oben, und tatsächlich, irgendwie schien ihm die Turmspitze leicht gebogen. »Da hatte der Teufel seine Hand im Spiel.« »Der Teufel?«, fragte Pollino ungläubig. »Genau. Der war nämlich mächtig zornig auf den ›Alten Peter‹. Eigentlich ist er ja

auf jede Kirche wütend, aber auf die alte Kirche Sankt Peter besonders, denn die war mit ihren zwei Türmen wunderschön. Im Jahr 1607 ließ er den Blitz in beide Türme einschlagen, so dass nur noch zwei Mauerrümpfe übrigblieben. Aber er hatte die Rechnung ohne die Münchner gemacht! Fleißig bauten die Bürger sofort einen neuen Turm für den ›Alten Peter‹, zwar nur einen, den aber umso höher und robuster. Damit ihre Stadt vor Überfällen aller Art sicherer wurde, hat man diese Plattform, auf der wir uns gerade befinden, errichtet. Hier machten die Turmwärter ihren Rundgang und wachten darüber, ob ein Sturm oder ein Kriegsfeind nahte oder ob irgendwo in der Stadt Feuer ausgebrochen war. Einer der Turmwächter hieß Sepp Gaßl. Einmal hatte er gerade seinen Kollegen um Mitternacht abgelöst und seinen Rundgang begonnen. Fast hätte es ihn vom Turm gerissen, so kräftig tobte in dieser Nacht der Wind. Plötzlich hörte er einen fürchterlichen Lärm. Der Gaßl Sepp

blickte nach oben und erkannte entsetzt, wie der Teufel mit seinen Gehilfen versuchte, die Turmspitze abzureißen. Vom Drücken und Zerren war die Spitze schon ganz verbogen. Der Turmwärter rannte in sein Wärterstübchen, holte ein großes Kruzifix aus Holz und schlug damit auf den Teufel und seine Helfer ein. Eine ganze Stunde dauerte der Kampf, der Turmwärter ließ nicht nach. Zuletzt musste der Teufel aufgeben und brauste wütend davon.« »Das glaubst du doch wohl selbst nicht, Pollina!«, lächelte Pollino. »Genau das meinten auch die Münchner, als der Turmwärter ihnen die Geschichte erzählte. Aber dann sahen sie die schiefe Turmspitze...« Pollino guckte noch einmal nach oben... merkwürdig...!

Die Rindermarkt-Straße führt zum **»Rinder-Brunnen«**. Auf dem Platz, auf dem dieser Brunnen steht, wurde bis zum Jahr 1369 der Viehmarkt in München abgehalten. Zur Erinnerung daran wurde der »Rinder-Brunnen« geschaffen. Zu sehen ist ein Hirte, der über seine Rinderherde aus Stein wacht. Im Sommer könnt ihr euch auf den Stufen des Wasserbeckens die Füße abkühlen.

Der Rindermarkt-Brunnen. Auf diesem Platz fand früher der Viehmarkt statt.

Der »Sankt-Jakobs-Platz«

Die Rindermarkt-Straße verbreitert sich und nimmt einen anderen Namen an: Oberanger. Dieser Name weist darauf hin, welches Aussehen diese Gegend früher einmal hatte. Das Gebiet um den **Sankt-Jakobs-Platz** lag am Anfang der Geschichte Münchens noch außerhalb der Stadtmauer. Der Name »Anger« besagt: Hier war eine öffentliche Wiese. Über den Anger wurden Kühe und Rinder zum Rindermarkt getrieben. Im Mittelalter fand auf dem Anger der einzige Jahrmarkt Münchens statt: die »Jakobi-Dult« – »Dult« ist eine Bezeichnung für ein Kirchenfest. Diese Dult wurde über 670 Jahre an drei aufeinanderfolgenden Tagen im Juli veranstaltet. Heute findet diese Dult im Stadtteil Au statt. Mehr darüber könnt ihr im Kapitel »Feste und Feiertage« nachlesen!

Der Sankt-Jakobs-Platz ist nach der alten Kirche Sankt Jakob am Anger benannt. Diese Kirche wurde als Kapelle Ende des 12. Jahrhunderts erbaut und diente den ersten Franziskaner-Mönchen in München als Gotteshaus. Der Sankt-Jakobs-Platz war von den Bombardierungen im Zweiten Weltkrieg besonders betroffen. Die Kirche musste leider durch einen Neubau ersetzt werden. Einige alte Bauten konnten aber nach dem Krieg wieder aufgebaut werden, so der städtische Fuhrpark und das städtische Zeughaus. Die Gebäude stehen Seite an Seite: das städtische Zeughaus an der Ecke zur Oberanger-Straße und der Fuhrpark gleich daneben. Im **städtischen Fuhrpark** wurden im 15. Jahrhundert die Wagen und Fuhrwerke der Stadt untergestellt.

Darin gab es Stallungen für die Pferde und große Heuböden. Lange Zeit diente der Fuhrpark auch zur Lagerung von Waffen. Doch dann wurden die Räume zu klein und ein Neubau musste her.

Der ehemalige Fuhrpark beherbergt heute das Münchner Filmmuseum.

So entstand das **städtische »Zeughaus«**, in dem heute das Münchner Stadtmuseum heimisch ist. Seit dem Jahr 1493 wurden in den unteren Räumen des Gebäudes Armbrüste, Pfeile, Büchsen, Kugeln, Pulverfässer, Schwerter und vieles mehr aufbewahrt. Paradestück war eine Kanone, die 175 kg schwere Kugeln abfeuern konnte. Dieses ganze »Zeug« – das ist kein Verlegenheitsbegriff, sondern die mittelalterliche Bezeichnung für Waffen und Kriegsgeräte! – hatten die Münchner unter schwerer Bewachung in ihrem »Zeughaus« gelagert. Die gewölbte Halle im Erdgeschoss vermittelt euch einen Eindruck davon, wie im Mittelalter große Innenräume gebaut waren. Ein Besuch des Stadtmuseums lohnt sich, ebenso des neuen Jüdischen Museums gegenüber. (Näheres darüber findet ihr im Kapitel »Museen«.)

Auch das »**Ignaz-Günther-Haus**« führt euch in die Vergangenheit Münchens. Es wurde um 1600 als Bürgerhaus errichtet *(beachtet: »Ohrwaschl«)*. Seinen Namen verdankt das grün gestrichene Gebäude dem Bildhauer und Maler Ignaz Günther. Er kaufte das Haus am Sankt-Jakobs-Platz im Jahr 1761. Bis zu seinem Tod lebte und arbeitete Ignaz Günther in den Räumen dieses Bürgerhauses. Im Erdgeschoss war früher die Werkstatt des Künstlers. Gleich hinter dem Eingang steigt in gerader Linie eine »Himmelsleiter« nach oben. Damit bezeichneten Münchner Bürger eine Haustreppe, die vom Erdgeschoss bis zum – nein, nicht Himmel, aber immerhin über alle Stockwerke – bis zum Dachboden in geradem Lauf nach oben führt, unterbrochen nur von kleinen Zwischenpodesten. Von dort zweigen die einzelnen Stockwerke ab. Wehe, wenn jemand auf der Himmelsleiter oben ausrutscht!

Das Sendlinger Tor

Durch die Singlspielerstraße gelangt ihr in die Sendlinger Straße. Sendling, das heute einen Stadtteil Münchens bildet, war früher ein eigenständiges altes Dorf vor den Toren der Stadt. Es lag an der Straße, die von Italien über Innsbruck nach München führte. Wer auf dieser Straße nach München kam, betrat die Stadt duch das **Sendlinger Tor**. Ihr kommt aus der entgegengesetzten Richtung und seht das Tor am Ende der Sendlinger Straße. Das Tor wurde unter Herzog Ludwig dem Bayern als Südtor der Stadtmauer um 1310 errichtet.

Ursprünglich hatte das Sendlinger Tor einen Mittelturm und zwei seitliche, so genannte Flankentürme. Geblieben sind leider nur noch die sechseckigen Türme sowie ein Rest Mauer. Die Stadtmauer – auch sie wurde unter Kaiser Ludwig gebaut – bestand aus einer doppelten Mauer.

Das Sendlinger-Tor, das mittelalterliche Stadttor im Süden der Stadt

Die barocke Asamkirche ist eine
der schönsten Kirchen Bayerns.

Zwischen den beiden Mauern lag ein
Abstand von ungefähr zehn Metern. An der
Innenseite der äußeren Mauer verlief ein
Wehrgang. Durch Schießscharten konnte
auf anrückende Feinde geschossen werden.

*»Bis zum 15. Jahrhundert mussten abwech-
selnd alle Bürger der Stadt Wachdienst leisten«, berichtete Pollino. »In kleinen Gruppen
gingen sie durch die Straßen der Altstadt
und kontrollierten, ob die Stadttore verschlossen waren. Von Einbruch der Dunkel-
heit bis zum Morgengrauen durften Fremde
die Stadt nicht betreten. Eines Tages gelang
es einem Raubritter, einen Ratsherrn der
Stadt zu bestechen. Für eine hohe Belohnung wollte dieser Bürger während seiner
Wache heimlich das Stadttor öffnen und
die Räuberbande in die Stadt lassen.*

*Aber ein Bürger belauschte die Abmachung
und benachrichtigte den Stadtrat. Der Ver-
räter wurde verhaftet und lebendig in die
Mauer eines kleinen Turmes beim Sendlinger Tor eingemauert. Als Warnung und
Mahnung wurde auf der Turmspitze eine
geballte Faust befestigt. Bald darauf
begann es in diesem ›Fausttürmchen‹ zu
spuken. Seltsamerweise immer dann, wenn
in München ein Unschuldiger hingerichtet
wurde, erstrahlte das ›Fausttürmchen‹ in
einem unheimlichen Licht.« »Ja, nur leider
war es dann für einen zu Unrecht Verurteilten bereits zu spät!«, murmelte Pollina.*

Die Asam-Kirche 8

In der Sendlinger Straße befindet sich eine
der schönsten Kirchen Bayerns: die **Asam-
Kirche**. Jetzt, nachdem sie von den Münchnern liebevoll und sachkundig renoviert

wurde, erstrahlt sie auch wieder in ihrem ursprünglichen Glanz. Auf diesem Rundgang werden euch noch weitere prächtige Kirchen begegnen, aber die kleine Asam-Kirche ist ein echtes »Schmuckstück«! Eigentlich trägt sie zwei Namen: »Sankt-Johann-Nepomuk-Kirche« und »Asam-Kirche«. Die Einwohner nennen sie einfach Asam-Kirche, nach ihren Erbauern, den Brüdern Egid Quirin und Cosmas Damian Asam. Die Asam-Brüder waren sehr bekannte und, wie ihre Häuser heute noch verraten, auch wohlhabende Maler, Bildhauer und Architekten.

Egid Quirin plante gemeinsam mit seinem Bruder, eine Kapelle und ein Wohnhaus in der Sendlinger Straße zu errichten. Das Wohnhaus seht ihr gleich links neben der Asam-Kirche. Die Brüder schmückten die Hausfassade mit fantasievollen Reliefs aus Stuck, die Themen aus der Kunst und der Religion darstellen. Über dem großzügigen Eingang verkörpern drei Putten die »Dreifaltigkeit der Künste«, das heißt, die drei Gattungen der bildenden Kunst: Architektur, Malerei und Plastik.

Der heilige Nepomuk. Ihm ist die Asam-Kirche geweiht.

»Diese drei Künste beherrschten die Asam-Brüder meisterhaft«, verkündete Pollina. »Egid Quirin und Cosmas Damian bekamen zwar ihre Aufträge hauptsächlich aus dem süddeutschen Raum, aber sie waren in ganz Europa berühmt. Auch die Mönche des Klosters Weltenburg an der Donau wollten, dass die Asams eine Kirche für sie errichteten. Die Brüder machten sich ans Werk und schon bald stand der Außenbau. Jetzt galt es, den Innenraum der Kirche mit Kunstwerken auszustatten. Egid Quirin und Cosmas Damian ließen ein Frachtboot mit wertvollen Kunstschätzen und Kirchenschmuck beladen und fuhren damit auf der Donau zum Kloster. Plötzlich kam ein starker Sturm auf und das Frachtboot wurde in Richtung einer Felswand am Ufer gedrückt. Jeden Augenblick konnten die Passagiere und die wertvolle Ladung ins Wasser stürzen! Was sollten die Brüder in dieser verzweifelten Lage tun?« Pollina hielt kurz inne, während ihr Bruder vor Spannung fast platzte. »Nur einer konnte Rettung bringen: der heilige Johann Nepomuk. Dieser Heilige gilt als Helfer für alle, die auf dem Meer oder auf Flüssen in Not geraten. Johann Nepomuk lebte im 14. Jahrhundert als Pfarrer in Böhmen. In diesem Land regierte damals König

Am Wohnhaus der Asams sind Stuckdekorationen angebracht.

Wenzel. Der König war furchtbar eifersüchtig auf seine Frau Sophie und wollte wissen, was seine Frau dem heiligen Nepomuk gebeichtet hatte. Doch der Pfarrer weigerte sich, das Beichtgeheimnis zu brechen und gab dem König keine Auskunft. Aus Wut ertränkte König Wenzel Johann Nepomuk im Fluss Moldau.« »Ja, ja, schlimme Geschichte, aber was wurde nun aus den Brüdern?«, fragte Pollino ungeduldig.

»Cosmas Damian rief schließlich den heiligen Nepomuk um Hilfe an – und tatsächlich, der Sturm ließ schon nach wenigen Minuten nach, und das Frachtboot kam heil beim Kloster Weltenburg an. Aus Dankbarkeit gelobten die Asam-Brüder, dem heiligen Nepomuk eine wunderschöne Kirche in München zu bauen. Und genau die siehst du jetzt vor dir«, wusste Pollina zu berichten. Damit sie die Fassade der Asam-Kirche besser betrachten konnten, standen Pollino und Pollina auf der gegenüberliegenden Straßenseite. »Übrigens: die Felsbrocken links und rechts von der Eingangspforte sollen an die wundersame Rettung vor den Felsklippen der Donau erinnern«, fügte Pollina an. »Aber vielleicht wollten die Asams damit auch auf die Worte von Jesus Christus an seinen Apostel Petrus hinweisen: ›Du bist Petrus, der Fels, und auf diesem Fels will ich meine Kirche bauen‹.«

Im Jahr 1733 wurde der Grundstein zum Bau der Asam-Kirche gelegt. Für Egid Quirin und Cosmas Damian war es nicht einfach, eine Genehmigung für den Bau der Kirche zu bekommen. Noch nie war es Privatpersonen erlaubt worden, eine Kirche in München zu errichten. Reiche Bürgerfamilien hatten zwar Kapellen in den bedeutendsten Kirchen der Stadt, aber eine ganze Kirche besaß kein Bürger in München. Den Asam-Brüdern gelang es schließlich, sowohl die Stadtregierung als auch den Kurfürsten zu überreden. Allerdings mussten sie die Kirche der Öffentlichkeit zugänglich machen. Egid Quirin kümmerte sich um die bauliche Gestaltung und die vielen **Stuckarbeiten**, die in der Asam-Kirche zu sehen sind; sein Bruder Cosmas Damian sorgte für die Malereien im Innenraum. Die Kirche wuchs vor den Augen der Bevölkerung und wurde so schön, dass die Münchner den Bau nun sogar finanziell unterstützten. Das war auch notwendig, denn der prunkvolle Bau verschlang riesige Summen Geld. Im Jahr 1737 wurde feierlich

Der Beichtstuhl des Todes. Der heilige Bruno drängt einen Sünder in das Grab zurück.

eine Reliquie des heiligen Nepomuk in die Kirche gebracht. Johann Nepomuk war damals einer der beliebtesten Heiligen in Bayern und wurde zu einem Schutzpatron Münchens erklärt.

Über dem großen **Eingangsportal** schwebt der betende Nepomuk auf einer Wolke, die ihn in den Himmel trägt. Zwei Engel begleiten ihn. Ein großes Fenster über der Skulpturengruppe sorgt dafür, dass Licht in den Innenraum der Kirche gelangt. Dieses Fenster ist die einzige große Lichtquelle, denn die Seitenwände der Kirche schließen an andere Häuser an. Gerade mal neun Meter Breite hatten die Künstler zur Verfügung, um ihren Kirchenbau zwischen zwei Häusern einzufügen. Ganz oben an der Fassade seht ihr das Symbol der Liebe: ein Herz. Zwei Frauen, die für den Glauben und die Hoffnung stehen, umgeben das golden schimmernde Herz.

Pollino und Pollina überquerten die Sendlinger Straße und näherten sich dem Eingangsportal der Asam-Kirche. Pollina war gerade dabei, die große Tür aufzudrücken, da fielen ihr die kunstvollen Schnitzereien ins Auge. »Warte, Pollino! Hier, an der Tür sind Holzschnitzereien, die aus dem Leben des heiligen Nepomuk erzählen.« Auch Pollino betrachtete die Darstellungen. Vieles, das Pollina über den heiligen Nepomuk gelesen hatte, war hier bildlich dargestellt: »Hier wird gezeigt, wie Nepomuk gefangen genommen und gefoltert wurde. In der anderen Szene werden Nepomuks Feinde bestraft. Sie wollten sein Grab schänden. Da! Leidende suchen sein Grab auf und

hoffen auf Heilung durch den Heiligen. Und hier ist der heilige Nepomuk in seinem Sarg.«

*Die Geschwister gingen durch das Eingangsportal und kamen in den Vorraum der Asam-Kirche. »Hier muss doch der **Beichtstuhl des Todes** sein. Aber von diesen beiden ist es keiner«, sagte Pollino zu seiner Schwester, während er die beiden hölzernen Beichtstühle, links und rechts von ihm, betrachtete. »Es gibt in der Asam-Kirche vier Beichtstühle mit Darstellungen der letzten Stationen des Menschen nach christlichem Glauben. Zu sehen sind: der Tod, das Jüngste Gericht, die Seligkeit – und die Verdammnis«, erklärte er seiner Schwester. Pollino trat in den Gemeinderaum. »Hier, Pollina, da ist er!« Pollino deutete auf den Beichtstuhl rechts in der Ecke. »Die große Statue ist der heilige Bruno. Der Heilige bestraft gerade einen Sünder, der unter ihm aus dem geöffneten Sarg heraussteigen will. Der Verstorbene hatte immer behauptet, ganz fromm zu sein, aber der heilige Bruno wusste genau, dass das nicht stimmte. Und für alle Lügner gilt, was auf dem Spruchband da oben steht: ›Der Tod der Sünder ist besonders schrecklich‹.«*

Der lang gestreckte, schmale und hohe Innenraum der Asam-Kirche ist mit wertvollsten Kunstwerken reich verziert. Das **Deckenfresko** hat Cosmas Damian im Jahr 1735 gemalt. In der Mitte ist Johann Nepomuk als Heiliger auf seiner Himmelfahrt abgebildet. Er ist umgeben von Engeln, die ihn begleiten. Um dieses Deckengemälde malen zu können, musste Cosmas Damian viele Tage und Wochen auf einem Holzge-

Der prunkvolle Innen-
raum der Asam-Kirche

rüst verbringen. Dabei belauschte er eines Tages ein Gespräch in der Kirche, in dem sich ein Bediensteter des kurfürstlichen Hofstalls über die Malereien mokierte. Der Stallknecht behauptete, dass er sich besser auf das Fresken-Malen verstünde als Cosmas Damian. Da rief der Künstler, der auf seinem Gerüst diese Angeberei mitangehört hatte, dem Nörgler zu: »Mein lieber Herr, für Eure wohl meinende Kritik werde ich Euch zum Dank verewigen!« Mit

geschickten, schnellen Pinselstrichen malte Cosmas Damian den Stallknecht an die Kirchendecke – als etwas missgestaltete Figur. Der Stallknecht ließ sich daraufhin nie mehr in der Asam-Kirche blicken!

Wie Cosmas Damian und sein Bruder Egid Quirin ausgesehen haben, könnt ihr auf zwei ovalen Gemälden links und rechts des

Hochaltars sehen. Die beiden großen Künstler wollten natürlich in ihrer Kirche beerdigt werden. Deshalb bauten sie für sich und ihre Verwandten in dieser Kirche eine große Gruft, die so genannte Asam-Gruft. Ein derart prunkvolles Begräbnis war jedoch nur Herzögen, Kurfürsten und Königen vorbehalten, so dass die Stadträte den Brüdern das Begräbnis in der Gruft verweigerten.

Den Eingang zum Chor hüten zwei weiße Engelsfiguren, die auf den Altar hindeuten. Der beeindruckende **Hochaltar** der Asam-Kirche besteht eigentlich aus zwei Altären, im Untergeschoß und oben in der Galerie. Unten ruht der heilige Nepomuk als Wachsfigur in einem gläsernen Schrein. Darüber erhebt sich eine golden-silberne Pyramide. In ihrer Mitte seht ihr eine Zunge. Sie ist wiederum ein Symbol für den heiligen Nepomuk. Als man das Grab des Nepomuk Jahrhunderte nach seinem Tod öffnete, soll die Zunge des Heiligen nämlich nicht verwest gewesen sein. Zu der kunstvoll gestalteten Pyramide gibt es allerdings eine traurige Geschichte: Ein junges Brautpaar hatte den Entschluss gefasst, in der Asam-Kirche zu heiraten. Doch welch ein Schicksal! Am Abend vor der Hochzeit verunglückte der Bräutigam tödlich. Seine verzweifelte Verlobte nahm den wertvollen goldenen Brautschmuck und schenkte ihn der Kirche. Nie wieder wollte sie ihn tragen. Wenig später wurde sie krank und auch sie verstarb. Der Aufsatz soll aus dem geschmolzenen Gold des Brautschmucks angefertigt worden sein. In der Folge stifteten viele Münchner Gold, um die Monstranz noch kostbarer zu gestalten.

So wurde sie mit der Zeit immer kunstvoller und feiner ausgearbeitet.

Nach dem Besuch der Asam-Kirche biegt ihr von der Sendlinger Straße in die Hackenstraße ein. Werft noch einen Blick auf die gegenüberliegende Straßenseite. An den Hausecken stehen die Statuen zweier **Moriskentänzer**. Ihr kennt sie bereits 🔟 aus dem »Tanzsaal« des Alten Rathauses. Wer weiß, was sie hierher geführt hat?

Die Hackenstraße

*Pollino und Pollina befanden sich in der Hackenstraße. Vor einem schön restaurierten Bürgerhaus machte Pollino Halt. Er forschte nach dem typischen »Ohrwaschl«, und tatsächlich, dort oben war es zu sehen. Sogar der Aufzugsbalken, über den die Waren per Flaschenzug hinaufgezogen wurden, war noch daran angebracht. Seit 1440 hatte sich in diesem Haus die mittlerweile älteste Gaststätte Münchens eingerichtet. »Was ist das für ein komischer Name für ein Gasthaus – ›**Hundskugel**‹?«, lachte 🔟 Pollino über den eigentümlichen Namen. »Komm mit, dann erklär ich's dir«, entgegnete Pollina und führte ihren Bruder etwa 100 Meter weiter.*

»Siehst du das Relief über der Eingangstür?« Pollino erkannte sechs Hunde, die mit einer Kugel spielen. »Die Münchner behaupten, dass früher einmal ein Rudel Hunde durch diese Straße lief. Vor sich her schubsten und wälzten die Hunde eine schwere Kugel«, erzählte Pollina. »An diesem Haus ließen sie die Kugel einfach liegen und verschwanden.

**Das Gasthaus
»Hundskugel«**

*Der Bildhauer Roman Boos hat zur Erinne-
rung an dieses seltsame Ereignis das Relief
dort drüben angefertigt. Übrigens wohnte
Boos selbst eine Zeit lang in dem Haus.«*

Im Mittelalter war es in München allgemein üblich, an Hauswänden und Hausecken verschiedene Bilder aus Holz oder
Stein anzubringen. Die meisten Menschen
konnten ja weder lesen noch schreiben,
was sollten sie also mit Straßennamen
und Hausnummern anfangen? Wenn ein
Fremder die Stadt besuchte, dienten ihm
die Hausmalereien und Statuen als Orien-
tierungshilfe. Die »Hackenstraße« hieß
deshalb auch lange Zeit nicht »Hacken-

straße«, sondern schlicht und einfach
»An der Hundskugel«.

Einen leichten Bogen macht die »Hackenstraße« auf Höhe des **»Radl-Brunnens«**. 🔟
Diesen witzigen Brunnen gibt es seit 1967.
Der Bildhauer wollte mit seinem Werk auf
das »Radspieler-Haus« gegenüber hinweisen. In dem großen Gebäude wohnte von
1827–28 der Dichter Heinrich Heine. Wenig
später wurde es von der Familie Radspieler
gekauft. Am »Radspieler-Haus« endet die
»Hackenstraße« und beginnt die »Brunn-
straße«. Die geht ihr entlang bis zur Kreu-
zung mit der »Kreuzstraße«. Seht euch mal
um! Drei der vier Häuser, die an dieser
Straßenkreuzung stehen, sind mit Jahrhunderte alten **Heiligenfiguren** versehen. An 🔟
einer Hausecke ist Maria mit dem Jesuskind
in einem Baumgeäst aus Stein zu sehen.
Schräg gegenüber wacht der heilige Sebastian als Holzfigur. Und schließlich zeigt
sich an einer anderen Hausecke die heilige
Maria unter einem kleinen Baldachin.

**Das Relief der Hunds-
kugel. Die Darstellung
erinnert an ein sonder-
bares Ereignis.**

**Der heilige
Sebastian
starb
als Märtyrer.**

Auf der alten Salzstraße:
Vom Karlstor zur Frauenkirche

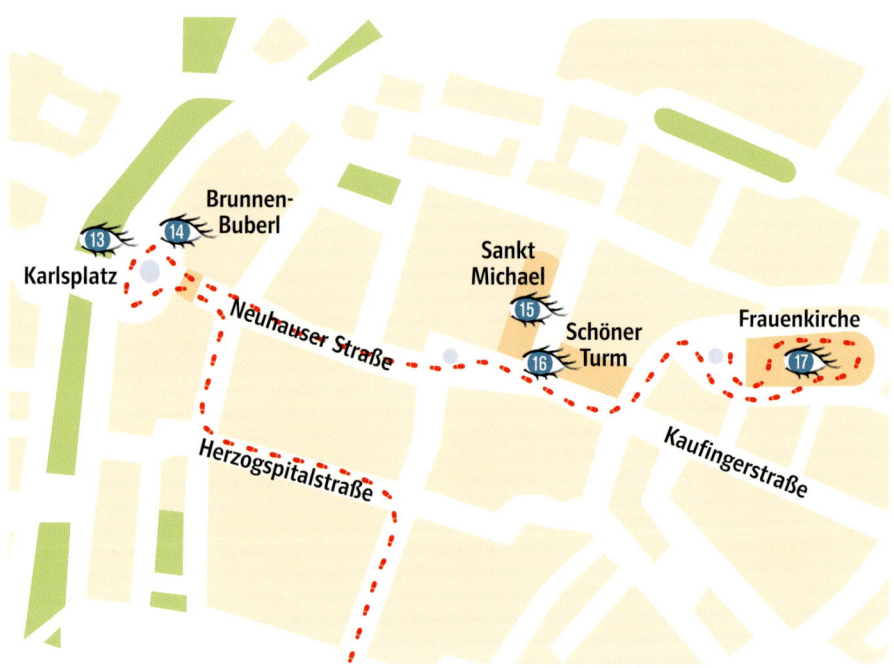

Das Karlstor – der »Stachus«

Über die Herzogspitalstraße und die Herzog-Wilhelm-Straße erreicht ihr die Neuhauser Straße. Wenige Meter von euch entfernt steht das **Karlstor**. Es war wie ⑬ das Sendlinger Tor zum Stadttor bestimmt. Das Karlstor wurde im Jahr 1302 erstmals urkundlich erwähnt, damals hieß es noch »Neuhauser Tor«. Eine schmale Brücke führte die Reisenden, die von Westen in die Stadt kamen, über einen Wassergraben und durch das »Neuhauser Tor« in die Stadt. Die Namensänderung des Stadt-

tores geht auf Kurfürst Karl Theodor zurück. Ende des 18. Jahrhunderts benannte er das »Neuhauser Tor« einfach nach seinem eigenen Namen in »Karlstor« um und ließ vor dem Tor den »Karlsplatz« anlegen.

Mit dem »Karlsplatz« hat es allerdings einen Haken. Denn für die Münchner gibt es diesen Platz, auch wenn er noch so weiträumig ist, eigentlich gar nicht. Sie nennen ihn weiterhin »Stachus«, und das aus folgendem Grund: Früher befand sich an diesem Platz eine Gaststätte, die einem gewissen Eustachius Föderl gehörte. Das »Wirtshaus zum Stachus« war bei den Einwohnern so beliebt, dass sie die kurfürstliche Namensänderung einfach ignorierten. Der Platz hieß und heißt für die Münchner auch nach der Namensänderung weiterhin »Stachus« – aus basta! Der »Stachus-Brunnen« in der Mitte des Platzes wird besonders, wenn es dunkel ist, zum Erlebnis. Dann strahlen 28 Leuchten 199 Wasserfontänen an. Wie ein leuchtendes Ufo liegt dann der Springbrunnen auf dem »Karlsplatz« – Pardon! – »Stachus«.

»Nix G'wieß woaß ma ned!«, hörte Pollino hinter sich eine männliche Stimme. Er stand unter dem mittleren Torbogen des Karlstores und betrachtete eine Gruppe von Musikern, die als kleine Bronzestatuen an der Innenwand angebracht waren. »Ja, und wer ko, der ko!«, kicherte ein alter Mann. Er trug einen grünen Hut mit einem Gamsbart. Lustig wippte dieser hin und her. Die beiden Männer lachten und zeigten auf vier Köpfe aus Stein, die von oben herab-

**Der Karlsplatz –
die Münchner nennen
ihn »Stachus«.**

blickten. Pollino und Pollina konnten sich nicht erklären, was an den Köpfen so lustig sei. Der Alte mit dem Hut bemerkte den ratlosen Blick der Geschwister.

»Na, ihr Zwoa!«, schmunzelte er. »Ihr wisst wohl nicht, zu wem die Köpfe dort oben g'hern? Also, der eine is der Hofnarr Prangerl, des war a ganz a Narrischer! Der nächste ist der ›Baron Sulzbeck‹. Der spielte im Hofbräuhaus die Bassgeige und war eigentlich kein richtiger Baron. Daneben ist der ›Finessen-Sepperl‹. Er war a Briefträger für Liebesbriefe. Wenn den aber oaner um Rat g'fragt hat, was aus seiner großen Liebe wird, hat der allerweil g'sagt: ›Nix G'wieß woaß ma net!‹ (Übersetzt: Nichts Gewisses weiß man nicht). Und der Letzte in der Reihe ist der Lohnkutscher Krenkl. Der hat einst mit seiner Kutsch'n im Englischen

Der Kutscher Krenkl. Sein »Wer ko, der ko« ist ein Lieblingsspruch der Bayern.

Franz Xaver Krenkl

Garten die Königskarosse überholt. Das war ein schweres Vergehen! Und was glaubt's ihr, hat er dem König dreist zugerufen?«
»Wer ko, der ko!«, antwortete Pollino mit breitem Grinsen: Wer kann, der kann! »Ja sauber, bist du jetzt zu einem Münchner g'worden?«, zeigte sich der Alte überrascht und setzte Pollino seinen grünen Hut auf. Pollina sah, wie das Gesicht ihres Bruders unter dem viel zu großen Hut verschwand. Jetzt gab's kein Halten mehr – lauthals lachten alle vier drauf los.

Das »Brunnen-Buberl«

Nicht weit vom Karlstor entfernt steht der lustigste Brunnen in ganz München. Das **»Brunnen-Buberl«** in der Neuhauser Straße wurde 1895 für den Karlsplatz geschaffen und erst später hierher versetzt. Zu sehen ist ein Bub, der mit seinem Daumen den Wasserhahn des Brunnens halb zudrückt. Es scheint, als ob der Frechdachs Wasser auf die Fußgänger spritzen möchte. Das darf natürlich nicht ungestraft bleiben: Ein mit Weinlaub umrankter Wassergeist, auch Faun genannt, spuckt dem Buben deshalb mitten ins Gesicht. Und der Faun ist dabei mindestens genauso frech wie das »Buberl«!

Die **Neuhauser Straße** führt vom Karlstor in Richtung Marienplatz, dem alten Schrannenplatz. Im Mittelalter fuhren auf diesem Weg schwer beladene Lastkarren und Fuhrwerke entlang, die am Schrannenplatz Ware gekauft oder verkauft hatten.

Vor allem Salz wurde auf dieser Straße transportiert. Die Salzstraße führte von den Salzminen im oberbayerischen Reichenhall und dem nahe gelegenen Hallein im Salzburger Land bis in die Handelsstädte Augsburg und Ulm. Die Salzhändler kamen mit ihrer Ware vom »Tal« zum Schrannenplatz. Nach Westen verließ die Ware dann über die Kaufinger- und Neuhauser Straße die Stadt. Im Mittelalter herrschte in diesen Straßen ein chaotischer Verkehr. Seit 1971 ist die Neuhauser Straße Fußgängerzone und die beliebteste Einkaufsstraße Münchens. Große Kaufhäuser und Geschäfte stehen in einer scheinbar endlosen Reihe links und rechts der Straße – ihr habt die Qual der Wahl!

Die Anlage der Jesuiten – Kirche und Kolleg – hatte riesige Ausmaße. Hier ein Ausschnitt aus einem alten Holzmodell, das die Stadt abbildete.

Die Kirche Sankt Michael

Aber vergesst bei allem Einkaufstrubel bitte nicht eine der schönsten und bedeutendsten Kirchen Münchens: die **Kirche Sankt Michael**. Hier öffnet sich die Neuhauser Straße zu einem breiten Platz. Die Kirche Sankt Michael wurde unter Herzog Wilhelm V. Ende des 16. Jahrhunderts errichtet. Dieser Herzog trug den Beinamen »der Fromme« – und das nicht zu Unrecht: Er wollte mit dem Bau der Kirche die Überlegenheit des katholischen Glaubens über den Protestantismus sichtbar machen. Im 16. Jahrhundert liefen in Deutschland immer mehr Bürger zum protestantischen bzw. evangelischen Glauben über. Die Protestanten veränderten wesentliche Grundsätze des katholischen Glaubens, wie er von der katholischen Kirche in Rom verbreitet wurde. Verändern heißt mit dem

lateinischen Fremdwort »reformieren«. Deshalb nennt man jene geschichtliche Epoche auch »Zeit der Reformation«. Die katholische Kirche und ihre Gläubigen versuchten natürlich, ihre Form des christlichen Glaubens durchzusetzen und starteten eine »Gegenreformation«. Herzog Wilhelm V. war einer der entschiedensten Vertreter dieser Bewegung.

Tatkräftige Unterstützung fand der Herzog bei den Jesuiten, einem Orden, der sich 1559 in München niedergelassen hatte. Die Jesuiten richteten Schulen und Bildungsstätten ein, in denen sie den katholischen

Glauben lehrten. Herzog Wilhelm V. ließ nicht nur die Kirche Sankt Michael für den Jesuitenorden errichten – sie wird deshalb auch Jesuitenkirche genannt –, sondern auch ein großes Jesuitenkolleg. Um die Kirche herum entstand ein riesiger Gebäudekomplex. Darin befand sich früher ein Gymnasium, in dem fast 1.500 Schüler unterrichtet wurden. Gleichzeitig verfügte er über zahlreiche Versammlungssäle für die Ordensbrüder. Das weitläufige Jesuitenkolleg mit der Kirche Sankt Michael liegt mitten in der Stadt. Für deren Bau mussten 28 Häuser, eine Kapelle und eine Kirche abgerissen werden.

Die Bauarbeiten an der Kirche Sankt Michael begannen im Jahr 1583. Herzog Wilhelm V. höchstpersönlich legte den Grundstein zu diesem Kirchenbau. Da der Herzog am Namenstag des Erzengels Michael geboren wurde, wollte er die neue Kirche dem heiligen Michael widmen. Aber kaum war das riesige, 20 Meter breite Tonnengewölbe errichtet, stürzten im Jahr 1590 der Kirchturm und ein Teil des Chores in sich zusammen. Die Münchner, denen der Bau viel zu teuer erschien, murrten. Sie behaupteten, der Einsturz wäre ein Hinweis Gottes und des Erzengels Michael, keine Kirche zu errichten. Darauf antwortete der Herzog: »Oh nein, meine Herren, die Kirche ist nur nicht groß genug!« Er setzte die Arbeiten fort und ließ Sankt Michael sogar noch erweitern. Der Maurermeister aber, der den eingestürzten Turm errichtet hatte, wurde zur Strafe in den Kerker gesteckt. Einen Turm bekam die Kirche Sankt Michael nie wieder.

Im Juli 1597 konnte die Kirche Sankt Michael endlich fertiggestellt und geweiht werden. Auf den schönen Kirchenbau waren jetzt auch die Münchner mächtig stolz. Immerhin ist die Kirche Sankt Michael die größte Kirche im Renaissance-Baustil nördlich der Alpen (Renaissance, s. Begriffserklärungen). Nur in Italien gibt es größere Renaissance-Kirchen. In der Folgezeit wurde Sankt Michael noch mehrere Male restauriert und zum Teil umgebaut. 1773 verließen die Jesuiten sowohl ihre Kirche als auch das Jesuitenkolleg für eineinhalb Jahrhunderte. Im Jahr 1921 kehrten die Ordensbrüder nach Sankt Michael zurück.

»Vielleicht finde ich ja ihren Schatz«, sagte Pollino geheimnisvoll, als er sich mit Pollina der Kirche Sankt Michael näherte. »Welchen Schatz denn?« Pollina runzelte die Stirn. »Na, den der Jesuiten«, antwortete Pollino. »Als sie das Kolleg und die Kirche einst für Jahre verlassen mussten, versteckten sie ihren wertvollsten Besitz in den Mauern der Kirche. Die Jesuiten ahnten wohl, dass sie irgendwann wieder hierher zurückkommen würden. Ein Maurer hat den Ordensbrüdern geholfen, den Schatz zu verbergen. Um die Stelle wieder zu finden, hat der Maurer ein kleines Kreuz auf den Backstein gemalt, wo sich das Versteck befand. Die Jesuiten zogen aus der Stadt, und die Münchner wollten jetzt natürlich an den Schatz heran. Doch der Maurer hat bis zu seinem Tod das Geheimnis nicht preisgegeben. Da die Jesuiten erst nach knapp 150 Jahren wieder in die Kirche zurückkehrten, wusste auch von ihnen niemand mehr, wo der Schatz zu finden war.«

An der **Außenfassade** der Kirche, in Nischen oder frei, stehen insgesamt 17 Statuen. 15 davon sind Standbilder von Herrschern. Wilhelm V. hat die abgebildeten Kaiser, Könige und Herzöge als Beschützer des katholischen Glaubens verewigt. Über ihnen, oben im Giebeldreieck, wacht Christus. Als »Salvator Mundi«, als »Retter der Welt«, hält er die Weltkugel schützend in Händen.

Im Giebelgeschoss erkennt ihr von links nach rechts die drei legendären bayerischen Landesfürsten und Ahnherren der Wittelsbacher: 1. Teodovalda, 2. Theodo und 3. Otto. Im zweiten Obergeschoss der Kirche sind zu sehen – wiederum von links nach rechts: 1. Herzog Tassilo I., der das erste Kloster in Bayern stiftete; 2. Herzog Otto I. von Wittelsbach; 3. Kaiser Karl der Große, zu erkennen an den kaiserlichen Attributen Reichsapfel, Reichsschwert und Adler; 4. Herzog Christoph III. von Dänemark; 5. Herzog Albrecht IV. der Weise – der Bruder von Herzog Christoph dem Starken; und 6. Herzog Ruprecht III. von der Pfalz – achtet auf den großen Löwen zu seinen Füßen! In der untersten Reihe sind dargestellt (von links nach rechts): 1. Der Habsburger Kaiser Maximilian I.; 2. Kaiser Ludwig IV. der Bayer; 3. Herzog Albrecht V., Vater von Kirchenstifter Wilhelm V.; 4. Bauherr Herzog Wilhelm V. selbst – er trägt das Kirchenmodell, darauf hat Sankt Michael übrigens noch einen Kirchturm!; 5. Kaiser Karl V.; und 6. ganz rechts außen Kaiser Ferdinand I., genannt »der Fromme«.

Die bedeutendste und schönste Statue an der Außenfassade ist jedoch die des **Erzengels Michael** in der vergoldeten Mittelnische. Diese Statue wurde 1588 von Hubert Gerhard entworfen. Zu sehen ist der Erzengel, wie er mit seiner Lanze den Teufel tötet. Die Bronzestatue wird auch als »Teufelssturz« bezeichnet, denn der Teufel ist gestürzt und dem Erzengel unterworfen. Um den wahren Glauben zu retten, hat der Erzengel Michael das Böse dieser Welt besiegt. Auch Herzog Wilhelm V., der dem Triumph des Erzengels von oben zusieht, ging es um einen religiösen Kampf: Er wollte, dass der katholische Glaube über den Protestantismus siege.

Der Erzengel Michael besiegt das Böse.

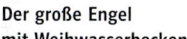

**Die Kirche
Sankt Michael**

**Der große Engel
mit Weihwasserbecken**

Pollino und Pollina betraten den riesigen
Innenraum von Sankt Michael: 78 Meter
lang, 31 Meter breit und 28 Meter hoch.
Von dem **Tonnengewölbe** waren Pollino und
Pollina besonders beeindruckt. Nach der
Peterskirche in Rom ist das Tonnengewölbe
von Sankt Michael das zweitgrößte der
Welt! »Das 20 Meter breite Gewölbe wird
von keinem Pfeiler gestützt, unglaublich!«,
sprach Pollino seinen Gedanken laut aus.
Für den Hobby-Baumeister war diese Leis-
tung umso faszinierender. Pollina entgegnete: »Das war auch die Meinung der
Münchner. Sie glaubten, das Kirchendach
würde jeden Moment einstürzen. Der Herzog hörte davon und wollte ihre Zweifel
ein für alle Mal aus dem Weg räumen. Er
ließ eine Kanone in die Kirche schaffen und
einen Schuss abfeuern. Und das Tonnengewölbe hielt tatsächlich stand!« »Was für

*Ängste muss da wohl der Architekt ausge-
standen haben?«, sagte Pollino und dachte
dabei an eigene missglückte Bauprojekte.*

Der **Weihbrunnenengel** ist ein bemerkens-
wertes Kunstwerk. Der Künstler Hubert
Gerhard hat die große Engelsfigur aus
Bronze im Jahr 1596 geschaffen. Auf der
linken Seite der Kirche, gegenüber dem
Weihbrunnenengel, befindet sich der
»Ursula-Altar«. Welche Folterqualen die
heilige Ursula und die 11.000 Jungfrauen
in ihrem Gefolge erleiden mussten, könnt
ihr auf dem Altargemälde in dieser Kapelle
sehen. An den Kirchenpfeilern stehen
Engelsstatuen in Nischen. Sie tragen die
Leidenswerkzeuge Christi. Die katholische
Religion sagt, dass dies die »Waffen« Christi
waren, mit denen er das Böse überwand.
Kurz vor dem Hochaltar liegt der Zugang
zur **Fürstengruft**. Darin sind Gräber der
Wittelsbacher Herzöge und Kurfürsten. Hier
befinden sich auch die Grabstätten des
Bauherrn der Kirche, Herzog Wilhelm V., und
die des »Märchenkönigs« Ludwig II. Um
diese Gruft zu besichtigen, müsst ihr allerdings extra Eintritt bezahlen.

Der **Chorraum** von Sankt Michael ist durch
einen Triumphbogen vom Innenraum der
Kirche abgegrenzt. An den Chorwänden
(Chor, s. Begriffserkläungen) befinden sich
zahlreiche Statuen: Die untere Reihe stellt
die Apostel dar, und darüber stehen die
Abbilder von Propheten und Heiligen. Der
große, dreistöckige **Hochaltar** wurde in den
Jahren 1586–1589 geschaffen. Das Altarbild zeigt erneut den Erzengel Michael im
Kampf mit dem Teufel. Diesen »Teufels-

sturz« hat der Künstler Christoph Schwarz
1591 gemalt. Den Hochaltar krönt ein
prunkvoller Aufbau, auf dem Jesus mit der
Weltkugel abgebildet ist. Darüber könnt
ihr eine Sonnenscheibe mit den Buchstaben
»JHS« sehen. Das ist eine Abkürzung für
Jesus Christus und bedeutet »Jesus, Heiland,
Seligmacher«.

Der »Schöne Turm« 16

Jetzt fehlt eigentlich nur noch eine Kirche,
dann habt ihr auf diesem Rundgang die
schönsten Kirchen Münchens besucht.
Aber bevor ihr zur Frauenkirche, der bekanntesten Kirche Münchens, gelangt, liegt noch
eine Sehenswürdigkeit auf eurer Strecke.
Es gibt da nur ein Problem: Die Sehenswürdigkeit ist gar nicht zu sehen! Bei dem
geheimnisvollen Bauwerk handelt es sich
um den so genannten **»Schönen Turm«**.
Er war einer der ältesten Türme Münchens
und wurde im 13. Jahrhundert errichtet.
Damals diente er als »Oberes Tor« der
ersten Stadtmauer.

Im Jahr 1807 wurde der Turm abgebrochen.
Eine Schande, denn auf alten Abbildungen
ist zu erkennen, wie schön dieser Turm war:
Er war mit vielen Malereien geschmückt.
Sie zeigten Kaiser Ludwig den Bayern umgeben von Kurfürsten, Bauern, Dienern,
Trommlern und Trompetern. Im Turm läutete das »Arme-Sünder-Glöcklein« – immer
dann, wenn ein Verbrecher zur Gerichts-
verhandlung in das Alte Rathaus geführt
wurde. Es gibt aber noch Möglichkeiten,
den »Schönen Turm« vor Ort zu »sehen«
oder – besser gesagt – zu erahnen. Wo der

»Hier in diesem Turm hatte einst ein Gold-schmied seine Werkstatt «, sagte Pollina, als sie den Grundriss des »Schönen Tur-mes« im Pflaster abschritt. »Der hatte viel-leicht ein Pech!«, setzte Pollina fort. »Zu ihm kam eines Tages ein Mann mit einer teuren Kette. Der Mann wollte davon eine Kopie. Nichts einfacher als das, dachte sich der Goldschmied und machte sich sogleich an die Arbeit. Es war Sommer, und um frische Luft hereinzulassen, öffnete der Goldschmied einen Spaltbreit das Fenster. Am nächsten Morgen, als der Goldschmied in die Werk-statt kam, stellte er mit Schrecken fest, dass die wertvolle Kette verschwunden war.«

Der kunstvoll verzierte »Schöne Turm« stand in der heutigen Fußgängerzone. Er war Teil der ersten Stadtmauer Münchens.

Turm einmal stand, ist sein Grundriss von sieben mal sieben Metern in die Fußgängerzone hineinge-pflastert. Und an der Hausecke Augustiner-/ Kaufingerstraße befindet sich die Statue eines Mannes, der auf seinem Rücken ein Modell des »Schönen Turmes« trägt.

»Wie war das möglich? Die Tür war nicht aufgebrochen, und die Werkstatt war oben im Turm untergebracht, so dass niemand von außen durch das Fenster hätte eindrin-gen können. Der Besitzer der Kette verklag-te den Goldschmied. Eigentlich war die Sache klar: Der Goldschmied musste die Kette entwendet haben. Das glaubten auch die Richter und verurteilten ihn wegen Diebstahls zum Tode. Einige Wochen später besserten Handwerker die Mauer des ›Schönen Turmes‹ aus. Dabei entdeckten sie das Nest einer Elster – und darin lag die verschwundene Goldkette!« »So eine Gemeinheit!«, knurrte Pollino. »Ja, die diebi-sche Elster sah die Kette in der Werkstatt funkeln und ihr Glanz lockte sie an. Durch das offene Fenster flog sie hinein und ›stahl‹ sie.« Pollino sah sich um, ob irgend-wo eine Elster zu entdecken wäre. Die könnte was erleben!

Die Frauenkirche

Die **Frauenkirche** ist das Wahrzeichen München. Jeder Besucher der Stadt erkennt schon von weitem die beiden Kirchtürme mit den charakteristischen »Hauben«. Seit dem Bau der Kirche überragen die Türme mit ihren 99 bzw. 98 Metern Höhe die Dächer aller umliegenden Gebäude der Altstadt – daran hat sich seit Jahrhunderten nichts geändert. Vor über 500 Jahren wurde die Frauenkirche so, wie sie heute vor euch steht, erbaut. Aber die Geschichte dieser Kirche auf dem »Frauenbergl« reicht noch viel weiter zurück.

Wie das »Petersbergl« mit Sankt Peter war auch das »Frauenbergl« eine kleine Anhöhe in der mittelalterlichen Altstadt Münchens. Hier hat noch vor der Stadtgründung im 12. Jahrhundert eine kleine Kapelle gestanden. Um 1240 war die erste Marienkirche als Vorläufer der heutigen Frauenkirche errichtet worden. Bereits diese Kirche hatte zwei Türme. Im Jahr 1271 wurde die Kirche der heiligen Maria geweiht und zu einer Pfarrkirche erklärt. Damit gab es zwei große Kirchengemeinden in München: die von Sankt Peter in der südlichen Stadthälfte und die der Marienkirche im nördlichen Stadtbereich. Im 14. Jahrhundert wurde die Marienkirche erweitert und zur Begräbnisstätte der Herzöge bestimmt. Der erste Wittelsbacher, der in dieser Kirche beigesetzt wurde, war Kaiser Ludwig der Bayer.

Die Marienkirche gewann in der Folgezeit auch unter den Einwohnern Münchens an Ansehen. Wie für die Kirche Sankt Peter stifteten viele reiche Patrizier und Händler der Marienkirche Altäre und vermachten ihr kostbare Kunstschätze. So wurde die Innenausstattung der Kirche immer prächtiger und schöner. Mehr als alle anderen Kirchen Münchens betrachteten die Einwohner die Marienkirche als »ihre« Kirche. Wie ihr ja wisst, war und ist auch heute noch die Verehrung der Muttergottes in München und ganz Bayern sehr verbreitet.

Die reiche Bürgerstadt München sehnte sich jedoch nach einer eindrucksvolleren Kirche. Und die Bürger Münchens waren es auch, die den Kirchenneubau zum größten Teil finanzierten. Im Jahr 1468 wurde der Grundstein für die neue Marienkirche zu »Unserer lieben Frau« gelegt. Nach dem Abriss der alten Kirche entstand unter der Leitung des Stadtbaumeisters Jörg von Halspach die große Backsteinkirche, die ihr heute seht.

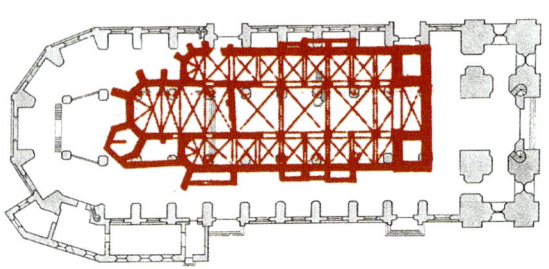

Die Grundrisse der alten (=rot) und der neuen Marienkirche

Der Dom ist das
Wahrzeichen der Stadt.
Die Form der Turmhauben
ist weithin bekannt.

Für die damalige Zeit war die neue Marienkirche ein gigantisches Bauunternehmen.
Jeder Stein, jeder Balken, jeder Ziegel musste mit der Hand verlegt oder angebracht
werden, und nur wenige Hilfsmittel, wie
etwa Flaschenzüge, erleichterten die Arbeit.
Das Baumaterial erreichte München vor
allem aus dem Umland: Holz wurde in den
Bergwäldern geschlagen, und der Lehm für
die Ziegel stammte aus dem Vorort Haidhausen, wo die Backsteine auch gebrannt
wurden. Die Münchner wollten zum Bau
ihrer Kirche nur edle Materialien verwenden. Angeblich wurde der Mörtel sogar mit
bayerischem Wein angerührt! Von 6 Uhr
früh bis 6 Uhr abends schufteten die Arbeiter. Im Sommer begann die Arbeit noch
eine Stunde früher.

Der Bau der Frauenkirche nahm immer
größere Ausmaße an. Als in den Jahren
1477–1478 der Dachstuhl gezimmert
wurde, transportierten 140 Flöße über
2.100 Baumstämme die Isar flussabwärts
nach München. Dabei wurden die Baumstämme nicht auf die Flöße geladen, sondern gleich zu Flößen zusammengebun-
den. Aber der riesige Bau der Frauenkirche
überschritt die finanziellen Möglichkeiten
der Bürger und auch die des Herzogs.
Da kam den Münchnern der Papst zu
Hilfe: Drei aufeinander folgende Jahre, von
1480–1482, rief Papst Sixtus jeweils ein
»gnadenreiches Jahr« aus und bestimmte
München zu einem Wallfahrtsort.

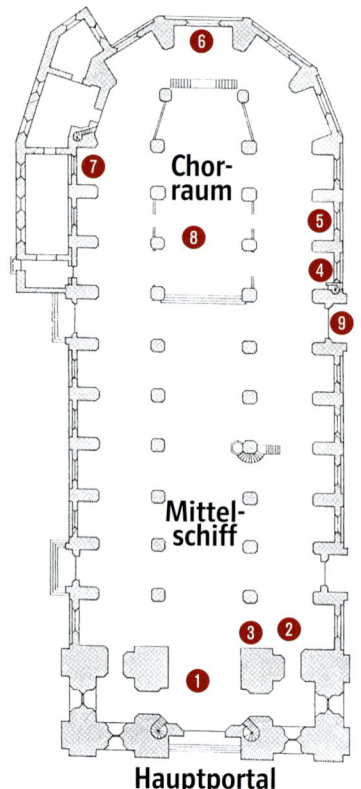

1 »Teufelstritt«

2 Grabdenkmal
Kaiser Ludwig der Bayer

3 Grabplatte Paumann

4 Taufkapelle

5 Benno-Kapelle

6 »Schutzmantelkapelle«

7 Anna-Kapelle

8 Chorraum

9 Braut-Portal

kommen. Allerdings hatten die Pilger eine kleine Gegenleistung zu erbringen: Sie sollten Geld spenden, in etwa so viel, wie sie in einer Woche zum Leben brauchten. Zwei Drittel dieser Summe sollten zum Ausbau der Frauenkirche dienen, das restliche Drittel war für den Krieg bestimmt, den die Christen zu jener Zeit gegen die Türken führten.

Die Gläubigen folgten dem päpstlichen Aufruf in Scharen: Im Jahr 1480 besuchten rund 65.000 Pilger die Stadt, 1481 etwa 24.000, und 1482 waren es an die 35.000. In den ersten Tagen des Gnadenjahres 1480 waren 270 Pfarrer damit beschäftigt, den Pilgern die Beichte abzunehmen. Die Pilgerreise nach München brachte den Gläubigen nach dem Empfang der Sakramente, also nach der Kommunion, den so genannten Ablass. Das heißt, den Gläubigen wurden alle bisher begangenen Sünden vergeben, und sie konnten darauf hoffen, am Tag des Jüngsten Gerichts in den Himmel zu

Die Gnadenjahre verschafften den Bauherren der Frauenkirche eine Menge Geld. Im Jahr 1494 konnte der neue Kirchenbau schließlich geweiht werden. Einzig die berühmten »welschen« Hauben fehlten noch auf den beiden Kirchtürmen. Die Kuppeln, die die Türme krönen, wurden im Jahr 1525 angebracht. Die Münchner haben den Turmhauben eine ungewöhnliche Form gegeben. Diese Turmhauben werden oft als »Zwiebelkuppeln« bezeichnet. Ansonsten wird für dieses Dach der Fachbegriff »welsche Haube« verwendet, womit gemeint ist, dass die Form ursprünglich aus Italien

**Der Innenraum
des Doms**

stammt. Wahrscheinlich ist sie der venezianischen Bauweise entnommen. Doch auch in Regensburg und Augsburg gab es zu jener Zeit Kirchtürme mit derartigen »Hauben«.

»Wie Sahnehäubchen sehen die aus«, meinte Pollina, als sie zu den Turmhauben der Frauenkirche hochsah. »Weißt du, womit die Münchner die Frauentürme vergleichen? Mit zwei riesigen Bierkrügen mit Deckel!« Womit denn sonst, ging es Pollino durch den Kopf, bei der Bierlust der Münchner! Pollina fuhr fort: »Und sie sind der Meinung, dass die Hauben gerade so breit sind, dass ein großer, vierspänniger Bierwagen sie umkreisen könne.« »Das werden wir ja sehen«, bemerkte Pollino. Er wollte nachher die Türme »besteigen«, um die Maße der »Hauben« aus unmittelbarer Nähe zu prüfen.

Pollino und Pollina betraten die Frauenkirche durch ein Seitenportal. Gerade wollte sich ein Mädchen an Pollina vorbeidrängen.

Das Mädchen trug einen Rucksack auf dem Rücken, und genau der war Schuld, dass die beiden jetzt nebeneinander im Türrahmen feststeckten. »He!«, rief Pollina und wollte ein paar Schimpfwörter folgen lassen, als sie Sabine vom Viktualienmarkt wieder erkannte.

»Da seid ihr ja!«, keuchte Sabine. »Ich dachte schon, ihr kommt überhaupt nicht mehr. Meine Orgelstunde ist schon zu Ende, wenn ihr wollt, kann ich euch gern durch die Frauenkirche führen.« Pollino und Pollina willigten sofort ein. »Aber erwartet euch ja nicht die super kluge, allseits informierte Reiseleiterin«, meinte Sabine, als sie mit den Geschwistern die Vorhalle der Kirche durchquerte. »Ich kenne ein paar Geschichten, die sich die Münchner über die Frauenkirche erzählen – zum Teil sogar richtig gruselige.« Pollino wurde hellhörig. Die kleine Gruppe näherte sich einer Stelle unter der Orgelempore. »Hier zum Beispiel! Seht ihr diesen seltsamen **Fußabdruck im Marmorboden**. Der stammt vom Teufel!«, flüsterte Sabine. Wollte sie ihre neuen Freunde auf den Arm nehmen?, dachten sich Pollino und Pollina. Sabine schien die Gedanken der beiden zu erraten: »Ihr glaubt mir nicht? Dann hört folgende Geschichte:

Wie ihr sicher wisst, hasst der Teufel alle Kirchen. Vor allem aber die Frauenkirche, die größte Kirche Münchens. Er überlegte, wie er die Kirche zerstören könne.

Erst sah er sich im Innern der Frauenkirche um. Als der Teufel die Kirche betrat und zu dieser Stelle kam, glaubte er zu seiner Freude zu entdecken, dass es in dieser Kirche kein Fenster gäbe. ›Diese Tölpel von Bauleuten haben doch glatt die Fenster vergessen!‹, kicherte er. ›In eine Kirche ohne Fenster geht doch kein Mensch. Die muss ich gar nicht erst abreißen!‹, jubelte der Teufel und stampfte vor Freude mit dem Fuß, dass der Abdruck im Stein für immer sichtbar blieb. Umso mehr wunderte er sich, dass die Frauenkirche immer gut besucht war. Und was musste er feststellen? Es waren doch überall Fenster! Der Teufel hatte sie in der Kirche nur nicht gesehen, weil die mächtigen Pfeiler und der damalige Altar im Chorraum die Fenster verdeckten.«

Die Münchner behaupten aber auch, dass bei der ganzen Geschichte der Baumeister der Frauenkirche seine Hand im Spiel gehabt hätte. Um den riesigen Bau bewältigen zu können, habe Jörg von Halspach die Hilfe des Teufels erbeten. Der Teufel willigte ein, aber nur unter der Bedingung, dass der Baumeister eine Kirche ohne Fenster errichten würde. Wenn Halspach sich nicht an diese Vorgabe halte, müsse er mit ihm zur Hölle fahren. Als die Frauenkirche fertiggestellt war, sah der Teufel Scharen von Gläubigen die Kirche betreten. Hatte der Baumeister sein Versprechen gebrochen? Nun, den Rest könnt ihr euch ja denken: Jörg von Halspach führte den Teufel an der Nase herum. Er zeigte ihm die Kirche genau von dieser Stelle, von der aus kein Fenster zu sehen war. Vor Zorn stampfte der Teufel auf den Boden.

Insgesamt 22 dieser Pfeiler, die den Teufel zur Verzweiflung trieben, stehen in zwei langen Reihen im Innenraum der Frauenkirche. Sie stehen so eng zusammen, dass ihr tatsächlich erst den Blick auf die Seitenfenster frei bekommt, wenn ihr weiter in die Kirche hinein geht. Die großen, achteckigen Pfeiler gliedern die 108 Meter lange und 38 Meter breite Kirche im gotischen Baustil (Gotik, s. Begriffserklärungen) in drei Bereiche. Das Mittelschiff wird von den beiden seitlichen, schmäleren Seitenschiffen durch diese »Wand aus Pfeilern« abgetrennt. Das 31 Meter hohe Mittelschiff überragt die Seitenschiffe um einige Meter.

Die Pfeiler der Frauenkirche sind mit so genannten Rippen miteinander verbunden. Sie helfen, das Gewölbe zu tragen. Die Rippen ergeben ein sternförmiges Muster. Deshalb wird das Gewölbe der Frauenkirche auch »Sterngewölbe« genannt. Diese Art zu bauen, findet ihr in vielen gotischen Kirchen.

Gleich rechts von euch befindet sich unübersehbar das **Grabdenkmal** für **Kaiser Ludwig den Bayern**. Der Kaiser war in der alten Marienkirche bestattet worden. Kurfürst Maximilian I. widmete Ludwig dem Bayern nun in der neuen Frauenkirche ein prunkvolles Grabmal. Das Monument aus schwarzem Marmor hat der bekannte Bildhauer Hans Krumper in den Jahren 1619–1622 geschaffen. Der Künstler errichtete das Grabmal mit den Bronzefiguren über der Deckplatte aus rotem Marmor, die noch vom ersten Grab des Kaisers in der alten Marienkirche stammt. Wenn man vor dem Grabmal steht, kann man leider die Abbildungen auf dieser Deckplatte nicht erkennen.

Die Deckplatte zeigt Ludwig als Kaiser. Auf seinem Haupt sitzt eine Laubkrone, und in den Händen hält Ludwig das Zepter und den Reichsapfel. Unter dem Kaiser sind Herzog Albrecht III. und sein Vater Herzog Ernst dargestellt. Vater und Sohn waren lange Zeit zerstritten, denn Herzog Ernst ließ die Braut seines Sohnes ertränken. Da die Frau aus einer Bürgerfamilie stammte, meinte der Herzog, sie sei seines Sohnes unwürdig, und ließ sie ermorden. Auf der Deckplatte wird gezeigt, wie Herzog Albrecht III. sein Racheschwert wieder zurücksteckt. Vater und Sohn hatten sich wieder versöhnt.

An den Längsseiten des Monuments sind Herzog Albrecht V. in höfischer Tracht und Herzog Wilhelm IV. in Ritterrüstung zu sehen. Des Weiteren knien an den Ecken vier Fahnenträger als Grabwachen.

»Pst, kommt mal her!« Sabine holte die Geschwister zu sich. »Ich zeige euch mein großes Idol.« Sie wies mit dem Finger auf eine **Platte aus rotem Marmor**, die an der Kirchenwand hinter dem Grabmal des Kaisers hing. »Darf ich vorstellen, das ist **Konrad Paumann**, der berühmte Organist. Er wurde im Jahr 1415 geboren und lebte bis 1473«, berichtete Sabine. »Paumann wurde in der Nähe der Frauenkirche begraben. Das hier ist seine Grabplatte. Darauf seht ihr den Musiker an einer Schoß-Orgel abgebildet. Neben ihm die Musikinstrumente, die Konrad Paumann außerdem beherrschte: Laute, Blockflöte, Harfe und Geige.« »So viele Instrumente möchte ich auch spielen können«, wünschte sich Pollina. »Aber wenn ich daran denke, wie viel man da üben muss …!«

»Paumann stammte aus Nürnberg«, fuhr Sabine fort. »Zunächst spielte er Orgel in einer Nürnberger Kirche. Sein Ruf als ausgezeichneter Musiker drang bald bis nach München. Im Jahr 1451 holte ihn Herzog Albrecht III. an seinen Hof. Den größten Erfolg feierte Paumann 1471, als er vor Kaiser Friedrich III. und den deutschen Fürsten auf dem Reichstag von Regensburg spielte.

Das Grabmal Kaiser Ludwig des Bayern

Die Geliebte Herzog Albrechts war eine Augsburger Badertochter. Sie hieß **Agnes Bernauer**. Im Jahr 1435 wurde sie als Hexe in der Donau ertränkt. Ihr Schicksal wurde von berühmten Komponisten und Literaten als Stoff verwendet.

Der Kaiser war von dem Orgelspiel so begeistert, dass er Paumann ein wertvolles Brokatkleid, eine goldene Kette und ein Ritterschwert mit goldenem Griff schenkte.« Pollino bekam feuchte Augen, als er an das Ritterschwert dachte. »Aber jetzt kommt's«, sagte Sabine, »Paumann war von Geburt an blind! Könnt ihr euch das vorstellen? Er hat also nie Noten lesen können, sondern immer nur nach Gehör gespielt, was für ein Genie!« Pollino und Pollina sahen sich nun das Gesicht des Organisten auf dem Relief genauer an: Tatsächlich, er war ohne Pupillen abgebildet!

Von dem Grabdenkmal für Ludwig den Bayern geht ihr nun die Seitenwand entlang in Richtung Chorraum. Es folgt eine lange Reihe von Kapellen. Wie eine Kette umgeben sie den Innenraum der Frauenkirche. Die Kapellen gehörten den reichen Bürgerfamilien, die sie mit kostbaren Kunstwerken ausschmückten. Besonders die bunten, fein gearbeiteten Glasfenster waren hoch angesehen. In der **Taufkapelle**, auch Josefskapelle genannt, befindet sich das schönste Glasfenster der Kirche: das **»Pütrich-Fenster«**, auf dem eine hübsche Abbildung des »Münchner Kindls« zu sehen ist.

Im unteren Bereich des kunstvollen Glasfensters könnt ihr Angehörige der Kaufmanns- und Salzhändlerfamilie Pütrich erkennen. Vom Salzhandel zeugt ihr Wappenbild, das Salzfass. Es ist unter dem knienden Stifter zu sehen. Die Pütrich-Familie gehörte zu den einflussreichsten Patrizierfamilien Münchens. Über 200 Jahre waren Mitglieder aus dieser Familie im Münchner Stadtrat vertreten. Damit jeder Kirchenbesucher wusste, wie fromm die Pütrichs waren, ließen sie sich betend darstellen. In der Mitte des Glasfensters ist die Dornenkrönung von Jesus Christus zu sehen. Bevor er zum Kreuz geführt wird, drücken Henkersknechte eine Dornenkrone auf das Haupt von Jesus.

*»Das ist der heilige Benno«, begann Sabine, die mit Pollino und Pollina vor der nächsten Kapelle, der so genannten »**Benno-Kapelle**«, stand. Sie deutete auf eine mit Silber, Gold und vielen Edelsteinen verzierte Büste. »In dem Behälter unter der Büste des heiligen Benno sind die Reliquien des Heiligen aufbewahrt: seine Gebeine, sein Messgewand, sein Bischofsstab und seine Mitra, die Bischofsmütze. Diese Reliquien hatte Herzog Albrecht V. im Jahr 1576 nach München*

Die Münchner Familie Pütrich ließ dieses Fenster gestalten.

geholt. Zunächst wurden sie in der Neuen Veste ausgestellt, bis der heilige Benno Anfang des 17. Jahrhunderts einen eigenen Altar und eine eigene Kapelle in der Frauenkirche bekam.

Der heilige Benno wurde im Jahr 1010 als Sohn eines Adeligen im niedersächsischen Hildesheim geboren. Im Alter von fünf Jahren übernahm ein Bischof die Erziehung des kleinen Benno. Im Kloster von Hildesheim verbrachte Benno die schönste Zeit seines Lebens. Der Priesterberuf war genau das Richtige für ihn. Sein Fleiß und sein fester Glaube verschafften ihm große Anerkennung bei seinen Ordensbrüdern. Mit 35 Jahren wurde Benno zu ihrem Abt gewählt, und im Jahr 1066 wurde er Bischof der Stadt Meißen. Leider lebten in dieser Zeit der Papst und der deutsche Kaiser ständig in Streit. Der damalige Kaiser, Heinrich IV., ließ Benno gefangen nehmen und setzte ihn als Bischof ab. Wenig später wurde Benno zwar frei gelassen, musste aber seine Bischofskirche in Meißen verlassen.

In seiner Kirche befanden sich zahlreiche wertvolle Kunstwerke, und Benno überlegte, wie er diese Kunstschätze vor der Raublust

Die Grabplatte des Musikers Konrad Paumann

des Kaisers bewahren könne. ›Warum nicht die einfachste aller Lösungen? Ich schließe die Kirche ab und werfe den Schlüssel in die Elbe. Dann soll der Kaiser sehen, wie er in die Kirche kommt!‹ Gedacht – getan. Benno ließ den Schlüssel verschwinden und reiste zum Papst nach Rom. Dort wurde er vom Kirchenvater gesegnet und wegen seines Mutes belohnt. Aber die Sehnsucht trieb Benno wieder zu seiner Bischofskirche nach Meißen. Bevor er die alte Heimatstadt betrat, verkleidete sich Benno, um nicht erkannt zu werden. Nach der langen Reise war Benno hungrig und ging in ein Gast-

Reliquien des heiligen Benno werden in der »Benno-Kapelle« aufbewahrt.

**Die Schutzmantel-
madonna**

*haus. Er bestellte einen Fisch. Kaum hatte
er damit begonnen, den Fisch zu zerlegen,
entdeckte er Unerwartetes: Im Bauch des
Fisches lag der Kirchenschlüssel! Fast unglaublich, oder? Im Jahr 1523 wurde Benno
vom Papst heilig gesprochen, und bald
darauf wurde der heilige Benno zu einem
Schutzpatron Münchens ernannt.«*

Die lange Reihe von Kapellen setzt sich hin-
ter dem Chorraum fort. Dort findet ihr die
Chorhauptkapelle, die auch unter dem
Namen **»Schutzmantelkapelle«** berühmt ist.

Die Kapelle liegt genau gegenüber dem
Treppenabgang zur Gruft, in der sich die
Gräber vieler Wittelsbacher Fürsten befinden und auch Erzbischöfe und Kardinäle
bestattet sind. Das Schmuckstück der
»Schutzmantelkapelle« ist das Altarbild, das
um 1510 gemalt wurde. Es trägt den Titel
»Schutzmantelmadonna« und stammt aus
der Werkstatt des Künstlers Jan Polack. Auf
dem Gemälde ist die Muttergottes dargestellt. Von Engeln bekommt die »Himmels-
königin« eine Krone aufgesetzt. Maria trägt
ein blaues, mit Ähren besetztes Kleid; darüber einen weiten und prächtigen Mantel.
Unter diesem Mantel suchen Menschen
unterschiedlichster Herkunft Schutz vor
dem Zorn Gottes: Bischöfe, Priester, Adelige,
Bürger. Damals galten Hunger, Krankheit,
Krieg und Tod als Strafen Gottes. Auch

Frauen und Kinder flüchten sich unter Marias behütenden Mantel. Der Stifter dieser Kapelle, ein reicher Salzhändler namens Sänftl, ist ebenfalls zu sehen. Bekleidet mit einem schwarzen, pelzgefütterten Mantel, kniet er auf einem Podest. Neben ihm seht ihr seine Ehefrau mit der typischen »Haube« (im Mittelalter trugen verheiratete Frauen Hauben, daher kommt das Sprichwort »unter der Haube sein«). Mit dem Ehepaar Sänftl sind auch dessen Kinder abgebildet.

In der Menschengruppe haben die Trauernden die Hände zum Gebet erhoben. Aber wenn ihr genau hinseht, entdeckt ihr eine Frau, die ihre Hände gesenkt hält. Über diese Frau erzählen sich die Münchner folgende Geschichte: Sie war die entfernte Verwandte eines sehr reichen Bürgers, der plötzlich verstarb. Mit Lügen und Tricks gelang es ihr, sich den größten Erbteil des Mannes zu sichern. Die Verwandten des Mannes waren sehr böse auf die Frau, doch die beteuerte ihre Unschuld. »Gott soll mich strafen und meine im Gebet erhobenen Hände niederdrücken, wenn ich getan habe, wessen ihr mich anklagt!«, beteuerte sie während der Trauerfeier zum Andenken an den Verstorbenen. Der Maler des Altarbildes war bei diesem Begräbnis zugegen. Die Trauergäste nahm er in sein Bild der Schutzmantelmadonna auf. Zuerst hatte er die Frau mit zum Gebet erhobenen Händen gemalt. Doch auf wundersame Weise veränderte sich das Gemälde, und eines Tages zeigten die Hände der Frau nach unten. Das Bild hat sie der Erbschleicherei überführt, und sie musste alle Reichtümer des Toten an dessen Familie übergeben.

»Was suchst du denn?« Pollino war neugierig geworden, denn Sabine ging vor der Chorhauptkapelle hin und her. Mit gesenktem Blick schien sie jeden Zentimeter des Kirchenbodens abzusuchen. »Irgendwann werde ich den Zugang finden!«, grummelte Sabine. »Hier soll sich nämlich das geheimnisumwobene Grab von Kaiser Ludwig dem Bayern befinden. Es wird behauptet, dass er auf seinem Sessel sitzend und komplett bekleidet in die alte Marienkirche eingemauert wurde. Der Kaiser trug ein graues Büßergewand, und in der Hand hielt er ein Kruzifix. Eine goldene Kette hing um seinen Hals, und zu seinen Füßen lagen die kaiserliche Krone und das Schwert. Als die alte Marienkirche abgerissen und die neue Frauenkirche gebaut wurde, ließ Herzog Sigismund das Grab des Kaisers angeblich in den Boden der neuen Kirche versenken. Und das in der Nähe der ›Schutzmantelkapelle‹ – aber wo?« Sofort beteiligte sich Pollino an der Suche. Pollina kam das Ganze jedoch komisch vor. Sie hatte zuvor einen Blick in die Fürstengruft geworfen. An einem der Gräber stand geschrieben, dass darin die Gebeine von Kaiser Ludwig dem Bayern aufbewahrt werden. Jemand musste sich hier wohl gewaltig irren …

Neben dem Eingang zur Sakristei befindet sich die **»Anna-Kapelle«**. Zwei große Statuen unter dem Fenster stellen den heiligen Georg und den heiligen Rasso dar. Die dritte Figur, die sich in der Kapelle befindet, kommt euch sicher sehr bekannt vor: Es ist der heilige Christophorus. Die 2,60 Meter große Statue wurde im Jahr 1525 aus Eichenholz geschnitzt und dann

bemalt. Welcher Künstler den heiligen Christophorus angefertigt hat, ist nicht bekannt.
Der heilige Christophorus ist eigentlich
auch euer Schutzpatron. Denn er ist der
Schutzpatron nicht nur der Schiffer, sondern aller Reisender.

Man sagt, Christophorus war ein Mann von
riesiger Gestalt. Er trug Menschen auf seinem Rücken über einen gefährlichen Fluss.
In der Hand hielt er dabei immer einen
Stock, um im reißenden Wasser nicht unter-
zugehen. Eines Tages brachte er ein Kind
über den Fluss. Eine »kinderleichte« Aufgabe, dachte sich Christophorus. Doch die
Last wurde immer schwerer und schwerer.
Fast drohte der kräftige Christophorus zu
ertrinken. Es war ihm, als trüge er die
ganze Welt auf seinen Schultern. Mit größ-
ter Mühe erreichte Christophorus das rettende Ufer. Das Kind bedankte sich und
sagte zu ihm: »Mehr als die Welt hast du
getragen. Der Herr, der die Welt erschaffen
hat, war deine Bürde!« Dieses Kind war
Jesus. Ehrfürchtig ließ sich Christophorus
anschließend vom Gottessohn im Fluss
taufen.

Interessant ist auch der **Chorraum** der
Frauenkirche. Früher befand sich hier ein
riesiger Hochaltar aus dem 17. Jahrhundert,
der leider im Krieg vollkommen zerstört
wurde. Nur einige der holzgeschnitzten
Heiligenbüsten und Heiligenstatuen von
Erasmus Grasser konnten gerettet werden.
Sie stammen aus dem Jahr 1502 und
schmückten das alte Chorgestühl. Der
Chorraum war früher den Mitgliedern der
Herzogsfamilie, den Chorherren und Pries-

Der heilige Christophorus

tern vorbehalten. Darin fanden große religiöse Feiern des herzoglichen Hofes statt.
Erst vor kurzem, in den Jahren 1989–1994,
wurde der Altarbereich neu gestaltet.

*Pollino und Pollina verließen zusammen
mit Sabine die Frauenkirche durch das so
genannte »Braut-Portal«. »Sicher wundert
ihr euch, warum dieses Portal so reich
geschmückt ist«, meinte Sabine, die auf die
steinernen Statuen von Christus und Maria
wies. Zudem waren zahlreiche kleine Figuren und Verzierungen aus der Kirchenwand
gemeißelt und umrahmten das Portal. »Die
Statuen von Christus und Maria wurden um
das Jahr 1430 angefertigt«, erklärte Sabine.
»Sie stammen noch von der alten Marienkirche. Auch früher war das ›Braut-Portal‹
ein wichtiger Zugang zur Frauenkirche. Für
die Gläubigen, die vom Schrannenplatz zur
Frauenkirche kommen, ist es das erste Por-*

tal, das sie erreichen. Angeblich sollen auch die Herzöge stets durch dieses Tor die Frauenkirche betreten haben.«

Sabine führte die Geschwister zum Aufgang des **Südturms**. Mit einem Aufzug sausten die drei nach oben zur Aussichtsterrasse. Oh, endlich ein Aufzug!, Pollino dachte gerade an die Stufen des »Alten Peter« oder – noch viel schlimmer – an die zur Kuppel des Petersdomes in Rom. Oben angekommen, legte Sabine den einen Arm um Pollina, den anderen um Pollino. »Na, was sagt ihr nun zu meinem München?« Unter ihnen lagen die Dächer und verwinkelten Gassen der Altstadt. Ab und zu ragten die Kirchtürme jener Kirchen, die Pollino und Pollina schon besichtigt hatten, daraus hervor. In der Ferne zeigten sich der Olympia-Turm und auf der anderen Seite die bebauten Hügel über der Isar. Die Sicht war so klar, dass sie im Süden die Alpenkette gut erkennen konnten. Pollino untersuchte

die berühmte »welsche« Turmhaube aus der Nähe. Die Haube hatte einen Durchmesser von 15 Metern und war 10 Meter hoch. Die Kupferplatten waren auf einem Holzgerüst befestigt worden. Mit der Zeit hatte das Kupfer eine grünliche Schicht bekommen. Ein vierspänniger Bierwagen hätte hier oben aber kaum Platz ..., zweifelte Pollino.

Sabine erkundigte sich nach den weiteren Reiseplänen der Geschwister. Ihre nächste Strecke würde sie die Isar entlang führen. Auf der Route lagen der Tierpark Hellabrunn, das Deutsche Museum, der Englische Garten und viele weitere Sehenswürdigkeiten Münchens. »Das ist eine ganz schön lange Strecke«, erwiderte Sabine. »Am besten, ihr benutzt dazu ein Fahrrad. An der Isar entlang gibt es gut ausgebaute Radwege. Und hier habe ich noch was für euch, das ihr vielleicht brauchen könnt.« Sabine reichte den Geschwistern ein fleckiges und zerknittertes Blatt. »Das ist ein Geister-Plan,« sagte Sabine. »Mit diesem Plan findet ihr alle Geister, die an der Isar zuhause sind. Und Tipps, wie ihr ihnen begegnen müsst.« Pollino und Pollina betrachteten den Plan genauer. Na, das kann ja heiter werden, dachte Pollina. Ihr Bruder suchte in Gedanken bereits nach geeigneten Waffen, mit denen er die Geister bekämpfen könnte: Schwerter, Lanzen, Pfeile, oder vielleicht Knoblauch?

Münchner
Freiheit

Schwabing

Kleinhesseloher See

Chinesischer
Turm
Monopterus

Englischer
Garten
Eisbach
Isar

Prinzregentenstraße

Friedensengel

Maximilians-
Anlagen
Prater-Insel

Ludwigsbrücke
Deutsches
Museum
Corneliusbrücke

Haidhausen

Au

Isar

Enten-
weiher

Giesing

Brudermühlbrücke

Flaucher
Isar-Auen

Thalkirchen

Thalkirchner
Brücke

Tierpark
Hellabrunn

3. Rundgang: Die Isar-Tour – Auf Entdeckungsreise durch Münchens Stadtteile

Im Sommer an der Isar

Vom Tierpark zum Deutschen Museum

Die Isarauen

»Lass mal sehen!«, forderte Pollina ungeduldig ihren Bruder auf, der den Geister-Plan aufgefaltet in Händen hielt. Die Geschwister standen auf der **Thalkirchner Brücke** und blickten hinunter auf die Isar. Der Fluss, der München von Süden nach Norden durchquert, rauschte gemütlich unter der Brücke hindurch. »Hier ist die Isar eingezeichnet.« Pollino folgte mit dem Finger auf der Zeichnung den Biegungen des Flusses. »Die Isar entspringt im Karwendelgebirge in Tirol in 1.800 Metern Höhe. Dann fließt sie hinab über Mittenwald und Bad Tölz bis nach München. Hier hat sie die Hälfte ihres Weges hinter sich gebracht, der nach 238 Kilometern bei Deggendorf in der Donau endet. Dem Plan nach muss es früher in Thalkirchen eine Anlegestelle für Flöße gegeben haben.« »Das ist gut möglich«, erwiderte Pollina, »schließlich war die Isar früher ein wichtiger Transportweg. Auf den Flößen wurden Holz, Wein oder auch Bier nach München geschafft. Erinnerst du dich an den Dachstuhl der Frauenkirche? Die Baumstämme kamen auf der Isar zusammengebündelt als Flöße angeschwommen.«

ben. Wenn am Abend im Dunkeln ein schrilles und durchdringendes Pfeifen zu hören ist, ist das ›Pfeiferl‹ in der Nähe. Man verhält sich am besten ganz ruhig, macht das Kreuzzeichen und betet. Wer auf das Pfeifen antwortet, ist verloren. Sofort zeigt sich der pechschwarze Geist und bläst sich zu einem Riesen auf.« Plötzlich war ein Pfiff zu hören. Pollino und Pollina zuckten vor Schreck zusammen. Aber es war nur ein Mann auf der Brücke, der seinen Hund herbeirief.

»Zunächst fließt die Isar noch durch ein schmales Tal«, erklärte Pollino anhand des Planes, »dann, je näher sie München kommt, wird ihr Tal immer weiter. Das Land am Wasser wird als ›Au‹ bezeichnet – hier, siehst du: ›Isarauen‹. Und da scheinen sich überall Geister herumzutreiben!« Besorgt schaute Pollino vom Plan zu seiner Schwester. Pollina war nicht so leicht zu beeindrucken mit Geistergeschichten. Das ist doch alles Humbug, war ihre Meinung. Doch die Geisterfiguren auf dem Plan gefielen ihr. Da waren lustige dabei. Das »Wisperl« zum Beispiel: »ein harmloser und gutmütiger Geist, mit hoher Stimme, leicht zu verwechseln mit einer Grille«, stand in Krakelschrift neben der Zeichnung geschrieben. Oder das »Schnarchermandl«: »bösartiger Höhlenkobold, macht sich mit lauten Schnarchtönen bemerkbar«, lautete die Erklärung.

Andere aber machten sogar Pollina ein wenig Angst, wie das »Pfeiferl«. »Wer diesem Geist begegnet, erleidet ein Unglück, wird schwer krank oder muss sogar ster-

In den Isarauen treibt auch eine Isarnixe ihr Unwesen. Dazu gibt es folgende Geschichte: Vor etwa 500 Jahren fand in München eine große Hochzeit statt. Von überall her kamen Künstler, Spielmänner und andere Musiker angereist, um die Vermählung des Herzogs mit seiner Braut zu feiern. Darunter befand sich auch ein junger Edelmann, der meisterlich die Sackpfeife spielen konnte. Während des Festes verliebte sich der talentierte Musiker in ein schönes Burgfräulein. Er gestand ihr seine Liebe, doch das Fräulein wollte nur dem Mann gehören, der bereit wäre, sein Leben für sie zu wagen. Mit diesen Worten warf sie eine kostbare Kette in die Isar. Damals war der Fluss viel gefährlicher als heute. Wenn der Föhnwind den Schnee im Gebirge zum Schmelzen brachte oder schwere Gewitter tobten, dann wurde die Isar zu einem wilden, reißenden Strom. Darauf weist übrigens auch der Name »Isar« hin: Angeblich stammt »Isar« vom keltischen Wort »isara«, das so viel wie »schneller, reißender Gebirgsfluss« bedeutet.

Die Strömung war stark, und der Fluss führte Bäume und Gebüsch mit sich. Der Edelmann wagte die Mutprobe dennoch und sprang in voller Kleidung und mit seinem Schwert in die Fluten, um die Kette herauszuholen. Nach wenigen Minuten war der unglücklich Verliebte nicht mehr zu sehen. Drei Tage nach diesem traurigen Ereignis war auch das Edelfräulein ver-

schwunden. Von da an hörten die Flößer an der Stelle, an der der Musiker ertrank, des Öfteren einen geisterhaften Lockruf. Einige behaupteten sogar, das Burgfräulein in Gestalt einer wunderschönen Nixe gesehen zu haben, mit großen, grünen Augen und langen, grünen Haaren. Wer den Lockruf und den Gesang der Nixe hörte, dem drohte auf der nächsten Floßfahrt der Tod. Deshalb trugen die Flößer auf der Isar geweihte Gegenstände bei sich oder stopften sich die Ohren mit Watte zu.

»Da ist sie!« Pollina hatte auf dem Geister-Plan die Isarnixe entdeckt. Die Nixe hauste in einer Höhle zusammen mit einem Wasser-mann. Ihre Höhle befand sich in der Nähe des Ortes Großhesselohe. »Ich hab mal eine Geschichte gelesen, in der von Räuberban-den an der Isar die Rede war. Die müssen etwa so ausgesehen haben wie der hier«, sagte Pollino und zeigte auf einen wilden Reiter in Ritterrüstung. Aus seinem Helm ragte eine blaue Flammenfeder. Daneben stand »Geist des Räuberhauptmanns«. »Auch die Isar-Räuber hausten in Höhlen«, fügte Pollino an. »Von dort überfielen sie umliegende Bauernhöfe oder Kaufleute, die unterwegs nach München waren. Ihre Beute haben sie in unterirdischen Gängen versteckt. Wer weiß, was man da alles finden würde?« Pollino studierte den Plan nach näheren Hinweisen auf die Räuber-höhlen, doch neben der Zeichnung des

Räuberhauptmanns stand nur die Orts-bezeichnung »Menterschweige«.

Wieder ertönte ein schriller Pfiff. Diesmal reagierten Pollino und Pollina gelassener. Sie schauten in die Richtung, aus der der Pfiff kam. Und wieder rief ein Mann seinen Hund zu sich. Das Seltsame dabei war, dass es nicht nur derselbe Mann und derselbe Hund von vorhin waren, sondern sie befan-den sich auch an derselben Stelle wie vor-her! Das ist unmöglich, dachte sich Pollino und wollte gerade seine Schwester auf dieses ungewohnte Ereignis aufmerksam machen. Just in diesem Moment schleuder-te ein kräftiger Windstoß die Mütze von Pollinos Kopf in die Isar. »Die ist weg!«, rief Pollina. Auch ihr war jetzt ein wenig mul-mig zu Mute. »Komm, lass uns gehen!« Sie nahm ihren Bruder bei der Hand und zusammen gingen sie zum Isar-Eingang des Tierparks.

Die Kirche Sankt Maria in Thalkirchen

Thalkirchen

Die Isar-Tour beginnt im Münchner Stadtteil Thalkirchen. Mit dieser »Kirche im Tal« ist die **Kirche Sankt Maria** gemeint. Wahrscheinlich war Sankt Maria die erste Pfarrkirche auf dem linken Isarufer im heutigen Münchner Stadtgebiet. Und vermutlich waren es Mönche aus dem Kloster Schäftlarn, die diese Kirche gegründet haben. Im Innern der im Barock-Stil gestalteten Kirche sind bedeutende Kunstwerke zu sehen. Die Figurengruppe, die Maria mit dem Jesuskind darstellt, stammt aus dem Jahr 1482. Gemeinsam mit zwei Statuen der Bischöfe Ulrich von Augsburg und Korbinian von Freising schmückt sie den Hochaltar. Den Altaraufbau im Rokoko-Stil *(s. Begriffserklärungen)* hat Ignaz Günther angefertigt. Im 15. Jahrhundert war Thalkirchen noch ein eigenständiges Dorf und die Kirche Sankt Maria ein beliebter Wallfahrtsort. In der Umgebung standen viele alte Gasthäuser, die aber, wie auch viele andere Häuser in Thalkirchen, im Zweiten Weltkrieg zerstört wurden.

Schon seit Jahrtausenden ist die Gegend von Thalkirchen von Menschen besiedelt. Die bislang ältesten Funde menschlicher Besiedelung stammen aus der Zeit um 1800 vor Christus. Die hohe Uferböschung hat stets guten Schutz vor dem Hochwasser der Isar geboten.

Der Tierpark Hellabrunn

Das Dorf Thalkirchen stand noch bis Anfang des 20. Jahrhunderts in einem großen, von Wildbächen durchzogenen Waldgebiet. Das war auch der Grund, warum die Münchner hier ihren Tierpark einrichteten. Der landschaftlich vielleicht schönste Zoo Europas wurde im Jahr 1911 unter dem Namen »Tierpark Hellabrunn« gegründet. Zunächst nur ein »Zoologischer Garten«, wurde er bald zu einem größeren »Tierpark« erweitert. Der Name »Tierpark« statt »Zoo« ist dabei bewusst gewählt worden. Denn die etwa 4.000 Tiere befinden sich tatsächlich in einer Art Park-Landschaft mit Felsen, Büschen und Bäumen sowie Bächen, Teichen und Tümpeln. Deshalb werdet ihr in diesem »Zoo« auch auf nur wenige Gitter stoßen, die eure Sicht auf die Tiere behindern. Bäche oder Gräben anstatt Zäune trennen die Besucher von den Tieren.

Der »Tierpark Hellabrunn« ist auch unter einem weiteren Gesichtspunkt einzigartig. Die Tiere sind nach ihren Herkunftsgebieten eingeteilt. Jeweils in einem großräumigen Bereich findet ihr Tiere aus Afrika, Asien, Australien, Nord- und Südamerika sowie Europa. Es ist, als würdet ihr in diese Kontinente reisen und die dortige Tierwelt kennen lernen. Im »Tierpark Hellabrunn« begegnet ihr vielen seltenen, teilweise vom Aussterben bedrohten Tierarten. Und wer möchte nicht einmal einem Urwildpferd, einem Waldbison, einem Königspinguin, einem Sibirischen Tiger, einem Ameisenbären oder einem Panzernashorn von »Angesicht zu Angesicht« gegenüberstehen?

Pinguine bei einem
Ausflug durch den
winterlichen Tierpark.

Sehenswert sind vor allem das Polarium mit den zahlreichen Robben, Eisbären und Pinguinen; das Elefantenhaus, in dem sich auch Giraffen und Pinselohrschweine aufhalten; das Dschungelzelt, in dem ein tropischer Regenwald von Löwen, Pantern, bunten Vögeln bevölkert ist und das Urwaldhaus, wo beeindruckende Gorillas und lustige Schimpansen stets für die Unterhaltung der Zoobesucher sorgen. Im Tierpark gibt es auch einen großen Flugkäfig, die so genannte »Großvoliere«, mit über 200 Vögeln aus allen Teilen der Welt. Im Streichelgehege lassen sich Ziegen und Damhirsche aus nächster Nähe beobach-

ten, im Kindertierpark warten Schafe auf junge Besucher. Wie wäre es mit einem Ausritt auf einem Pony oder einem Kamel? Erkundigt Euch nach den jeweiligen Fütterungszeiten der Tiere, dies ist immer ein Erlebnis. Der Zoo bietet interessante Sonderveranstaltungen und Tierschauen; so zeigen etwa Greifvögel ihre kühnen Flugkünste.

Gegenüber des Isar-Eingangs zum Tierpark befand sich ein Radweg, in den Pollino

und Pollina mit ihren Fahrrädern einbogen.
Nach wenigen Metern erreichten sie das
rechte Isarufer, an dem sie entlang fuhren
in Richtung des Stadtzentrums von München. Dann gabelte sich der Radweg. Links
führte ein schmaler Steg zum »Flaucher«.
Damit ist eine Flussinsel in der Isar gemeint.
Auf dem »Flaucher« gibt es Kleingarten-
anlagen und einen schönen Spielplatz.
Besonders beliebt bei den Münchnern ist
der »Flaucher« wegen seines schönen
Biergartens. Doch dafür war es zu früh.
Es war Vormittag, und die Geschwister ver-
spürten weder Durst noch Hunger. Sie
wählten die rechte Abzweigung und radelten an der Isarinsel vorbei. Pollino dachte
noch an seine Mütze, die jetzt irgendwo auf
dem Fluss trieb. Hatte sie die Stadt schon
hinter sich gelassen, oder hatte sie sich an
einem Ast am Ufer eingehakt …? Pollina
war eine gute Radlerin, und Pollino musste
sich beeilen, um mit seiner Schwester
mitzuhalten. Die Geschwister flitzten unter
der stark befahrenen Brudermühlbrücke
hindurch.

Das Elefantenhaus

Plötzlich sah Pollino, wie ein Gegenstand
nach dem anderen aus Pollinas Rucksack
purzelte. »He, Pollina, halt an! Dein Rucksack ist offen!«, schrie Pollino seiner Schwester zu. Gekonnt legte Pollina eine Vollbrem-
sung hin. Sie stieg ab und erkannte, dass
sich der Verschluss des Rucksacks geöffnet
hatte. »Dass kommt davon, wenn man so
rast!«, nörgelte Pollino. Dabei hob er Pollinas
Notizbuch auf und reichte es seiner Schwester. Pollina war gerade dabei, den Geister-
Plan in die Hand zu nehmen, da trieb ein
Windstoß ihn weg.

Pollino lachte: Das erinnerte ihn an eine
Szene aus einem Film mit Charlie Chaplin.
Der Wind hatte sich schnell gelegt. Doch
genau in dem Moment, als Pollina zum
zweiten Mal nach dem Plan greifen wollte,
ließ ein weiterer Windstoß das Blatt erneut
durch die Luft segeln. Wie ein losgerissener,
kleiner Drache landete der Geister-Plan
schließlich in der Isar und schwamm davon.
Da verging selbst Pollino das Lachen. »Sag
mal, befinden wir uns immer noch in den
Isarauen?«, wandte er sich mit trockener
Kehle an seine Schwester. Die nickte sprachlos: »Komm, lass uns von hier verschwinden!«, drängte Pollina. Mit hohem Tempo
bogen sie dann vor der Eisenbahnbrücke
bei einem Kiosk rechts ab und folgten
dem Radweg am schönen Entenweiher vorbei Richtung Teutoburger Straße. Nun
achteten sie streng darauf, nebeneinander
zu fahren.

Giesing

Die Teutoburger Straße führt euch in den Stadtteil Giesing. Wie Thalkirchen war auch Giesing früher ein Dorf. Bereits 500 Jahre vor Christi Geburt haben Menschen diese Gegend besiedelt. Im 8. Jahrhundert nach Christus lebte hier ein Bajuware namens Kyeso mit seinem Stamm. Und der verlieh dem Stadtteil seinen Namen, denn »Giesing« hieß ursprünglich »Kyesinga«, was so viel wie »bei Kyeso und seinen Leuten« bedeutet. Nur wenig später wird »Kyesinga«, also Giesing, in einer Urkunde erstmals erwähnt. Darin wird festgehalten, dass der erste Priester von Giesing, ein gewisser »Icho«, seine Pfarrgemeinde »Kyesinga« dem Freisinger Bischof zum Geschenk machte. Die Urkunde wurde in der Amtszeit des Bischofs zwischen 790–808 ausgestellt.

Damit ist Giesing eine der ältesten Siedlungen in ganz Bayern und viel älter als die Stadt München. Kein Wunder, denn Giesing liegt auf einer Anhöhe, ungefährdet vom Hochwasser der Isar. Bauernfamilien wurden hier ansässig. Die begehrtesten Plätze waren natürlich diejenigen weit oben, rund um die Kirche Heilig Kreuz, die den Giesinger Berg krönt. Landhäuser bauten sich in Giesing im 15. Jahrhundert auch wohlhabende Patrizier aus München.

Am Hang und auch unten im Wiesengrund, in der Nähe der Isar, entstanden um Ende des 18. Jahrhunderts so genannte Herbergen. Diese Herbergen boten Wohnraum für ärmere Familien, die meist vom Land zugezogen waren. Sie hofften in der Stadt auf Arbeit. Die Bürger Münchens sahen diesen Zustrom von »Besitzlosen«, wie die armen Zuwanderer auch genannt wurden, mit Besorgnis. Sie befürchteten, dass die »Auswärtigen« den städtischen Handwerkern die Arbeit wegnehmen würden. Deshalb verbot der Stadtrat allen armen fremden Bauern, Arbeitern und Handwerkern, sich innerhalb der Stadtmauern Münchens anzusiedeln.

Arme Zuwanderer wurden in München nicht geduldet.

**So sah es um 1910
in Giesing aus.**

Pollino und Pollina radelten von der Teutoburger Straße über den Hans-Mielich-Platz in die Cannabichstraße. Pollina hielt auf einer Brücke an: »Siehst du die Häuser auf der linken Seite des Baches. Das waren früher **Herbergshäuser**. In jedem Haus gab es mehrere Wohnungen. Eine Wohnung bestand aus zwei Räumen und war nicht größer als 30 Quadratmeter. In den winzigen Zimmern lebten Familien mit bis zu vier Mitgliedern. Im ganzen Haus war kein Klo, und der Müll sowie die Abwässer wurden einfach in den nahe gelegenen

Mühlbach gekippt.« Das muss hier ganz übel gerochen haben, überlegte Pollino. »Und stell dir vor. Erst als Giesing im Jahr 1854 von der Stadt München eingemeindet wurde, durften die Maurer, Schreiner, Dachdecker, Arbeiter und kleinen Händler in Giesing endlich frei entscheiden, wo sie in der Stadt wohnen und arbeiten wollten«, fügte Pollina an.

Oben auf dem Giesinger Berg erkennt ihr die **Heilig-Kreuz-Kirche**. Wie alt diese Kirche eigentlich ist, weiß niemand so genau. Angeblich stellten bereits im 7. Jahrhundert Mönche aus Irland ein Missionskreuz auf den Giesinger Berg. Später wurde an dieser Stelle eine kleine hölzerne Kirche

errichtet, die um 1200 durch ein Gotteshaus aus Stein ersetzt wurde. Mitte des
19. Jahrhunderts bauten die Giesinger die
Heilig-Kreuz-Kirche so, wie sie heute vor
euch steht. Ähnlich wie bei der Frauenkirche
nahmen auch bei dem Bau dieser Kirche
die Bürger das Projekt selbst in die Hand.
Die Einwohner des Stadtteils brachten den
Großteil der Baukosten auf und sorgten
dafür, dass die Heilig-Kreuz-Kirche vollen-
det werden konnte. Und wie stolz sie darauf waren, könnt ihr im Innern der Kirche
an den Inschriften ablesen. Am Hochaltar
steht zum Beispiel: »Diesen Hochaltar hat
der Rentner Carnot gestiftet und zwar mit
der Bestimmung, dass derselbe für alle
Zeit unverändert erhalten bleiben muss.«

Die Au

Ihr radelt jetzt wieder
auf demselben Weg
zurück zur Isar und
folgt erneut dem Rad-
weg am Fluss entlang.
In fast schnurgerader
Linie fahrt ihr an dem
Stadtteil Au vorbei. Lange Zeit war eine
größere Besiedelung dieses Gebietes wegen
der ständigen Hochwassergefahr nicht möglich. Vereinzelte Fischerhütten, ein paar
Mühlen und Bauernhöfe waren bis Anfang
des 15. Jahrhunderts die einzigen Gebäude
im Wiesengelände der Au. Das änderte
sich, als die Münchner begannen, die Isar
zu begradigen. Sie versahen den Fluss mit
Seitenkanälen und errichteten links und
rechts Kaimauern. Die letzte Hochwasserkatastrophe gab es in München im Jahr

1899. Seitdem scheint das wilde Tempera-
ment der Isar gezähmt.

Ein weiteres Problem, das die Münchner
mit der Isar hatten, war der Brückenbau.
Bei Hochwasser oder starker Strömung
war jede Isarüberquerung mit dem Floß
sehr gefährlich. Doch über Jahrhunderte
gab es nur eine einzige Brücke, die über
den Fluss führte. Seit Stadtgründer Herzog
Heinrich der Löwe die Isarbrücke in Ober-
föhring zerstörte und etwa da, wo heute
die Ludwigsbrücke steht, einen neuen
Übergang errichten ließ, wagte sich niemand an den Bau einer zweiten Brücke
über die Isar. Erst im 17. Jahrhundert führte
in der Nähe der Maximiliansbrücke ein
zusätzlicher Steg über den Fluss. Ende des
19. Jahrhunderts gab es dann immerhin
bereits sieben Brücken über die Isar und
heutzutage sind es 22 Straßen- und 3 Ei-
senbahnbrücken, die im Stadtgebiet
Münchens den Fluss überqueren. Dazu zählen auch die Reichenbachbrücke und die
Corneliusbrücke, unter denen ihr auf
eurer Isar-Tour hindurchfahrt. Von der Corneliusbrücke aus genießt ihr übrigens
einen schönen Blick in den Hof des Deutschen Museums, unserer übernächsten
Zwischenstation.

Das Karl-Valentin-Geburtshaus

*Pollino und Pollina machten einen Abste-
cher in die Zeppelinstraße. An der Hausnummer 41 stoppte Pollino und betrachtete
eingehend das Gebäude. Immer wenn ein
Hausbewohner hinter den Fenstern auftauchte, zuckte Pollina zusammen. »Kennst*

du hier jemanden?«, fragte Pollina »Ach, ich hätte ihn ganz gern kennen gelernt. In diesem Haus wurde Karl Valentin im Jahr 1882 geboren«, erwiderte Pollino. Er hatte von seinem Vater eine Schallplatte mit Aufnahmen des berühmten Münchner Komikers bekommen, die er wieder und wieder abgespielt hat. Auch Pollina gefielen die lustigen Spielszenen Valentins. Sie mochte vor allem Valentins Partnerin Liesl Karlstadt. Den einen oder anderen Gag hatten Pollino und Pollina sogar nachgespielt – mit Pollino als Karl Valentin und Pollina in der Rolle der Liesl Karlstadt.

»Karl Valentin hieß mit Familiennamen eigentlich Fey, sein Vorname war Valentin Ludwig«, berichtete Pollino, der ein richtiger Valentin-Experte war. Valentin wurde einmal von einem Reporter gefragt, was er bei der Geburt für einen Eindruck von der Welt hatte: ›Als ich die Hebamme sah, die mich empfing, war ich sprachlos. Ich hatte diese

Frau in meinem ganzen Leben noch nicht gesehen!‹, antwortete Valentin.« Pollina lachte und Pollino fuhr fort: »Dann folgte die Schulzeit: ›eine siebenjährige Zuchthausstrafe‹, wie Valentin dazu sagte. Seine liebsten Stunden waren Singen, Zeichnen und Turnen. ›Lieber hundertmal auf die Kletterstange, als einmal eine Rechnung ausrechnen‹, sagte er. Karl Valentin muss aber auch eine Strafe für seine Lehrer gewesen sein, die er mit seinen komischen Fragen und Antworten bestimmt zur Verzweiflung brachte.

Auf Wunsch seines Vaters erlernte Karl das Schreinerhandwerk. Aber im Jahr 1903 starb sein Vater und Karl musste gemeinsam mit der Mutter die Möbeltransportfirma seines Vaters leiten. Die Geschäfte liefen jedoch schlecht, und die Valentins waren gezwungen, die Firma aufzugeben. 1906 verkaufte die Familie auch das Wohnhaus und zog von hier weg. Doch dann ging's für Karl Valentin als Kabarettist aufwärts: Es kamen seine großen Erfolge mit Auftritten in München, Zürich, Wien und Berlin. Am Isartor gibt es ja sogar ein Karl-Valentin-Museum. Das habe ich mir für später aufgehoben.« »Und da geht deine ›Liesl‹ selbstverständlich mit«, erwiderte Pollina und gab ihrem Bruder einen lieben Stups auf die Nase. (Informationen über das »Valentin-Musäum« findet ihr im Kapitel »Museen«!)

Im Deutschen Museum

Die schmale Zenneckbrücke bringt euch auf die Museumsinsel und in den Innenhof des Deutschen Museums. Dort erwarten euch Meisterwerke der Technik und der Naturwissenschaften. Die Sammlungen des Museums sind so umfangreich, dass ihr gezwungen seid, eine Strecke von 16 Kilometern(!) zurückzulegen, um alle 17.000 Ausstellungsstücke sehen zu können.

Zu Beginn des 20. Jahrhunderts machte sich der Elektroingenieur Oskar von Miller daran, bedeutende Arbeiten aus den Bereichen Naturwissenschaft und Technik zusammenzutragen. Im Jahr 1903 gründete der Sammler einen Verein für ein Museum, um seine Stücke ausstellen zu können. Drei Jahre später wurde der Grundstein für das »Deutsche Museum« auf der Isarinsel in München gelegt. Doch es sollten weitere 19 Jahre vergehen, bis das Hauptgebäude fertiggestellt war und das »Deutsche Museum« 1925 eröffnet werden konnte.

Das Deutsche Museum liegt auf einer Isarinsel.

Tipp: *Macht zuerst einen Besuch im Museumsshop, der tolles Spielzeug, Bausätze, Modell- und Experimentierkästen aus den Bereichen Technik und Naturwissenschaften anbietet. Erkundigt euch vor allem nach den »Forscherbögen«. Auf diesen Bögen werden knifflige Fragen, Rätsel und Aufgaben zu vielen verschiedenen Themenbereichen, die ihr später im Museum finden werdet, gestellt. Ihr werdet sehen, dass ihr bei der Beantwortung und Lösung der »Forscherbögen« eine Menge Neues und Aufregendes aus der Welt der Technik und Naturwissenschaften erfahrt!*

Was gibt es alles zu sehen im »Deutschen Museum«? Es wäre sinnvoller, ihr würdet fragen, was es nicht zu sehen gibt. Denn vom MP3-Player bis zur Raumstation wird in dem Museum ein kompletter Überblick über die Geschichte (und auch Gegenwart) der Technik, der Industrie und der Naturwissenschaften geliefert. Wegweiser unterstützen die Suche nach den jeweiligen Ausstellungen. Es gibt auch Führungen, die euch die einzelnen Fachgebiete anschaulich vermitteln. Zahlreiche Modelle erleichtern das Verständnis schwieriger technischer Vorgänge oder wissenschaftlicher Verfahren. Und einige Versuche dürft ihr sogar selbst ausführen! Zudem sind historische Originalapparate und Maschinen ausgestellt, die zum Teil noch funktionieren.

Die über 17.000 Ausstellungsobjekte des Museums sind auf insgesamt acht Ebenen verteilt. Gleich nach dem Eingang geht ihr links an der Garderobe vorbei und folgt dem Wegweiser zur Abteilung **Bergbau**. Eine lange Wendeltreppe führt euch in das Untergeschoss in ein nachgebautes Bergwerk. Auf dem Rundgang durch ein Labyrinth von Schächten und Stollen bekommt

ihr einen hautnahen Eindruck davon, wie Erze, Kohle und Salz in der Vergangenheit abgebaut wurden. Ein modernes Steinkohlebergwerk zeigt euch, wie der Kohleabbau heutzutage funktioniert. Spannend ist auch das **Kinderreich,** wo Kinder von 3-8 Jahren mit ihren Eltern vieles erforschen können. Wieder im Erdgeschoss, trefft ihr in einer großen Halle auf Modelle und Nachbildungen von **Schiffen und Booten**. Besonders interessant sind das erste deutsche Unterseeboot von 1906 und die Tauchkugel, mit der die Gebrüder Piccard 1960 bis auf fast 11.000 Meter Meerestiefe tauchten.

*Während Pollino im Erdgeschoss der **Luftfahrt-Halle** die Kampfjets und Hubschrauber unter die Lupe nahm, hatte Pollina im ersten Zwischengeschoss eine Rakete entdeckt: »Ist das spannend!« Pollinas Blick wanderte die Rakete entlang über mehrere Stockwerke nach oben. Vor ihr erhob sich mit einer Länge von 14 Metern die erste Großrakete der Welt, die »A4«. Die Rakete wurde 1944 in Deutschland entwickelt. Pollina träumte oft von einer Reise zu den Sternen. Was gäbe sie nicht dafür, einmal in einer Rakete zu sitzen!*

Die Ausstellung von Verkehrsmitteln mit Dampflokomotiven, historischen Dreirädern und vielen Oldtimern hat das Deutsche Museum ins neue Verkehrszentrum verlegt. Es befindet sich in den ehemaligen Messehallen auf der Theresienhöhe.

Die Geschwister trafen sich im Erdgeschoss in der **Brücken- und Wasserbauabteilung** *wieder, wo es immer plätschert und man Staudämme auf und zu machen kann. »Ein Museum, in das ganze Brücken hineinpassen – Wahnsinn!« Pollina und ihr Bruder waren überwältigt. Sie bewunderten die 37 m lange, begehbare Brücke, die mitten durch den Raum führt und fühlten die Schwingungen beim darüber hüpfen.*
Pollino und Pollina setzten ihren Rundgang fort. Aus einem Nebenraum hörten sie Zuggeräusche und aufgeregte Kinderstimmen. Als die Geschwister in den Raum blickten, sahen sie zunächst nichts anderes als die Rücken von Erwachsenen und Kindern. Neugierig geworden, drängten sie sich durch die Menge. Vor ihnen befand sich eine riesige **Modelleisenbahn-Anlage***. Auf den Gleisen von fast 300 Metern Länge waren bis zu 22 Züge durch künstliche Landschaften und Städte unterwegs. Es grenzte an ein Wunder, dass es bei den vielen Schranken und Weichen nicht zu Zusammenstößen kam.*

In den nächsten Räumen waren zahlreiche Nachbildungen und Modelle zum **Tunnel- und Straßenbau** *aufgebaut. In der* **Ausstellung zum Deutschen Zukunftspreis** *vom Bundespräsidenten war sogar ein MP3-Player zu sehen. Der wurde in Deutschland erfunden und Polino konnte sich hier Musik in unterschiedlicher Qualität anhören. In der Ausstellung über* **Starkstromtechnik** *blitzte und donnerte es. In der Hochspannungsanlage wurden Blitzeinschläge in Gebäude nachgestellt. Einfach toll!*

Im **ersten Obergeschoss** des Deutschen Museums findet ihr weitere Objekte aus der **Luftfahrt**. Hier wird die technische Entwicklung aufgezeigt. Paradestücke der Sammlung sind unter anderem ein Kampfflugzeug aus dem Ersten Weltkrieg und ein Transportflugzeug aus dem Jahr 1932. In das Flugzeug könnt ihr hineingehen und einen Blick ins Cockpit mit seinen technischen Geräten werfen, die für heutige Augen eher einfach wirken. Wer sich für **Musikinstrumente** interessiert, kommt in einer gesonderten Abteilung auf seine Kosten. Instrumente aller Arten, aber auch seltsame Musikautomaten, die kleine Orchester ersetzen, sind hier ausgestellt.

Eine Rückkehr in die älteste Vergangenheit der Menschheitsgeschichte, aber auch ein Sprung in ihre entfernteste Zukunft ist im **zweiten Obergeschoss** des Museums möglich. Kennt ihr die **Höhlenmalereien** von Altamira in Nordspanien? Abbildungen von Bisons, Hirschkühen und einem Pferd wurden von Menschen in der Steinzeit auf die Felswände der Höhle von Altamira gemalt. Diese Höhle wurde im Münchner Museum nachgebildet. Die Liebhaber von technischen Baukästen aus den Materialien Holz, Stein, Metall und Kunststoff sollten unbedingt den Raum mit **Technischem Spielzeug** aufsuchen.

Doch jetzt »zurück in die Zukunft«! Den größten Platz auf diesem Stockwerk nimmt die Abteilung **Luft- und Raumfahrt** in Anspruch. Hier erfahrt ihr alles über Raumfähren, Satelliten, Raketen und welche Reisen bis jetzt damit unternommen wurden. Lasst euch nicht die Gelegenheit entgehen, einen Weltraumanzug einmal aus der Nähe zu betrachten!
Im **dritten Obergeschoss** des »Deutschen Museums« stehen in den Räumen der **Informatik und Mikroelektronik** Nachbauten der ersten programmgesteuerten elektronischen Rechenanlagen, kurz Computer genannt: Riesige Maschinen-Unge-

heuer aus den 40er und 50er Jahren des vergangenen Jahrhunderts. In der Ausstellung über **Agrar- und Lebensmitteltechnik** seht ihr, wie Zucker, Mehl, Milch, Butter, Bier und vieles andere mehr hergestellt oder verarbeitet wurden. Erstaunt werdet ihr feststellen, dass sich daran bei manchen Lebensmitteln über Jahrhunderte nicht viel geändert hat. In der Abteilung **Zeitmessung** ist so ziemlich jedes Gerät vorhanden, mit dem die Menschheit im Laufe der Geschichte die Zeit gemessen hat: Sonnenuhren, Wasseruhren, Sanduhren, mechanische und automatische Uhren, und so weiter und so fort. Toll ist eine Bechersonnenuhr aus dem Jahr 1602, die der Münchner Martin Purmann angefertigt hat.

Erschöpft erreichten Pollino und Pollina den **sechsten und letzten Stock** des Museums: endlich das **Zeiss-Planetarium!** Was sie da zu sehen bekamen, ließ sie ihre Müdigkeit schnell vergessen. Auf der Innenseite einer riesigen Kuppel von 20 Meter Durchmesser schuf ein computergesteuerter Projektor einen künstlichen Sternenhimmel. Neben der Sonne, dem Mond und den Planeten Merkur, Venus, Mars, Jupiter und Saturn strahlten 4.000 Sterne über den Köpfen von Pollino und Pollina. Sie meinten, durch den Weltraum zu schweben. Im modernsten Planetarium der Welt werden sogar Raumflüge nachgestellt! Um eine der spannenden Vorführungen miterleben zu können, besorgt man sich am besten gleich an der Information am Eingang des Museums eine Eintrittskarte.

Beeindruckende Erlebnisse bietet auch das **Forum am Deutschen Museum**. In den ehemaligen Kongresshallen des Deutschen Museums wurden drei Kinos mit Digitaltechnik eingerichtet, eines davon mit einer 20x12 Meter großen Leinwand und besonders steilen Zuschauerrängen. Fragt nach den speziellen Familienpreisen!

Um zum **Forum am Deutschen Museum** zu gelangen, müsst ihr den Innenhof des Museums verlassen und die Isar entlang bis zur Ludwigsbrücke gehen.

An der Ludwigsbrücke

Die **Ludwigsbrücke** steht heute an der Stelle, an der vermutlich die erste Münchner Brücke über die Isar führte. Heinrich der Löwe war es, der hier im Jahr 1157 für die Händler und Fuhrleute, die Salz transportierten, einen Übergang über die Isar geschaffen hat. Im Jahr 1288 wurde diese alte Brücke durch eine größere und stabilere ersetzt. Erst Ende des 18. Jahrhunderts bauten die Münchner hier die erste steinerne Isarbrücke. Doch dieser Vorgängerbau der heutigen Ludwigsbrücke wurde im Jahr 1813 vom Hochwasser der Isar zerstört. Dabei kamen 100 Münchner ums Leben, die von den Fluten mitgerissen wurden. Früher gab es auf der Isar auch Passagierverkehr. In der Nähe der Ludwigsbrücke befand sich bis zum Ende des 19. Jahrhunderts ein Hafen. Von hier konnten Passagiere auf so genannten »Ordinari-Flößen« flussabwärts transportiert werden. Jeden Montag und Donnerstag war Abfahrt. Die Reise führte in sechs bis sieben Tagen über die Isar nach Landshut und Deggendorf zur Donau und dann über Passau nach Wien. Die Ludwigsbrücke, so wie ihr sie heute seht, wurde erst in den Jahren 1934 bis 1935 errichtet.

Auf der Flussinsel befindet sich hinter der Ludwigsbrücke eine Brunnenanlage mit einer großen Bronzestatue in der Mitte. Der fast drei Meter hohe, bärtige Riese stellt den größten deutschen Strom, den Rhein, dar. Der Riese ist die Hauptfigur des **Vater-Rhein-Brunnens**. Es war nicht einfach für »Vater Rhein«, den Weg hierher nach München zu finden. Die Statue stand ab 1902 in der Rhein-Stadt Straßburg, 17 Jahre später wurde sie von diesem Standort wieder entfernt. Im Jahr 1929 entdeckten Münchner die Vater-Rhein-Statue. Sie gefiel ihnen so sehr, dass sie sie gegen ein wertvolles Gemälde tauschten. Weitere zwei Jahre dauerte es, bis »Vater Rhein« hier neben der Isar endlich eine neue Heimat gefunden hatte.

Nur wenige Meter vom »Vater-Rhein-Brunnen« entfernt liegt das **Müller'sche Volksbad**. Das erste öffentliche Hallenbad Münchens mit seinem weißen Uhrturm hat eine prachtvolle Innenausstattung im Jugendstil, die es zu einem der schönsten deutschen Bäder macht. Das Bad ist von einer Kuppel überdacht, durch die viel Licht in den Raum dringt.

Vom Stadtteil Haidhausen durch den Englischen Garten nach Schwabing

Haidhausen

Über die Straße »Am Gasteig« und die Preysingstraße kommt ihr in den Stadtteil Haidhausen. Wie Giesing war auch Haidhausen ein kleines Dorf, bevor es von München im 19. Jahrhundert eingemeindet wurde. Im Jahr 808 wurde erstmals ein Ort namens »Heidhusir« genannt. Daraus entwickelte sich »Haidhausen« was, wie der Name verrät, Häuser auf der Heide bedeutet. Später wurde dieses Dorf wegen seiner Ziegeleien bekannt, die das Baumaterial für die Frauenkirche und die Stadtmauern lieferten. In Haidhausen siedelten vor allem einfache Handwerker, Gelegenheitsarbeiter – und früher auch zahlreiche Bettler. Wie in Giesing gab es auch in diesem Stadtteil Herbergen. In der Preysingstraße befindet sich noch eine dieser alten Haidhauser Herbergen aus dem 18. Jahrhundert. Im **Üblacker-Häusl**, Hausnummer 58, ist mittlerweile ein Museum untergebrach. Es zeigt, wie Herbergshäuser eingerichtet waren. Das Mobiliar stammt aus dem späten 19. Jahrhundert.

Pollino und Pollina rasten auf ihren Rädern wieder zurück zur Isar. Am »Müller'schen Volksbad« bogen sie rechts ab und fuhren die Isar entlang. Mitten im Fluss konnten sie die Praterinsel sehen. Auf diese kleine Insel hatten sich früher die Franziskaner Mönche zurückgezogen, um in aller Ruhe beten und über religiöse Fragen nachdenken zu können. Heute lockt auf der »Praterinsel« das Alpine Museum Bergbegeisterte Besucher an. Die Geschwister durchquerten die Maximiliansanlagen. In der Parkanlage halten sich im Sommer vor allem Spaziergänger und Radlfahrer auf. Im Winter jedoch wird die Anhöhe kurzerhand in eine Rodelbahn umfunktioniert.

»Siehst du den Engel dort?«, keuchte Pollina, nachdem sie eine Anhöhe hinauf gefahren war und an der Luitpoldbrücke zum Stehen kam. »Das ist der Münchner Frie-

densengel. Die vergoldete Engelsstatue ist sechs Meter hoch und steht auf einer 23 Meter hohen Säule. In seiner rechten Hand trägt der **Friedensengel** einen Palmzweig,  und in der linken Hand hält er die Statue der Pallas Athene, der Göttin des besonnenen Kampfes. Die griechische Göttin ist mit Helm, Schild und Lanze bewaffnet.« »Und was ist das ›Friedliche‹ an dem Engel?«, erkundigte sich Pollino. »Diese Göttin ist gleichzeitig die Göttin der Weisheit, und es gibt doch wohl nichts Weiseres, als in Frieden mit anderen Völkern zu leben. Mit dem Friedensengel wollten die Münchner dem Frieden ein Denkmal setzen«, erzählte Pollina. »Die Statue wurde 1897 in Bronze gegossen und zwei Jahre später eingeweiht. Seit dem Krieg mit Frankreich in den Jahren 1870-1871 waren schon etliche Jahre vergangen, ohne dass es zu weiteren Kriegen gekommen war.« Bevor die Geschwister weiterradelten, genossen sie von der Aussichtsterrasse unter dem Friedensengel den herrlichen Blick auf die Luitpoldbrücke und die Prinzregentenstraße.

Der Friedensengel
erstrahlt im Sonnenlicht.

Die **Luitpoldbrücke** wurde 1891 als  Eisenbrücke erbaut. Prinzregent Luitpold hatte sie anlässlich seines 70. Geburtstages der Stadt geschenkt. Nachdem die erste Luitpold-Brücke bei einer Hochwasserkatastrophe zerstört worden war, beschlossen die Münchner Brückenbauer, statt Eisen diesmal Stein als Baumaterial zu verwenden. Im Jahr 1901 war die neue Luitpold-Brücke fertiggestellt. Die **Liegefiguren** auf der Brücke stellen die Regionen Bayerns dar. Der Schnitter steht für Altbayern, der Fischer für Franken, die Frau mit dem

Schild für das bayerische Schwaben, und schließlich die Frau mit den Tauben für die Pfalz, die einst auch zu Bayern und zum Herrschaftsgebiet der Wittelsbacher gehörte.

Über die Luitpoldbrücke führt die Prinzregentenstraße, eine der Prachtstraßen Münchens. Prinzregent Luitpold hatte ursprünglich im Sinn, diese Straße durch weite Parkanlagen zu führen. Doch daraus wurde nichts. Große Museen von höchstem Rang befinden sich entlang der Prinzregentenstraße. Nur wenige hundert Meter trennen das Bayerische Nationalmuseum und das Haus der Kunst. Die Münchner bezeichnen die Prinzregentenstraße und ihre Umgebung auch als ihre »Museumsmeile«.

Der Englische Garten

Pollino und Pollina radelten auf der Prinz-regentenstraße am Bayerischen National-museum vorbei zum »Haus der Kunst«. Hinter dem großen Gebäude, in dem wichtige Kunst-Ausstellungen stattfinden, bogen sie in den berühmten »Englischen Garten« ein. Was hatten die Geschwister darüber nicht alles gehört und gelesen: der schönste Englische Garten der Welt, eine Art »Mini-Zoo« mit vielen Vogel- und Wildtierarten, Heimat der Münchner Jogger und Sonnenanbeter. »Hier wird sogar gesurft«, sagte Pollino, als sie in gemäßigtem Tempo die ersten Meter im »Englischen Garten« zurücklegten. Die Geschwister erreichten einen Wasserfall, an dem sich zwei breitere, aber schnell fließende Bäche kreuzen.

Im Wasser tummelten sich Buben und Mädchen, die sich kreischend gegenseitig vollspritzten. Weiter vorne versuchte tatsächlich jemand, eine Stromschnelle auf seinem Surfbrett zu meistern. »Achtung, Bombe!«, rief eine Stimme hinter Pollino und Pollina. Im letzten Moment konnten sie einem Jungen ausweichen, der zwischen ihnen hindurchpreschte und sich in den Bach platschen ließ. Pollina war tropfnass. Der Junge tauchte wieder auf und sah, was er angerichtet hatte. »Oh, Mist!«, sagte er. »Tut mir Leid. Ich hätte nicht gedacht, dass so viel Wasser bis zu dir hinaufspritzt.« Er stieg aus dem Wasser, nahm ein Badetuch, das auf der Wiese lag, und reichte es Pollina. Der Junge schien etwas älter als Pollino und Pollina und war vor allem eins: wesentlich dicker.

**Der Englische Garten – ein
Stück Natur mitten in der Stadt**

Wasser-Bomben-Thomas

»Bei meinem Umfang bin ich zum Spezialisten für ›Wasser-Bom-ben‹ geworden«, grinste der Junge und tätschelte seinen Bauch. »Na ja, und heute habe ich scheinbar besonders viel geladen. Bei uns zuhause gab's zu Mittag Kaiserschmarrn mit Apfelmus – mein Lieblingsgericht! Hör zu: Ich lade dich und deinen Kumpel als kleine Wiedergutmachung zum Eis ein, okay? Bitte verzeih mir!« Der Junge kniete vor Pollina auf der Wiese und hob die Hände. Er sah aus wie ein Bittsteller vor einer Kaiserin. Pollina guckte unter dem Badetuch, mit dem sie sich die Haare abrubbelte, hervor und muss-te bei diesem Anblick unwillkürlich lachen. Das sah ein-fach zu komisch aus! Auch Pollino kicherte. Er fand Thomas schon sympathisch, als er das Vereinsemblem von Bayern Mün-chen auf dessen Badetuch erkannt hatte. Auch Pollino war ein Anhänger der Münchner Fußballmannschaft, und Bayern-Fans halten immer zusammen!

»Kommt mit, ich habe dort drüben meine Sachen liegen. Da habe ich auch ein trockenes T-Shirt für dich und eine Turnhose. Ich brauche ja auch öfter mal eine zweite Garnitur. Die kannst du haben, während deine nassen Klamotten zum Trocknen auf dem Gebüsch hängen. Übrigens: Ich heiße Thomas«, stellte sich der Junge vor. Pollina nahm die ihr etwas zu weiten Kleider von Tho-mas und zog sich hinter einem dichten Strauch um. Dann gesell-te sie sich zu Thomas und Pollino, die auf der Wiese lagen und sich sonnten. »Ich komme fast jeden Nachmittag in den ›Engli-schen Garten‹«, sagte Thomas.

»Von unserer Wohnung in Schwabing hierher ist es nur ein Kat-zensprung. Meine Eltern, meine Schwester Doris und ich, wir sind alle Mitglieder des ›Vereins der Freunde des Englischen Garten‹. Da kümmern wir uns um die Vögel, Pflanzen und Bäume des Parks. Später möchte ich mal Tierarzt werden. Ich weiß auch schon, wo ich studieren werde. Nicht weit von hier befindet sich die tiermedizinische Fakultät der Münchner Uni-versität. Als sie 1790 am ›Englischen Garten‹ gegründet wurde, hieß sie noch ›Vieharzneischule‹. Noch immer werden dort Tiere verarztet. Einmal durfte ich mit meinen Eltern in das ›Tier-Krankenhaus‹. Da wurde gerade ein Pferd am Bein operiert – Mensch, war das aufregend!

Bevor es die Anlage gab, war hier alles nur Sumpfgebiet. Der Eisbach und die anderen Bäche überschwemmten immer wieder das Gelände. Pflanzen und Bäume verwuchsen zu einem wilden, undurchdringlichen Gestrüpp. Das war natürlich die ideale Heimat für alle Arten von Vögeln und Wild, die sich hier ungestört niederlassen konnten. Etwas weiter im Norden gab es große Hirschrudel. Die hatten es allerdings weniger gut: Die bayerischen Fürsten veranstalteten in der ›Hirschau‹, wie dieser Teil des ›Englischen Gartens‹ bis heute genannt wird, groß angelegte Jagden. Ende des 18. Jahrhunderts kam dann ein gewisser Graf von Rumford auf die Idee, hier einen ›Englischen Garten‹ anzulegen.

Dabei war der Graf eigentlich kein Graf, denn er hieß mit bürgerlichem Namen Benjamin Thompson. Er war Amerikaner und stand in Diensten von Kurfürst Karl Theodor. Graf Rumford schlug vor, einen Militärgarten anzulegen, in dem die Soldaten

ihr eigenes Obst und Gemüse anpflanzen. Der Kurfürst könnte dadurch nicht nur eine Menge Geld bei den Verpflegungskosten sparen. Die Soldaten würden sich auch im Festungsbau üben, wenn sie die Beete mit kleinen Wällen umgeben. Graf von Rumford plante den Militärgarten nahe an der Stadt, denn er sollte den Münchner Bürgern auch zum Spazierengehen geöffnet werden.

Für die Anlage des Gartens stellte der Kurfürst sein Hirschgehege links der Isar zur Verfügung. Das Gelände wurde durch den Kauf mehrerer Grundstücke vergrößert. Aber wie sollte dieser Militärgarten aussehen? Graf von Rumford beriet sich mit dem Gartenarchitekten Ludwig von Sckell, der in England eine Ausbildung zum Gartenbaumeister gemacht hatte. Dort gab es bereits ›Englische Gärten‹, das heißt Parkanlagen, in denen Wiesen, Pflanzen und Bäume wie in freier Natur wachsen konnten. Der Gartenarchitekt konnte Graf von Rumford von seinen Ideen des Schönen und Natürlichen überzeugen.

1789 wurde mit den Arbeiten am ›Englischen Garten‹ begonnen. Die Soldaten legten das Sumpfgebiet trocken und setzten neue Pflanzen und Bäume. Mit Brücken und Wegen wurde die Gartenanlage begehbar gemacht. Zur Unterhaltung der Parkbesucher entstanden entlang der Wege künstliche Grotten, Tempel und exotische Bauten wie etwa der Chinesische Turm. Zudem wurden Schulen errichtet, in denen Jungbauern alles über die Landwirtschaft beigebracht wurde. Und die ›Vieharzneischule‹ – aber das habe ich euch ja bereits erzählt! Der Graf und der Landschaftsarchitekt ließen die Soldaten Tag und Nacht schuften. Eine Militärkapelle trieb sie zur Arbeit an, und wenn's dunkel wurde, haben die Bauherrn für künstliche Beleuchtung gesorgt. Nach der Rekordzeit von knapp drei Jahren konnte der Garten 1792 feierlich eröffnet werden. Allerdings hieß er damals noch nicht ›Englischer Garten‹, sondern ›Karl-Theodor-Park‹. Noch waren die Gartenanlagen ja in erster Linie für das kurfürstliche Militär bestimmt.

Der englische Garten – Treffpunkt auch für Kinder und Jugendliche

Bis Anfang des 19. Jahrhunderts wurde der Park stetig vergrößert. Ein gewisser Oberst Freiherr von Werneck hat Graf von Rumford abgelöst. Der neue Garten-Direktor erweiterte den ›Englischen Garten‹ um fast das Doppelte und sorgte unter anderem dafür, dass der Kleinhesseloher See angelegt wurde. Aber der eigentliche Schöpfer der Gartenanlagen war Ludwig von Sckell. Ihm ist es hauptsächlich zu verdanken, dass aus dem Militärgarten mit der Zeit ein richtiger ›Volksgarten‹ für alle Münchner wurde: große und kleine, dünne und dicke!«, kicherte Thomas. »Nach dieser sehr ausführlichen Lehrstunde in Sachen ›Geschichte des Englischen Gartens‹ haben wir uns ein Eis aber mehr als verdient!« Pollina stand auf und prüfte, ob ihre Kleidungsstücke schon trocken waren. »Alles paletti!«, meinte sie und zog sich wieder hinter den dichten Strauch zurück. Thomas fuhr mit seinem Radl vor Pollino und Pollina her und führte sie zum Monopteros. Dort stand ein Eisverkäufer hinter einem kleinen Eis-Wagen, den viele bunte Luftballons schmückten.

Der Chinesische Turm – Eisschlecken am Monopteros

Das **Japanische Teehaus** war ein Geschenk der Japaner zu den Olympischen Sommerspielen, die 1972 in München stattfanden. Das Teehaus wurde in Japan gebaut. Um es im Flugzeug nach München transportieren zu können, haben es japanische Handwerker in viele Einzelteile zerlegt und nach der Landung in München im »Englischen Garten« wieder aufgebaut. In dem Teehaus könnt ihr lernen, wie Tee in Japan zuberei-

Radlausflug zum Kleinhesseloher See

ein Chinesischer Turm, der in einem Botanischen Garten bei London stand. Im Sommer wird der Turm zu einem der beliebtesten Treffpunkte der Münchner. Denn hier gibt's einen schattigen Biergarten, in dem bis zu 7.000(!) Menschen Platz finden. Daneben befindet sich das älteste Kinderkarussell Münchens. Ein automatischer Leierkasten liefert die Musik für die Fahrt in einer schön verzierten Kutsche oder auf einem exotischen Tier. Das Karussell wurde im Jahr 1913 gebaut und ist schon seit fast einem Jahrhundert das Lieblingskarussell der Münchner Kinder.

Nur wenige Schritte vom Karussell entfernt steht das **Rumford-Haus**. Früher vergnügten sich darin Offiziere beim Glücksspiel, denn das Haus wurde im Jahr 1791 als »Offiziers-Spielcasino« errichtet. Heute hat die Stadt München das Gebäude Jugendlichen und Kindern als Freizeitzentrum zur Verfügung gestellt.

tet und serviert wird. Das ist recht kompliziert, denn dabei müssen strenge Regeln beachtet werden. *(Das Teehaus ist nur von April bis einschließlich Oktober geöffnet.)*

Vom »Eisbach« führt euer Weg durch den Englischen Garten zum **Monopteros**. Der Architekt Leo von Klenze hat den Monopteros im 19. Jahrhundert auf einem künstlich aufgeschütteten Hügel errichtet. Ganz im klassizistischen Baustil gestaltet, steht er da wie ein Tempel aus Griechenland oder dem antiken Rom. Vom »Monopteros« aus habt ihr eine wunderbare Sicht auf den Englischen Garten und die Silhouette der Stadt.

Über eine kleine Brücke erreicht ihr nun den **Chinesischen Turm**. Der 25 Meter hohe Turm wurde in den Jahren 1789–1790 als Aussichtsturm gebaut. Als Vorbild diente

Letzte Station im Englischen Garten ist der **Kleinhesseloher See**. Vom Seeweg habt ihr einen herrlichen Blick auf den 8,6 Quadratkilometer großen See mit seinen drei Inselchen. Tausende Enten und Wasservögel haben sich hier niedergelassen. Doch sie scheinen sich von den Tret- und Ruderbooten nicht sonderlich stören zu lassen. Wenn auch ihr Lust auf eine Bootsfahrt auf dem Kleinhesseloher See verspürt, könnt ihr beim Seehaus auf der gegenüberliegenden Uferseite ein Boot mieten.

Schwabing

Über die Gunetzrainer-brücke verlasst ihr den »Englischen Garten«. Ihr biegt rechts ab und fahrt die Feilitzsch-straße entlang. Vor euch liegt nun Schwabing, einer der berühmtesten Stadtteile Münchens. Aber, wie behauptete eine Gräfin zu Beginn des 20. Jahrhunderts: »Schwabing ist kein Stadtteil, Schwabing ist ein Zustand«. Über 100 Jahre, von der Mitte des 19. bis in die Mitte des 20. Jahrhunderts, zog Schwabing wie ein Magnet berühmte Künstler, Wissenschaftler und Politiker aus aller Welt an. Hier lebten unter anderem die Maler Franz Marc, Paul Klee und Wassily Kandinsky; die Schriftsteller-Familie Mann, der Dichter Rainer Maria Rilke, der Sozialwissenschaftler Max Weber und die Politiker Lenin und Trotzki. In diesen Jahrzehnten genoss Schwabing Weltruf und schrieb Geschichte.

Dabei war Schwabing ebenso wie Giesing oder Haidhausen ursprünglich nichts anderes als ein Dorf am Isarufer, von wenigen Bauern und Fischern besiedelt. Im 6. Jahrhundert nach Christus ließ sich hier ein »Swapo«, ein »Schwabe«, mit seiner Familie nieder. Nach ihm wurde das Dorf als »Suuapinga«, als Siedlung eines Schwaben, bezeichnet. Bereits im Jahr 782 wurde dieser Name, aus dem sich später das Wort »Schwabing« entwickelte, in einer Urkunde erwähnt. Das Dorf bestand damals aus mehreren kleinen Häusern, ein paar Bauernhöfen, einer Mühle und einer Dorfkirche. Im Ort soll es auch eine kleine Burg

gegeben haben. Ansonsten war Schwabing von Wiesen und Weiden umgeben.

In den nächsten Jahrhunderten wurde Schwabing sozusagen das erste Mal von den Münchnern »entdeckt«. Sogar einige der reichen Bürgerfamilien beschlossen, in das nahe gelegene Dorf umzuziehen. Mit der Nikolaikirche bekam Schwabing im 14. Jahrhundert eine große Kirche. Gleich daneben entstand das Siechenhaus, in dem Kranke mit ansteckenden oder unheilbaren Krankheiten gepflegt wurden. Mit der Zeit änderte sich das Aussehen des Dorfes. Die Nähe der Stadt garantierte den Bauern gute Einnahmen. Große Bauernhöfe entstanden und adelige Familien bauten kleine Schlösser.

Bis zum Ende des 18. Jahrhunderts war Schwabing aber weiterhin nur ein Dorf mit etwa 500 Einwohnern. Doch dann kam es zu einer regelrechten Bevölkerungsexplosion: von Jahr zu Jahr zogen immer mehr

Das Suresnes-
Schlösschen

Menschen nach Schwabing, vor allem Hofbedienstete, Künstler und Schriftsteller. Das Bild Schwabings änderte sich: In Schwabing entstanden prächtige Villen und Landhäuser. 1882 wurde in dem Ort die erste elektrische Straßenbeleuchtung eingerichtet, während in München noch Gaslaternen brannten. Als im Jahr 1887 das Dorf Schwabing zur Stadt erhoben wurde, lebten hier bereits 8.000 Personen. Drei Jahre später wurde Schwabing dann eingemeindet und zu einem Stadtteil Münchens.

Die Isar-Tour führt euch nun in die Werneckstraße, eine Querstraße der Feilitzschstraße. Hier steht noch eines der alten Schwabinger Schlösschen. Das **Suresnes-Schlösschen** gehörte dem Kabinettssekretär Franz Xaver Ignaz von Wilhelm. Seine Arbeit für den Kurfürsten war so gut bezahlt, dass sich der Sekretär in den Jahren 1715-1718 dieses Schlösschen errichten konnte. Der Name »Suresnes« geht zurück auf den Namen eines kleinen Schlosses in

Frankreich, in dem sich der Sekretär zusammen mit dem Kurfürsten Max Emanuel für einige Zeit aufgehalten hatte. In den 20er Jahren des vergangenen Jahrhunderts wohnte und arbeitete der berühmte Maler Paul Klee im »Suresnes-Schlösschen«.

Über die Werneckstraße *(Achtung Einbahnstraße, es ist besser abzusteigen und das Radl zu schieben!)* und die Nikolaistraße erreicht ihr den **Nikolai-Platz**. An diesem Platz befanden sich die Nikolaikirche und das Nikolaispital, die im Jahr 1898 allerdings abgerissen wurden. Beide Gebäude waren für Lepröse, das heißt an Lepra erkrankte oder an einer anderen schweren ansteckenden Krankheit leidende Menschen, bestimmt. Die Nikolaikirche, auch »Pest-Kirchl« genannt, war die Kirche des Spitals, in dem die Kranken versorgt wurden. Das Nikolaispital, oder auch »Siechenhaus«, wurde von den Einwohnern von München und Schwabing gestiftet. Es bestand seit mindestens 1386. Die Kranken durften Reisende um Almosen, also kleine Gaben, anbetteln. Ab und zu war es ihnen auch gestattet, zum Almosensammeln in die Stadt zu gehen. Dazu mussten sie große, auffällige Mäntel tragen und sich durch Schellen am Hals und hölzerne Klöppel in der Hand bemerkbar machen.

Pollino und Pollina schlenderten zu Fuß die Leopoldstraße entlang. Sie hatten sich entschlossen, ihre Räder zu schieden. Auf dem Radweg herrschte ein hektisches Gedränge. Warum auch Rad fahren? Zu einladend präsentierten sich die Eisdielen, Cafés, Imbissläden und Geschäfte, um daran einfach vor-

beizuradeln. In keinem anderen Stadtteil Münchens gab es eine derartige Vielfalt an Vergnügungs- und Einkaufsstätten. Ein kleiner Flohmarkt mit allerlei Krimskrams zog die Geschwister an.

Auf einer Decke lagen Micky-Mouse-Hefte und Schallplatten sowie Tongefäße wild durcheinander. Dazwischen guckten Zeichenblätter mit Karikaturen und witzigen Abbildungen hervor. Pollina nahm eine dieser Zeichnungen und musste lachen. »Der sieht genau so aus wie Wasser-Bomben-Thomas.

Findest du nicht?«, fragte sie Pollino und zeigte auf die lustige Figur eines übertrieben dick gezeichneten Jungen, der kurz vor dem »Platzen« stand. »Oh, ihr sprecht wohl von meinem rundlichen Bruder Thomas?«, fragte neugierig ein Mädchen, das auf Pollino und Pollina zutrat. Sie trug ein langes, mit vielen Blumen bunt bedrucktes Kleid und einen Sonnenhut. Die Geschwister erzählten von ihren Erlebnissen mit Thomas. »Typisch Thomas!«, kicherte das Mädchen.

Doris

»Ich bin Doris, seine bemitleidenswerte Schwester. Wenn ihr wollt, könnt ihr die Zeichnung haben. Sie stammt von meiner Mutter, die ist von Beruf Illustratorin. Das ist aber halb so schlimm, wie es sich anhört. Denn sie macht den ganzen Tag nichts anderes, als Karikaturen und Zeichnungen anzufertigen. – Aber wie siehst du denn aus?« Doris strich sanft über das von der Sonne gerötete Gesicht Pollinas. »Du brauchst dringend eine Sonnenschutzcreme. Komm mit!, in der Nähe unseres Hauses ist eine Apotheke, die haben bestimmt das Geeignete. Das Geschäft hier läuft heute sowieso nicht besonders, bei der Hitze denken alle nur an Eis oder 'ne erfrischende Cola.« Doris räumte schnell die Sachen in eine Tasche, rollte die Decke zusammen und machte sich mit Pollino und Pollina auf den Weg.

»Wir wohnen in der Hohenzollernstraße. Die ist gleich da vorne! Meine Familie hat die Wohnung von meinen Großeltern geerbt. Wir haben Glück, denn ansonsten müssten wir für eine solch große und schöne Wohnung sicherlich eine hohe Miete bezahlen. In Schwabing zu wohnen, ist nicht gerade preiswert. Vater sagt immer, wir sollten die günstige Marktlage ausnutzen und verkaufen. Er möchte gern aufs Land ziehen. In der Stadt nervt ihn vor allem der Verkehr, und dass er nie einen Parkplatz findet. Aber da solltet ihr mal meine Mutter hören! Die ist 100-prozentige Schwabingerin und möchte nirgendwo sonst wohnen.

Wenn sie vom Schwabing ihrer Kinderzeit erzählt, kommt Mama so richtig ins Schwärmen. Damals fuhren Brauereiwagen beladen mit Bierfässern durch die Straßen. Die Schwabinger Kinder rannten den Wagen hinterher und schnappten sich ein Stück Brucheis, das man zum Kühlen des Biers verwendete. Sie lutschten an dem Eis, um ihren Durst zu stillen.

Mama wurde von ihren Eltern auch immer mit einem Maßkrug zum Bierholen geschickt. Das machte ihr besonderen Spaß! An der Schänke gab's Typen, die abenteuerliche Geschichten erzählten. Ich glaube, viele von Mutters gezeichneten lustigen Figuren haben dort ihren Ursprung. Sie lief dann mit dem vollen Bierkrügl wieder nach Hause. Dabei musste sie bis zum dritten Stock nach oben, ohne etwas zu verschütten. Die ersten Male kam sie mit einem halbvollen Krug in der Wohnung an, und da konnte Opa ganz schön wütend werden.

Meine Eltern haben sich an der Uni in der Ludwigstraße kennen gelernt. Papa studierte erst Jura, um Rechtsanwalt zu werden. Dieses Studium hat er aber abgebrochen. Er kümmert sich viel lieber um die Probleme von Tieren als von gestressten Menschen. Er wurde Tierarzt. Und Mama, na ja, eigentlich Kunstgeschichte, aber sie sagt immer, die wahre Kunst kann man nur im Alltagsleben studieren. Deshalb war sie auch kaum im Unterricht und hielt sich viel lieber draußen auf, um die Menschen zu beobachten. Besonders gern besuchte sie den Englischen Garten, die Münchner Altstadt oder die Schwabinger Kneipen. Da begann sie zu zeichnen – damit das Leben, wie es heute ist, auch in Zukunft nicht vergessen wird, behauptet Mama. Sie hat ständig Angst, dass die echten Münchner Typen aussterben. Irgendwie landeten ihre Zeichnungen mal auf dem Schreibtisch eines Kinderbuch-Verlages. Seitdem arbeitet sie als Graphikerin und Illustratorin. Das Studium hat sie natürlich sausen lassen – nur Papa, den hat sie Gott sei Dank behalten!

So 'nen Job wie Mutter möchte ich nicht haben. Das wäre mir zu viel Chaos! Ihr solltet mal sehen, wie es in unserer Wohnung aus-

sieht. Überall liegen Zeichenblätter herum: im Wohnzimmer, im Badezimmer, in der Küche, manchmal sogar bei mir und Thomas! Mama hat ihr Atelier überall, und wo ihr etwas einfällt, muss sie es sofort aufmalen. Aber, was ich werden möchte... keine Ahnung! Dieses Jahr ist mein zweites Schuljahr am Gymnasium. Ich gehe auf das Sophie-Scholl-Gymnasium in der Karl-Theodor-Straße. Das ist auch hier in Schwabing. Das Gymnasium ist seit seiner Gründung 1929 ein reines Mädchengymnasium. Ist mir auch lieber so, denn wenn alle Jungs so nerven wie Thomas, dann ›Gute Nacht‹! Wisst ihr eigentlich, wer Sophie Scholl war?

Die Geschwister Scholl stammten eigentlich aus Ulm und studierten an der Münchner Universität. Sie wohnten nicht weit von hier, in der Franz-Joseph-Straße 18. Sophie und ihr Bruder Hans waren Mitglieder der ›Weiße Rose‹. Unter diesem Namen versammelte sich seit 1942 eine Gruppe von Widerstandskämpfern gegen Hitler und die NSDAP. Sprüche wie »Nieder mit Hitler!« und ›Freiheit!‹ schrieben sie an die Wände der Uni und verteilten Flugblätter. Darin erklärten sie ihre Ideen für ein besseres Deutschland. Im Februar 1943 zeigte der Hausmeister der Universität Sophie und Hans an. Die beiden wurden verhaftet und wenig später hingerichtet. Eine traurige Geschichte, aber irgendwie macht sie trotzdem Mut, sich nicht alles gefallen zu lassen. Vielleicht sollte ich Papas eigentlichen Berufswunsch, Anwalt zu werden, doch verfolgen. Dann könnte ich gegen die Ungerechtigkeiten in der Welt kämpfen!

Sophie und Hans Scholl studierten in München. Auf dem Foto ist auch ihr Kamerad Christoph Probst (rechts) zu sehen.

So, jetzt sind wir da! Dort oben im dritten Stock wohne ich!« Doris zeigte auf ein Gebäude in der Hohenzollernstraße. Dann führte sie Pollino und Pollina ein paar Häuser weiter in eine Apotheke. Doris kannte die Apothekerin und bekam auch prompt *die beste Creme gegen Pollinas Sonnenbrand. Vor der Apotheke verabschiedete sich Doris von Pollino und Pollina. Sie gab ein paar Tipps, was sich die Geschwister in Schwabing noch ansehen sollten. Später könnten sie sich im »Englischen Garten« am Klein-hesseloher See wieder treffen, meinte Doris, und eine kleine Bootsfahrt unternehmen. Auch Thomas würde sich oft am See herumtreiben, und dann könnten sie zu viert rudern. Das heißt, natürlich würden die Jungs rudern und die Mädchen am Steuer sitzen, sagte Doris mit einem Augenzwinkern in Richtung Pollina. Ihre Isar-Tour endete sowieso im »Englischen Garten«, und gegen eine Bootsfahrt hatten Pollino und Pollina nichts einzuwenden.*

Die Leopoldstraße endet an der **Münchner Freiheit**. Dieser große Platz trägt sei- 18 nen Namen in Erinnerung an die bayeri-schen Widerstandskämpfer gegen die Dik-tatur der NSDAP. Im Stadtteil Schwabing wohnten und versteckten sich zahlreiche Widerstandskämpfer, unter anderem eben auch die Geschwister Scholl. Früher hieß dieser Platz noch Feilitzschplatz, aber für die Schwabinger war er ihr »Stachus«. Als hier noch die Straßenbahn verkehrte, kün-digten die Schaffner den Platz mit »Schwa-binger Stachus« an. Mittlerweile befinden sich unter der »Münchner Freiheit« eine U-Bahn-Station und zahlreiche Geschäfte. Wer Lust auf Eis oder leckere Kuchen hat, findet in den Cafés und Eisdielen am Platz bestimmt das Richtige.

Die Isar-Tour nähert sich ihrem Ende. Ihr radelt die Haimhauserstraße entlang bis zur Biedersteiner Straße. Dort steht die **Kirche Sankt Sylvester**. Diese Kirche entstand 19 aus einer im 12. Jahrhundert errichteten Dorfkirche. Später wurde sie der heiligen Ursula geweiht. Die heilige Ursula haben

vor allem die Flößer und Schiffer der Isar als Schutzpatronin verehrt, und von den Schifffahrtsleuten wohnten damals viele in Schwabing. Die Kirche Sankt Ursula wurde mehrfach umgebaut. Unter anderem hat man den Kirchturm von 12 auf 44 Meter erhöht. Im 20. Jahrhundert bekam das alte Gotteshaus mit einem Zwischenbau und dem angefügtem achteckigen Kirchenbau ein vollkommen neues Aussehen. Auch ihr Name hat sich geändert: Von nun war ihr Hauptpatron der heilige Papst Sylvester.

Die Kirche Sankt Sylvester birgt große Kunstschätze.

Der Heilige gilt als Helfer bei Pferde- und Rinderkrankheiten. Im reich dekorierten Innenraum der alten Kirche ist der barocke Hochaltar mit seinen zwei großen Statuen sehenswert: Sie stellen den heiligen Papst Sylvester und den heiligen Benno dar. Kunstvoll sind auch die Heiligenfiguren an den Seitenwänden, wobei die Statuen der heiligen Elisabeth und des heiligen Nikolaus an der rechten Wand hervorstechen. Sie wurden im Jahr 1647 für die Nikolaikirche angefertigt. Zwischen dem alten und neuen Kirchenbau könnt ihr über dem Bogen zur Taufkapelle kleine Statuen von 14 Nothelfern sehen. Auch sie stammen aus der alten Nikolaikirche.

Pollino und Pollina kehrten über die Gunetzrainerbrücke wieder in den »Englischen Garten« zurück. Sie radelten zum **Kleinhesseloher See** *und hofften, dort Doris oder Thomas zu treffen. Aber keiner von beiden war zu sehen. Pollina erinnerte sich, dass Doris den Bootsverleih beim Seehaus erwähnt hatte. Als die Geschwister das Seehaus erreichten, tauchte Doris hinter einer Ecke auf und winkte ihnen zu. »Hier lang«, sagte sie, »das Boot liegt schon im Wasser!« Pollino und Pollina stellten ihre Fahrräder ab und stiegen mit Doris ins Boot. Ein*

kräftiger Stoß mit dem Ruder, und das kleine Boot legte ab. »He, Moment mal, ich will auch noch mit!«, rief »Wasser-Bomben-Thomas« und sprang zu den anderen ins Boot. Beinahe wären sie alle ins Wasser gestürzt, so heftig begann das Boot zu schaukeln.

Aber Thomas war nicht nur dick, sondern auch kräftig und legte sich mächtig ins Zeug. Er bediente das eine Ruder, Pollino das andere. Die Mädchen genossen die Sicht auf den Kleinhesseloher See mit seinen Inseln – ganz so, wie Doris es vorausgesagt hatte! Die Königsinsel, die größte der drei Seeinseln, kam immer näher. »Macht mal langsam!« Pollina beugte sich über das Boot und fischte zwei triefende Gegenstände aus dem Wasser. »Das gibt's doch nicht«, meinte sie verblüfft, »das ist doch deine Mütze, Pollino! Und das hier ist der Geister-Plan!«

»Geister-Plan? Wer hat euch denn den Käse aufgetischt!« Thomas erhob sich von seinem Platz und betrachtete belustigt das Blatt Papier. Pollino und Pollina wollten gerade von ihren unheimlichen Erlebnissen berichten, als das Boot einen dicken Ast rammte, der vom nahen Ufer herüberragte. Abrupt blieb das Boot stehen. Thomas konnte nun keinen Halt mehr finden und fiel laut platschend in den See. Doris, Pollino und Pollina kugelten sich vor Lachen. Sofort schnappte sich Pollina den Geister-Plan, faltete ihn zusammen und verstaute ihn in ihrem Rucksack. Mit einem vielsagenden Blick gab sie Pollino zu verstehen: Jetzt haben wir die Isar-Geister auf unserer Seite!

Übersichtsplan:
Schloss und Park Nymphenburg

Botanischer Garten

Pagodenburg

Magdalenen-
klause

Museum
"Mensch
undNatur"

Schlosspark

Palmengarten

Schloss

Marmor-
kaskaden

Nymphenburger Kanal

Apollotempel

Gartensalettchen

Amalienburg   Hexen-
häuschen

Marstall-
gebäude

Badenburg

Anreise mit
öffentlichen Verkehrs-
mitteln: Das Schloss
ist zu erreichen mit der
U-Bahn bis zur Halte-
stelle »Rotkreuzplatz«,
dann weiter mit der
Straßenbahn-Linie 12.

Vom Hauptbahnhof
bringt euch die Tram-
Linie 17 zum Schloss
Nymphenburg.

Ausflug nach Schloss Nymphenburg

Ein Märchenschloss in München

Das Schloss

Das Schloss Nymphenburg gehört zu den größten Barockschlössern in Deutschland. Die riesige Schlossanlage wurde im 17. und 18. Jahrhundert errichtet. Erinnert ihr euch noch an den Namen Henriette Adelaide von Savoyen, die Ehefrau von Kurfürst Ferdinand Maria? Die Kurfürstin veranlasste aus Dank für die Geburt des lang ersehnten Thronfolgers Maximilian II. Emanuel den Bau der Theatinerkirche. Aber auch ihr Gatte, der Kurfürst, zeigte sich großzügig: Er schenkte seiner Gattin Henriette Adelaide ein Landhaus mit großem Garten. Ende des 17. Jahrhunderts ließ die Kurfürstin das Landhaus von ihren Architekten Borelli und Zuccalli zu einer Sommerresidenz ausbauen. Aus diesem kleinen Schloss, dem heutigen Mitteltrakt, entwickelte sich dann die weiträumige Schlossanlage Nymphenburg: Die Fassade des Gebäudes erstreckt sich über 635 Meter!

Schloss Nymphenburg – eines der größten Barockschlösser Deutschlands

Vor Schloss Nymphenburg befindet sich der Ehrenhof in Form eines großen Rondells. Kurfürst Karl Albrecht ließ den Ehrenhof im Jahr 1728 anlegen. Um das »Große Rondell« sind zehn Pavillons angeordnet, in denen die Bediensteten und die Handwerker der Kurfürsten wohnten. In der Mitte des halbkreisförmigen Rondells schießt aus einem großen Becken eine hohe Wasserfontäne empor. Das Wasser für diesen Brunnen, für den Schlosspark und für den Nymphenburger Kanal kommt übrigens vom Starnberger See. Von dort fließt der kleine Fluss Würm nach Norden. Wasser aus der Würm wird über einen Kanal hierher geleitet. Der Nymphenburger Kanal ist im Winter beliebtes Ausflugsziel der Münchner Wintersportler. Dann ist auf dem zugefrorenen Kanal Eisstockschießen, Eishockey und Schlittschuhlauf angesagt!

Ausgangspunkt für einen Rundgang durch Schloss Nymphenburg ist ein großer Festsaal, der so genannte **Steinerne Saal**. In diesem Raum fanden prunkvolle Bälle und Musikkonzerte statt. Kurfürstin Henriette Adelaide war eine lebenslustige Frau, die Schloss Nymphenburg zu einer wichtigen Stätte des höfischen Vergnügens machte. Anfang des 18. Jahrhunderts hat man den

Eine Ansicht des frühen Nymphenburger Schlosses aus dem Jahr 1701

Festsaal von Schloss Nymphenburg zum »Steinernen Saal« ausgebaut. Bedeutende Künstler haben den schönsten Saal des Schlosses mit Fresken, Gemälden und Stukskulpturen ausgeschmückt. Das riesige Deckengemälde stammt von Johann Baptist Zimmermann. Im Mittelfeld könnt ihr den Sonnengott Apollo auf seinem Sonnenwagen sowie weitere Götter der Antike, wie den Weingott Bacchus, die Jagdgöttin Diana oder den Götterboten Merkur, entdecken. Auch die Göttin der blühenden Natur, Flora genannt, ist mit dabei. Sie ist von Nymphen umgeben, die sie verehren. Diese Szene hat dem Fresko seinen Titel verliehen: »Nymphen huldigen der Göttin Flora«.

Mit seiner Darstellung verweist der Künstler aber auch auf den Namen des Schlosses und seine Bestimmung. Die Schlossanlage Nymphenburg und ihr Park sollten, nach der Idee der Erbauer, den Geist der Natur widerspiegeln. Und wie die weiblichen Naturgeister der Griechen, die Nymphen, sollten die Bewohner des Schlosses und ihre Gäste die Gelegenheit haben, hier in der Natur zu leben und sich zu vergnügen. Das Schloss befand sich damals ja weit außerhalb der Stadt, mitten im Grünen. Diesen heiteren, spielerischen Charakter von Schloss Nymphenburg untermalen auch die Gemälde an den Wänden. Seht euch zum Beispiel die Liebesszene zwischen der Liebesgöttin Venus und dem Kriegsgott Mars an: Während die beiden flirten, schleppt der Frechdachs Amor das Schwert des Mars davon! Oder das Bild an der Musikempore: Dort werden Bauern in Frösche verwandelt – eher ein schlechter Scherz!

Der Rundgang durch Schloss Nymphenburg führt zunächst in den **Nordflügel**. Die Wände des ersten Zimmers, auch Vorzimmer genannt, sind mit einer weiß-goldenen Holzvertäfelung verkleidet. Auf einem Gemälde könnt ihr Kurfürst Max Emanuel sehen – seine Geburt war ja der Auslöser für den Bau der Schlossanlage! Dass Drachen nicht nur Furcht erregend, sondern auch nützlich sein können, zeigt ein Bild an der Decke. Da hat die römische Fruchtbarkeitsgöttin Ceres kurzerhand einen Drachen als Zugpferd vor ihren Wagen gespannt. Das **Audienzzimmer** ist wegen der kostbaren Brüsseler Wandteppiche sehenswert. Auf dem mittleren Teppich erkennt ihr eine Abbildung der Jagdgöttin Diana. Meist wird sie in einem grünen Gewand dargestellt, aber hier trägt sie die bayerischen Landesfarben Weiß und Blau.

Der nächste Raum ist das **ehemalige Schlafzimmer** der Fürsten. Schöne Möbel und Gemälde sind in diesem Raum zu sehen, in dem die Fürsten beim morgendlichen Ankleiden oft wichtige Besprechungen abhielten. Adelige Gäste und Hofbeamte wurden hierzu empfangen. An der mittleren Wand des Schlafzimmers hängt ein Bild, das die kurfürstliche Familie beim Musizieren und Kartenspiel zeigt – sozusagen ein »Schnappschuss« vom Leben in Schloss Nymphenburg im 18. Jahrhundert!

Jetzt führt euer kleiner Schloss-Rundgang wieder zurück in den »Steinernen Saal« und von hier aus in den **Südflügel** des Schlosses. Im ersten Raum, dem **Vorzimmer**, hängt ein Portrait von Amalia Maria, der Gattin von Kurfürst Karl Albrecht. Die Kurfürstin konnte ausgezeichnet schießen und war eine leidenschaftliche Jägerin. Am liebsten hielt sie sich in der freien Natur auf – wohl deshalb sind ihre Wangen so schön rot. Die Wände des **Audienzzimmers** sind mit wertvollem rotem Damast bespannt. In der Mitte der Seitenwand hängt ein Gemälde mit den Schlosserbauern: Dem Kurfürstenpaar Ferdinand Maria und Henriette Adelaide. Durch das Schlafzimmer gelangt ihr in das so genannte **Chinesische Lackkabinett**. Der Name weist darauf hin, mit welchem Material die Wände verkleidet sind. Es sind feine Lackplatten, die aus Ostasien stammen. Die Lack-Beschichtung wird aus dem Saft des Lackbaumes gewonnen. 30–60 mal trägt man den Lack auf das Holz auf, wodurch die Holzplatten extrem hart werden.

Der Steinerne Saal

Die **Südliche Galerie** zeigt Ansichten von Schlössern. Unter anderen sind das Schloss Schleißheim und die Burg Trausnitz in Landshut, ebenfalls Regierungssitz der Wittelsbacher, abgebildet. Im ehemaligen Speisesaal des Schlosses hat die **Schönheitsgalerie** von König Ludwig I. ihren Platz gefunden. Auf zahlreichen Gemälden hat der Künstler Joseph Stieler mit dem König befreundete Frauen abgebildet. Zu sehen sind Prinzessinnen, Adelige, eine Hofschauspielerin, Bürgermädchen und Künstlerinnen – Frauen aus München und aller Herren Länder: England, Italien, Griechenland, Spanien... Man munkelt, König Ludwig I. sei immer in schöne Frauen verliebt gewesen, die er zu Hause in München wie auch auf seinen zahlreichen Auslandsreisen kennen gelernt hat. So kam er wohl auf die Idee, sich ein gemaltes »Foto-Album« seiner Verehrten anfertigen zu lassen.

Die Schönheitsgalerie von Ludwig I.

Jetzt habt ihr euren Rundgang durch das Schloss so gut wie beendet. Es fehlt nur noch das **ehemalige Schlafzimmer**, in dem der sagenumwobene »Märchenkönig« Ludwig II. am 25. August 1845 geboren wurde – übrigens am gleichen Tag wie sein Großvater Ludwig I.

Vor der Schlossanlage könnt ihr euch nun entscheiden, ob ihr gleich den großen Schlosspark aufsuchen oder zuerst eines der Museen des Schlosses besuchen wollt. Näheres über das **Marstallmuseum** mit seinen prunkvollen Kutschen und Schlitten und über das sehr interessante **Museum Mensch und Natur** erfahrt ihr im Kapitel »Museen«!

Der Schlosspark

Hinter Schloss Nymphenburg erstreckt sich eine mehr als 2 Kilometer lange und 1,5 Kilometer breite Parklandschaft: Der Nymphenburger Park. Er ist eines der beliebtesten Erholungsgebiete der Münchner. Die künstlich angelegte, mit Brunnen, Seen, Marmorstatuen und kleinen Schlössern ausgestattete Landschaft lädt zum Spaziergang und zu einer Besichtigung der Kunstschätze ein. Heute geht es im Park ausgesprochen ruhig zu, ganz im Gegensatz zu früher. Die Kurfürsten nutzten den Nymphenburger Park im Sommer als Schauplatz prächtiger Feste und Feiern. Einer der Höhepunkte: Eine Gondel-Fahrt auf dem Kanal!
Auch im Winter zeigte sich die Hofgesellschaft erfinderisch. Neben Tage dauernden Jagdveranstaltungen im Park und der

Der Kanal im
Schlosspark von
Nymphenburg

Umgebung waren die Schlittenfahrten am beliebtesten. Erst nach der Öffnung des Schlossparks für die Münchner Bürger im Jahr 1792 hatten die teuren und aufwändigen Veranstaltungen ein Ende. Wahrscheinlich wollten die Kurfürsten den Einwohnern der Stadt nicht zeigen, wie sie Steuergelder verschwendeten!

Den besten Blick auf den wunderschönen Park habt ihr von der **Terrasse** über dem so genannten »Großen Parterre«. Unter euch befinden sich 12 Marmorfiguren, die antike Götter darstellen. Einige davon, wie Bacchus, Diana oder Venus, habt ihr bereits kennen gelernt. Mal sehen, ob ihr sie ausfindig macht!

Vom **Großen Parterre** gelangt ihr zum so genannten »Ziergarten«. Hier stehen drei Gewächshäuser, von denen das **Palmenhaus** am verlockendsten erscheint. Dort gibt es ein nettes Café, wo ihr unter Palmen eine Pause mit leckeren Kuchen einlegen könnt. Hinter dem »Palmenhaus« trefft ihr auf die **Magdalenenklause**. Ihr Bau sieht älter aus, als er in Wirklichkeit ist. Bauherr Kurfürst Max Emanuel ließ ihn mit Rissen, Sprüngen und abblätterndem Verputz versehen, damit er den Eindruck des Verfallenen wiedergebe. Die »Magdalenenklause« besteht aus vier kleinen Zimmern und einer Kapelle. Max Emanuel wollte sich in diese eher kärglich eingerichteten Räume zurückziehen, um Buße zu tun.

Die Amalienburg –
die schönste der vier
»Parkburgen«

Allerdings starb der Bauherr noch vor Fertigstellung des Gebäudes. Die Kapelle in der Magdalenenklause ist, wie der Name schon verrät, der heiligen Magdalena geweiht. Die heilige Maria Magdalena ist als Büßerin bekannt. Ihr Abbild steht als Statue aus weißem Marmor in der Kapelle, die auch als »Grottenkapelle« bezeichnet wird: Die Wände sind mit Tuffstein, künstlichen Korallen und echten Muscheln bedeckt. Übrigens: Das Brunnenwasser soll Heilkraft besitzen und angeblich gegen Augenleiden helfen. Bis heute füllen sich Münchner das Wasser für ihre Hausapotheke ab.

Der Weg führt euch nun zur **Pagodenburg**, der nächsten der »Parkburgen« – den vier kleinen Schlösschen des Nymphenburger Parks. Der Architekt Joseph Effner hat die Pagodenburg in den Jahren 1717–1719 errichtet. Der Auftraggeber Kurfürst Max Emanuel wünschte eine Art chinesische Pagode. Die »Chinamode« war damals sehr beliebt. Die Tapeten sind mit chinesischen Malereien dekoriert und auf den Möbeln steht chinesisches Porzellan. Vor der Pagodenburg ist ein See künstlich angelegt worden. Von hier aus habt ihr einen herrlichen Blick auf die Schlossanlage. Zwischen den Hecken hält eine schnurgerade Schneise die Sicht frei auf Schloss Nymphenburg. Auf der anderen Seite des Park-

Kanals zeigt sich die »Badenburg«. Über einen Steg gelangt ihr auf direktem Weg zu diesem Park-Schlösschen. Aber ein kleiner Umweg über die **Marmorkaskade** am Kanalende ist anzuraten – dort begegnen euch weitere Statuen von antiken Göttern und Helden. Jedem ist das ihm entsprechende Tier zugeordnet: Thetis ein Delphin, Herkules ein Löwe, Neptun ein Seepferd, Minerva eine Eule, und so weiter.

In der Nähe der Marmorkaskade befinden sich zwei »**Aha-Bergerl**«. Dazu gibt es eine nette Geschichte: Ein Bauer sollte eines Tages im Winter Brennholz ins Schloss liefern. Um nicht den halben Park umfahren zu müssen, suchte er nach einer Abkürzung. Dabei kam er an einem kleinen Hügel vorbei. Der Bauer stieg hinauf und erkannte, dass an einer Stelle die Parkmauer ganz niedrig war. Aber leider machte ein Graben ein Durchkommen unmöglich. »Aha!«, sagte der Bauer und kehrte um. Seitdem nennen die Münchner einige Hügel im Schlosspark »Aha-Bergerl«. Sie bieten eine gute Sicht auf das Schloss, den Park und die nähere Umgebung.

Ihr erreicht nun den Badenburgsee, der als »Großer See« in den Jahren 1804-1807 angelegt wurde. Ein Monopteros-Tempel sowie das steinerne Gruppenbild mit dem Flöte spielenden Gott Pan und einer Ziege schmücken das Seeufer. Die **Badenburg** wurde Anfang des 18. Jahrhunderts als Bade- und Lustschlösschen für Kurfürst Max Emanuel errichtet. Der doppelgeschossige Badesaal war für seine Zeit einzigartig in Europa. Die Wände über dem Becken sind mit weiß-blauen Kacheln verkleidet. Zahlreiche Stuckfiguren blicken neugierig auf die Wasseroberfläche. Und auf dem Deckengemälde über dem Schwimmbecken tummeln sich Wassernymphen neben Herkules und Diana. Auch Zeus und Europa sind zu sehen sowie die Göttin Leda in Begleitung des Schwans. Eine Heizungsanlage im Keller sorgte dafür, dass der Kurfürst stets angenehm warmes Wasser vorfand.

Letzte Station auf dem Rundgang durch den Nymphenburger Park ist die **Amalienburg**. Sie wird als das schönste deutsche Schlösschen im Rokoko-Stil bezeichnet. Die Amalienburg war als Jagdschlösschen für die Gattin von Kurfürst Karl Albrecht gedacht. Darauf verweist auch die Plattform auf dem Dach, von dem aus die Gäste das Jagdgeschehen verfolgen konnten. Das Schlösschen ist ein Werk des berühmten Rokoko-Baumeisters François Cuvilliés des Älteren, das nach fünfjähriger Bauzeit 1739 fertiggestellt wurde. Die Wände im Innern sind mit Motiven kunstvoll verziert: Blumen, Bäume, Zweige, Vögel, Brunnen, Putten und vieles andere mehr. Sie bedecken die Wände wie eine Leinwand, auf der ein Naturfilm abläuft. Bäume und Vögel im Flug sind in die Saalkuppel gemalt, die dadurch wie ein Stück Himmel wirkt. Im **Spiegelsaal** mit seinen 12 riesigen Spiegeln hat man den Eindruck, die Wände würden fließend in die umliegende Landschaft übergehen.

Stopp! Wollt ihr den Schlosspark etwa schon verlassen? Dabei gibt es mit dem

»**Hexenhäuschen**« noch ein kleines »Schmankerl«: Der Bau aus Holz mit aufgemalter Ziegelmauer steht gleich neben dem so genannten »Gartensalettchen«. Im »Hexenhäuschen« konnten sich die Kinder der Schlossbewohner austoben und alle möglichen Geisterspiele erfinden. Somit hatten auch die adeligen Kinder ihr eigenes »Lust-Schlösschen«!

🏛 Museen

Mit rund 75 Museen gehört München zu den bedeutendsten Kultturstädten in Europa. In vielen Museen gibt es Führungen speziell für Kinder, die von Kunstpädagogen oder Künstlern veranstaltet werden. Informationen dazu erhält man beim **Museumspädagogischen Zentrum** (Tel. 089-12 13 23 23; www.mpz.bayern.de) und bei der **Münchner Volkshochschule im Museum** (Tel. 089-44 47 80-51; www.mvhs.de).
Im Folgenden werden die schönsten und interessantesten, aber auch witzigsten Museen in München vorgestellt.

Alte Pinakothek (Barer Straße 27/Eingang Theresienstraße; Tel. 089-23 80 52 16;

Eine Eintrittskarte
für die Alte Pinakothek

www.pinakothek.de; Öffnungszeiten: Di.–So. 10–18 Uhr, Di. bis 22 Uhr.)
Eröffnet wurde die Alte Pinakothek im Jahr 1836. König Ludwig I. hatte zehn Jahre vorher feierlich den Grundstein für das Museum gelegt. Entworfen wurde der Bau vom Architekten Leo von Klenze. Klenze schuf hier ein Gebäude, das sich an Palastbauten aus der Italienischen Renaissance *(s. Begriffserklärungen)* anlehnt. Zunächst hieß das Museum »Pinakothek« – das ist Griechisch und bedeutet »Gemäldesammlung«.

Hier sollte die berühmte Gemäldesammlung des Hauses Wittelsbach öffentlich ausgestellt werden. Die Wittelsbacher, wie ihr bereits wisst, herrschten 738 Jahre über Bayern und die Stadt München und haben weltberühmte Kunstwerke erworben. Aus der »Pinakothek« wurde später die »Alte« Pinakothek, um sie von der 1853 eröffneten »Neuen« Pinakothek zu unterscheiden. »Alt« heißt sie auch deswegen, weil sie Jahrhunderte alte europäische Malerei beherbergt. Hier könnt ihr Meisterwerke von weltberühmten Malern bewundern: wie etwa die lebensgroßen »**Vier Apostel**« des Nürnberger Meisters Albrecht Dürer (1471–1528) oder Albrecht Altdorfers (um 1480–1538) Schilderung der »**Alexanderschlacht**«, in der der legendäre griechische König Alexander der Große mit seinem Heer den Perserkönig Darius besiegte und dessen Tuppen aufrieb. 110.000 Männer sollen in dieser Schlacht gefallen sein. Viel amüsanter ist da das »**Schlaraffenland**«, das der niederländische Künstler Pieter Bruegel (1525–1569) gemalt hat. Er zeigt, dass essen und trinken, so viel man will und kann, nicht unbedingt erstrebenswert ist. Faul und rund gefressen haben sich die Völler nach dem übermäßigen Genuss unter dem Tisch zum Schlafen gelegt!

Habt ihr Lust auf weitere Kunstwerke? Dann lasst uns noch einen kleinen Abstecher in das Gebäude vis-à-vis machen, in die **Neue Pinakothek** (Barer Straße 29/Eingang Theresienstraße; Tel. 089-23 80 51 95; www.pinakothek.de; Öffnungszeiten: Mi.–Mo. 10–18 Uhr, Mi. bis 20 Uhr). König Ludwig I. ließ auch die Neue – wie schon die Alte – Pinakothek erbauen. Den Auftrag, dieses Gebäude zu entwerfen, erhielt der Architekt Friedrich von Gärtner. Im Jahr 1853 wurde das Museum eröffnet. Im Zweiten Weltkrieg wurde es allerdings so stark zerstört, dass die Ruinen kurzerhand abgerissen wurden. Nach den Plänen des Architekten Alexander von Branca errichtete man einen Museums-Neubau, der erst 1981 eröffnet werden konnte. Hier sind weltbekannte europäische Kunstwerke ausgestellt, die im Zeitraum zwischen den Jahren 1800 und 1900 entstanden. In der Neuen Pinakothek könnt ihr auch mit Werken von Künstlern Bekanntschaft machen, die einen besonderen Bezug zu München hatten. Einige Bilder werden euch im Folgenden vorgestellt.

In der Neuen Pinakothek sind viele Meisterstücke der neueren europäischen Malerei zu sehen, die eure Aufmerksamkeit verdienen, so etwa das Meisterwerk »**Stilleben mit Kommode**« von Paul Cézanne (1839–1906). Dieser Künstler legte mit seiner Malweise den Grundstein für neue

Entwicklungen der Malerei im 20. Jahrhundert. Die leuchtenden »**Sonnenblumen**« in einer Tonvase fallen dem Besucher sofort ins Auge. Einer der berühmtesten Maler der Kunstgeschichte, Vincent van Gogh (1853–1890), hat sie 1888 gemalt.

Die entzückenden »**Seerosen**« stammen von Claude Monet (1840–1926), einem Hauptvertreter der so genannten impressionistischen Malerei. Das Wasser des Teiches mit seinen Spiegelungen, die Seerosenblätter und Seerosenblüten bilden ein herrliches Farbmuster. Der Maler legt sein ganzes Interesse darauf, Licht und Farbe einzufangen. Im Licht geht alles fließend ineinander über, und die Formen der Gegenstände verwischen. Und wenn ihr das Bild genau betrachtet, dann bemerkt ihr, dass der Maler die Dinge auch nicht räumlich anordnet. Es gibt in diesem Bild kein Oben und Unten, kein Nah und Fern.

Zu sehen ist auch ein witziges Gemälde von dem Münchner Maler Carl Spitzweg. Es heißt »**Der arme Poet**« und entstand im Jahr 1839. Carl Spitzweg ist bekannt für seine humorvollen Darstellungen. In vielen seiner Bilder beschäftigt er sich mit der Engstirnigkeit der Menschen und ihren oft starren und beengenden Vorstellungen. In diesem Gemälde greift er den verbreiteten Traum von einem romantischen Dichterleben auf. In vielen Einzelheiten erzählt der Maler dem Betrachter etwas über das kärgliche Dasein dieses Poeten. Klein und ärmlich ist seine Dachstube. Keine Möbel sind im Raum zu sehen, nur eine Matratze dient ihm als Bett. Darauf sitzt er in eine

Decke gehüllt und mit einer Schlafmütze auf dem Kopf. Dicke Bücher umgeben den Poeten und bezeugen seine Belesenheit. Er ist mitten in der Arbeit. Gerade aber hat er die Schreibfeder in den Mund genommen, hatte er doch einen Floh bemerkt, den er jetzt zwischen seinen Fingern knackt. Max Liebermanns Gemälde »**Münchner Biergarten**« von 1884 zeigt München, wie man es vielerorts kennt: Die Sonne scheint, und es zieht die Münchner hinaus in die Biergärten. Dort finden sich Männer und Frauen, Jung und Alt, Arm und Reich ein und – wie könnte es anders sein – es wird Bier getrunken. Auch schon vor über 100 Jahren waren die Gäste Münchens von dieser Sitte der Einwohner beeindruckt, wie das Bild des Berliner Malers Max Liebermann bezeugt.

Gleich neben der Alten Pinakothek befindet sich die **Pinakothek der Moderne** (Barer Straße 40; Tel. 089-23 80 53 60; www.pinakothek.de; Öffnungszeiten: Di.–So. 10–18 Uhr, Do. bis 20 Uhr), die im Jahr 2002 ihre Pforten öffnete. Das architektonisch großartige Gebäude ist eines der weltweit größten Museen für die Kunst des 20. und 21. Jahrhunderts und beherbergt umfangreiche Sammlungen zu Malerei und Skulptur, Design und Architektur. Viel Ungewöhnliches und Aufregendes gibt es hier zu sehen – vom Spanier Pablo Picasso, zum Beispiel. Er zeigt in seinen Bildern eine höchst eigenwillige Sicht von Menschen und Dingen. Oder seinem Landsmann Salvador Dalí. Er malte traumhaft unwirkliche Landschaften, die trotz allem dem Betrachter wirklich erscheinen. Auch einige Werke

des US-Amerikaners Andy Warhol werden in der Pinakothek der Moderne ausgestellt. Warhol war einer der wichtigsten Vertreter der Pop-Art, einer Kunstrichtung, die sich in den 60er Jahren des 20. Jahrhunderts entwickelte. Andy Warhol machte ungewöhnliche Bilder: Er bildete Konservendosen ab oder übermalte große Fotos von berühmten Schauspielern wie James Dean und Marilyn Monroe.

Im **Lenbachhaus** (Luisenstraße 33; Tel. 089-23 33 20 00; www.lenbachhaus.de; Öffnungszeiten: Di.–So. 10–18 Uhr) findet ihr künstlerische Meisterwerke vor allem aus dem frühen 20. Jahrhundert und auch aus dem 19. Jahrhundert. Daneben ist das Lenbachhaus berühmt für seine Sammlung zeitgenössischer Kunst.

Das Museum ist in der ehemaligen Villa des Malers Franz von Lenbach untergebracht. Franz von Lenbach (1836–1904) galt schon zu seinen Lebzeiten als ein sehr bedeutender Portraitmaler. Viele berühmte Persönlichkeiten ließen sich von ihm malen, was ihm viel Geld einbrachte. Insgesamt 80 Portraits hat Lenbach vom deutschen Reichskanzler Otto von Bismarck angefertigt, auch Kaiser Wilhelm I. und Papst Leo III. gehörten zu seinen Kunden. Lenbach wurde in den persönlichen Adelsstand erhoben und führte ein Leben in Wohlstand. Die prunkvolle Villa im italienischen Stil ließ Lenbach für sich und seine Familie zwischen 1887 und 1891 errichten.

Im Lenbachhaus findet ihr Gemälde von Münchens berühmtestem Künstlerkreis

In der
Pinakothek der Moderne

dieses Jahrhunderts. Er nannte sich »**Der Blaue Reiter**«. Dieser Gruppe gehörten ab dem Jahr 1911 unterschiedlich arbeitende Maler an, die ihre Ideen und Erfahrungen untereinander austauschten. Die Künstler des »Blauen Reiters« hatten sich zum Ziel gesetzt, eine völlig neue Malweise anzustreben. Der Kreis zerfiel jedoch mit dem Beginn des Ersten Weltkriegs im Jahr 1914. Franz Marc, Wassily Kandinsky und Gabriele Münter sind einige der berühmtesten Künstler und Künstlerinnen dieser Gruppe. Franz Marc wurde 1880 in München geboren. Mit 20 Jahren besuchte er die Kunstakademie in München. Während seiner künstlerischen Ausbildung reiste er nach Paris, um sich mit der dortigen Kunst dieser Jahre vertraut zu machen. Besonders faszinierten ihn die Arbeiten Vincent van Goghs. Später lebte Franz Marc mit seiner Frau auf dem Land, genauer gesagt in Sindelsdorf, etwa 40 km südlich von München am Alpenrand. Franz Marc ist berühmt für seine Darstellungen von Tieren, die sein Lieblingsthema waren. Vorwiegend malte er Pferde, Rehe und Kühe, die er in der ländlichen Umgebung beobachten konnte. Das Bild »**Rehe im Schnee**« entstand im Jahr 1911. Anmutig bewegen sich zwei Rehe vor Schneehügeln. Der Künstler hat die Rehe sicherlich nicht einfach so gemalt, wie er sie in einem Augenblick gesehen hat. Absichtlich hat er die Bewegungen der Rehe und die vom Wind geformten Schneewechten einander angeglichen. Der Maler wollte damit zum Ausdruck bringen, dass Tiere und Schnee zusammengehören. Beide sind sie Teil der Natur. Interessant ist der Schnee auf dem Bild. Er ist nicht nur weiß, sondern voller Farbtöne. Er schimmert mal blau, dann wieder grün oder gelb. Wenn ihr an sonnigen Wintertagen den Schnee einmal genau betrachtet, dann werdet ihr sicherlich auch feststellen, dass der Schnee nicht einfach weiß ist. Die gelben Sonnenstrahlen, der blaue Himmel, grüne Bäume und Büsche hinterlassen ihre Farben in seinem Weiß. Von Franz Marc findet ihr im Lenbachhaus noch weitere beeindruckende Werke, wie etwa das »**Blaue Pferd I**« oder eines seiner bekanntesten Gemälde: »**Der Tiger**« (auf Seite 33 dieses Reiseführers).

Um Kulturgeschichte, Bildende Kunst und Volkskunst geht es im **Bayerischen Nationalmuseum** (Prinzregentenstraße 3; Tel. 089-2 11 24 01; www.bayerisches-nationalmuseum.de; Öffnungszeiten: Di.–So. 10–17 Uhr, Do. bis 20 Uhr; Kinderführungen zu verschiedenen Themenbereichen!). Die riesige Sammlung umfasst Plastiken vom Mittelalter bis zur Neuzeit, Möbel, Textilien, Keramik, Glas, Uhren, Musikinstrumente, Spiele, Waffen und vieles andere und ist auf mehr als 100 Säle verteilt. Im Erd- und Obergeschoss bekommt ihr einen Überblick über die Kunst und das Kunsthandwerk vom 12. bis zum 19. Jahrhundert vermittelt. Die Ausstellung beginnt mit Kunst aus dem frühen Mittelalter, führt über die Hoch- und Spätgotik zur Renaissance, behan-

delt die Kunstepochen des Barock und des Rokoko und endet schließlich mit Kunstwerken aus dem 19. Jahrhundert. Damit ihr euch in diesen 800 Jahren Kunstgeschichte nicht verliert, hier ein paar Tipps: **Saal 16** zeigt weltberühmte Werke des Künstlers Tilman Riemenschneider; in **Saal 18**, dem so genannten »Waffensaal«, sind prächtige Ritterrüstungen und Waffen aus dem 16. Jahrhundert ausgestellt; in **Saal 22** befindet sich das berühmte »Stadtmodell München«, das der Drechslermeister Jakob Sandtner im Jahr 1572 anfertigte; in den **Sälen 42–43** könnt ihr unter anderem Werke von Ignaz Günther bewundern. Achtung: Wegen Renovierungsarbeiten können einzelne Säle geschlossen oder Ausstellungsstücke in anderen Räumen zu sehen sein!

Im Obergeschoss des Bayerischen Nationalmuseums sind neben der Ausstellung über die Kunst des 19. Jahrhunderts eine Sammlung von Musikinstrumenten und Porzellan zu sehen. Darüber hinaus könnt ihr anhand einer Zusammenstellung von Brettspielen und Spieltischen aus acht

Jahrhunderten feststellen, mit welchen Spielen sich die Hofgesellschaften die Zeit vertrieben.

Ausstellungsstücke zur bayerischen Volkskunde und Volkskunst mit Möbeln und Hafnergeschirr befinden sich im Untergeschoss. Dabei ist besonders die einzigartige Krippensammlung hervorzuheben. In zahlreichen Schaukästen könnt ihr Krippenfiguren aus Bayern, Österreich und Italien bewundern. Die Figuren in den aufgebauten Krippenbildern scheinen in einer eigenen, »zauberhaften Welt« zu leben.

»Paläontologie: Wissenschaft von den Lebewesen vergangener Erdzeitalter« – so steht es im Duden. Das **Paläontologische Museum München** (Richard-Wagner-Straße 10; Tel. 089-21 80 66 30; www.palmuc.de; Öffnungszeiten: Mo.–Do. 8–16 Uhr, Fr. 8–14 Uhr) führt euch also in die Urgeschichte, als Dinosaurier und andere Großtiere über die Erde stapften. Einige dieser Ungeheuer sind in diesem Museum ausgestellt – wie zum Beispiel der riesige, zehn Millionen Jahre alte Urelefant, dessen Skelett in Südbayern gefunden wurde oder der Schädel eines Dreihornsauriers aus Nordamerika; und nicht zu vergessen das Gerippe eines Riesenhirschen aus Irland. Auch der Urvogel »Archaeopteryx bavarica« gehört dazu. Ihn hat man 1992 in der Nähe der bayerischen Stadt Solnhofen gefunden. Die Entwicklungsgeschichte des Menschen wird in der ersten Galerie des Museums erklärt.

Der **Königsplatz** verschaffte München den Namen »Isar-Athen«. Monumentale Gebäu-

Der »Barberinische Faun« – Kunst aus dem antiken Griechenland in der Glyptothek

de im antiken Stil befinden sich hier, wo König Ludwig I. gemeinsam mit seinem Architekten Leo von Klenze mitten in München ein Stück antikes Griechenland geschaffen hat. Im Westen des Platzes stehen die so genannten »Propyläen«. Diese dienten in der Antike als Tore zu den heiligen Tempelbezirken. In einem der mächtigen Bauwerke am Königsplatz ist die Glyptothek untergebracht. Sie war das erste, der Öffentlichkeit zugängliche Museum, das in Deutschland entstand.

In der **Glyptothek** (Königsplatz 3; Tel. 089-28 61 00; www.antike-am-koenigsplatz.mwn.de; Öffnungszeiten: Di.–So. 10–17 Uhr, Do. bis 20 Uhr) sind seit Mitte des 19. Jahrhunderts Steinfiguren und Statuen aus dem

Im Puppentheatermuseum gibt es eine Menge seltsam anmutender Puppen.

(Sankt-Jakobs-Platz 1; Tel. 089-23 32 23 70; www.stadtmuseum-online.de; Öffnungszeiten: Di.–So. 10–18 Uhr).

Im **ersten Obergeschoss** des Museums könnt ihr in der Ausstellung »München wie geplant – Die Entwicklung der Stadt 1158–2008« den geschichtlichen, wirtschaftlichen und kulturellen Werdegang Münchens nachverfolgen. Besonders anschaulich ist das »Stadtmodell München« von Jakob Sandtner von 1570. Im Vergleich zum Original, das im Bayerischen Nationalmuseum steht, wurde dieses Modell um das Doppelte vergrößert und dem neuesten geschichtswissenschaftlichen Stand angepasst. Interessant ist auch das Holzmodell der Innenstadt (2000). Auch die Wappen und die berühmten Moriskentänzer von Erasmus Grasser sind hier zu sehen, solange der Moriskensaal im Erdgeschoss wegen Renovierung noch geschlossen ist. Kopien dieser Tanzfiguren seid ihr auf euren Rundgängen schon mehrmals begegnet, aber hier stehen die Originale aus dem Jahr 1480.

antiken Griechenland und dem antiken Rom ausgestellt. Die etwa 160 einzigartigen Kunstwerke stammen aus der Zeit vom 6. Jahrhundert vor bis zum 4. Jahrhundert nach Christus. Besonders sehenswert sind: die Giebel-Figuren eines griechischen Tempels von der Insel Ägina in den Sälen VII und IX (der Tempel ist mit Hilfe eines Holzmodells nachgebildet worden); die Statuen von jungen Männern, so genannte Jünglingsstatuen (Saal I); der berühmte »Barberinische Faun« aus dem Jahr 220 vor Christus (Saal II). Vergesst nicht, einen Blick in den Saal XIII zu werfen: dort guckt euch ein lachender Satyrkopf entgegen, und – in Stein gehauen – der »Knabe mit der Gans«.

Interessiert euch, wie sich die Stadt München entwickelt hat? Wie ihre Bewohner gelebt und gewohnt haben? Das und vieles
❻ mehr erfahrt ihr im **Münchner Stadtmuseum**

Ein »Museum im Museum« ist das **Puppentheatermuseum** im dritten Stock. Mit etwa 50.000 Ausstellungsstücken gehört es zu den weltweit größten Museum seiner Art! Marionetten, Hand- und Stabpuppen, Schattenspielfiguren und vieles andere mehr aus zahlreichen Ländern sind hier versammelt. Kommt ihr euch in dieser Etage des Museums so vor, als würdet ihr mitten auf einer Kirchweih, einem Volksfest oder Jahrmarkt stehen? Dann liegt das wahrscheinlich an den vielen Wurfbudenköpfen, Karussellbildern, Jahrmarktpuppen und Wachsfiguren, die euch umgeben. Im vierten Obergeschoss schließlich könnt ihr eine Sammlung von rund 2.000 **Musikinstrumenten** aus allen Teilen der Welt bewundern, unter anderem Muschelhörner, Buschtrommeln und Glockenspiele.

Gegenüber auf dem Sankt-Jakobs-Platz wurde 2007 im Gebäudekomplex des neuen »Jüdischen Zentrums« das **Jüdische Museum München** eröffnet (Sankt-Jakobs-Platz 16; Tel. 089-22 39 60 96; www.juedisches-museum.muenchen.de; Öffnungszeiten: Di.-So. 10–18 Uhr). Die Ausstellungsstücke liefern euch interessante Einblicke in das jüdische Leben und die jüdische Kultur in München.

Karl Valentin wurde euch ja bereits während der »Isar-Tour« vorgestellt. Im Isartor haben die Münchner ihm und seiner Partnerin Liesl Karlstadt zu Ehren das **Valentin-Karlstadt-Musäum** (kein Schreibfehler!) eingerichtet (Tal 50; Tel. 089-22 32 66; www.valentin-musaeum.de; Achtung Öffnungszeiten: Mo., Di., Fr., Sa. 11.01–17.59 Uhr; So. 10.01 bis 17.59 Uhr). Wer Spaß an witzigen Dingen und sonstigen Verrücktheiten hat, ist hier genau richtig. Wo sonst könnt ihr eine »geschmolzene Schneeplastik«, einen Kindernasenbohrer oder Winterzahnstocher finden? Der Eintritt ist frei – leider nur für 99-Jährige in Begleitung ihrer Eltern wie auch für Kinder unter sechs Jahren! Ein Besuch des Museums lohnt sich auch wegen des Isartores, dem einzigen Stadttor Münchens, das noch in etwa so aussieht wie zu seiner Entstehungszeit.

Kleiner Tipp: Im »Turmstüberl« gibt es exzellente Münchner Weißwürste und selbst gemachte Schmalznudeln!

Das **Staatliche Museum für Völkerkunde** ❸ (Maximilianstraße 42; Tel. 089-21 01 36 100; www.voelkerkundemuseum-muenchen.de; Öffnungszeiten: Di.-So. 9.30–17.15 Uhr) informiert euch über die Kunst und Kultur vieler Völker, die nicht in Europa heimisch sind. Die Sammlung wurde bereits von König Ludwig II. gegründet und umfasst mittlerweile über 150.000 Ausstellungsstücke. Da es unmöglich ist, alle gesammelten Gebrauchs-, Kunst- und Kulturgegenstände zu zeigen, sind immer nur Teile davon in wechselnden Ausstellungen zu sehen.

In einer Etage lernt ihr **Völker aus Süd-, Ost- und Südostasien** kennen. Indien mit seiner Landesgeschichte und den Religionen Buddhismus und Hinduismus werden anschaulich vorgestellt. Weitere Abteilungen des Museums sind den **Völkern aus Nord- und Südamerika, Afrika, Ozeanien** sowie dem **Orient** vorbehalten. Das Staat-

liche Museum für Völkerkunde organisiert des öfteren Familien- und Kinderwerkstätten, in denen Kunst und Kultur bestimmter Völker auf unterhaltsame Weise vermittelt werden.

Meisterwerke altägyptischer Kunst, von der Früh- bis zur Spätzeit, sind im **Staatlichen**

⑤ Museum Ägyptischer Kunst ausgestellt (Hofgartenstraße 1; Tel. 089-29 85 46; www.aegyptisches-museum-muenchen.de; Öffnungszeiten: Di. 9–21 Uhr, Mi.–Fr. 9–17 Uhr, Sa. und So. 10–17 Uhr; Kinderführungen!). Besonders sehenswert sind die bemalten, überlebensgroßen Sargdeckel mit Portraits der darin als Mumien aufbewahrten Personen. Ein Stück des in Stein gehauenen Gesichtes von Echnaton, das zu einer riesigen Statue des Pharaonenkönigs gehörte, ist ein weiterer Höhepunkt der Sammlung. Wie die Römer verehrten auch die Ägypter eine Vielzahl von Göttern. Im Museum könnt ihr die Abbilder eines Krokodilgottes und eines Falkengottes bewundern.

Eines der interessantesten Museen für Kinder in München ist das **Museum Mensch und Natur** (Maria-Ward-Straße 1/ Schloss Nymphenburg; Tel. 089-17 95 89-0; www.musmn.de; Öffnungszeiten: Di.–So. 9–17 Uhr). Wie ist die Erde entstanden und wie ist sie aufgebaut? Warum kommt es zu Vulkanausbrüchen und Erdbeben? Was ist der Unterschied zwischen den Gesteinen Granit, Basalt und Marmor? Wie hat sich das Leben auf der Erde entwickelt? Die Antworten auf diese Fragen und viele andere mehr bekommt ihr innerhalb

bestimmter Themenbereiche wie »Unruhiger Planet«, »Bunte Welt der Minerale« oder »Geschichte des Lebens« vermittelt. Geboten wird eine lebendige und unterhaltsame Wissensvermittlung nach zeitgemäßen museumspädagogischen Gesichtspunkten, wie etwa mit Hilfe audiovisueller Programme. Ausgestellt sind viele eindrucksvolle Naturobjekte, Nachbildungen und Modelle. In diesem Museum werden euch komplizierte Abläufe einfach und verständlich erklärt. Wer Naturkunde normalerweise langweilig findet, lässt sich vielleicht in der Abteilung »Spielerische Naturkunde« umstimmen. Wie gesagt, spielerisch, vor allem aber spannend könnt ihr euer Wissen über die Natur, den Menschen, Tiere und Pflanzen erweitern.

Karossen, Kutschen und Schlitten waren lange Zeit die einzigen Transportmittel in München. Die schönsten Modelle könnt ihr im **Marstallmuseum** (Schloss Nymphenburg/Südflügel; Tel. 089-17 90 80; www. schloesser.bayern.de; Öffnungszeiten: April–Mitte Okt. tgl. 9–18 Uhr, sonst 10–16 Uhr) bewundern. In vier Räumen sind dort prächtig geschmückte Karossen, Kutschen und Schlitten der Wittelsbacher Fürsten und Könige ausgestellt.

Ab Frühjahr 2008 präsentiert sich das **BMW-Museum** in der markanten silbergrauen Schüssel am Petuelring in neuem Glanz (Petuelring/Ecke Lerchenauer Straße; Tel. 089-382-2 16 12; www.bmw-museum. de). Die Ausstellungsfläche wurde erweitert, die Gestaltung überrascht mit modernen Präsentationsformen. Bis zur

Neueröffnung zeigt ein Pavillion im Olympiapark beim Olympiaturm eine Sammlung der weltberühmten Fahrzeuge.

Das außergewöhnliche **Kinder- und Jugendmuseum** im Münchener Hauptbahnhof (Arnulfstraße 3; Tel. 089-54 54 08 80; www.kindermuseum-muenchen.de) organisiert mehrmals im Jahr Ausstellungen, die Kinder ausdrücklich zum Mitmachen und Experimentieren einladen. Das aktuelle Programm steht auf der Homepage.

Zum Schluss noch ein Museum, das eigentlich kein Museum ist, sondern eine Gedenkstätte: Die **Gedenkstätte des Konzentrationslagers Dachau** (Dachau, Alte Römerstraße 75; Tel. 0 81 31-66 99 70; www.kz-gedenkstaette-dachau.de; Öffnungszeiten: Di.–So. 9–17 Uhr). Sie gehört wegen ihrer geschichtlichen Bedeutung zum Pflichtprogramm jedes kleinen und großen Touristen. Die Gedenkstätte ist mit der S-Bahn-Linie 2 (Richtung Dachau oder Petershausen) und dem Bus zu erreichen.

Als das Konzentrationslager 1933 am Rand der kleinen Stadt Dachau entstand, war es für etwa 5.000 Häftlinge bestimmt. Zunächst wurden im Dachauer Konzentrationslager – übrigens dem ersten Konzentrationslager in Deutschland – politische Gegner der NSDAP-Regierung fest gehalten: Kommunisten, Sozialdemokraten und Gewerkschaftler. In den folgenden Jahren hat man dann auch Angehörige der Roma, Widerstandskämpfer, Kirchenvertreter und jüdische Bürger in das Lager eingesperrt. Die Aufnahmeprozedur war für alle gleich:

den Häftlingen wurde ihr Eigentum weggenommen, die Haare wurden geschoren, und schließlich wurden sie in Häftlingskleidung gesteckt. Bald schon wurde das Konzentrationslager erweitert, und man hat zusätzliche Gebäude errichtet: 34 Wohnbaracken, das Eingangsgebäude mit Büroräumen, ein Wirtschaftsgebäude und das Lagergefängnis, der Bunker, entstanden. Das Konzentrationslager war von hohen Mauern und Wachtürmen umgeben. Des Weiteren wurde das Lager mit einem elektrisch geladenen Stacheldrahtzaun gesichert. Die Häftlinge lebten unter unmenschlichen Bedingungen und wurden von den Wachen brutal misshandelt und gefoltert. Zudem mussten sie Schwerstarbeit leisten: in Steinbrüchen oder beim Straßenbau, in Rüstungsfabriken oder im Gartenbau. Wie viele Menschen in diesem Konzentrationslager starben, weiß niemand genau. Mindestens 31.591 Todesfälle sind bekannt, aber wahrscheinlich waren es noch viel mehr. Als die amerikanische Armee am 29. 4. 1945 die überlebenden Häftlinge befreite, befanden sich noch 31.600 zu Skeletten abgemagerte Menschen aus 34 Ländern im Konzentrationslager Dachau.

Im Laufe des Krieges war das Konzentrationslager Dachau zunehmend zu einer Stätte des Massenmordes geworden: So wurden ab Oktober 1941 mehrere tausend sowjetische Kriegsgefangener nach Dachau gebracht und dort erschossen. Auch andere, von der Gestapo zur Exekution bestimmte Gefangene, transportierte man nach Dachau und ließ sie dort hinrichten.

Eine große Zahl von Häftlingen wurde von SS-Ärzten für medizinische Experimente mißbraucht; bei Unterdruckversuchen, Unterkühlungsversuchen, Versuchen mit Malaria und bei vielen anderen Experimenten starb eine unbekannte Zahl von Häftlingen einen qualvollen Tod. Neben den über 30.000 registrierten Toten haben im Konzentrationslager Dachau weitere tausende nichtregistrierte Häftlinge ihr Leben verloren. Sie starben an Hunger, Krankheiten, Erschöpfung, Erniedrigung, an Schlägen, durch Folter; sie wurden erschossen, erhängt, mit Spritzen getötet.

Im Jahr 1965 wurde die »Internationale Gedenkstätte des Konzentrationslagers Dachau« gegründet. Sie setzte es sich zum Ziel, die Erinnerung an die furchtbaren Gräueltaten der nationalsozialistischen Regierung unter Adolf Hitler nicht in Vergessenheit geraten zu lassen. In dem Museum könnt ihr die Geschichte des Konzentrationslagers und die erschütternden Verhältnisse, die darin herrschten, auf Fotos und in einem Dokumentarfilm nachvollziehen – nein, »nachvollziehen« hieße ja, dass man etwas irgendwie verstehen kann: Wenn ihr aber die ehemalige Lagerstraße entlanggeht und in die Baracken und das Krematorium schaut, wo die Leichen der Getöteten verbrannt wurden, wird es euch schwer fallen, zu glauben, dass Menschen anderen Menschen so viel Leid und Grausamkeit antun konnten. Das dunkelste Kapitel der deutschen Geschichte!

Weitere im Text erwähnte Museen

Spielzeugmuseum Ivan Steiger
Alter Rathausturm/Marienplatz 15
Tel. 089-29 40 01
www.spielzeugmuseum-muenchen.de
tgl. 10-17.30 Uhr

Residenzmuseum
Residenzstraße 1
Tel. 089-29 06 71
www.residenz-muenchen.de
Vormittags-Rundgang tgl. 10–12 Uhr
Nachmittags-Rundgang tgl. 12–16 Uhr
Schatzkammer: tgl. 9–18 Uhr, Mitte Okt. bis Ende März 10–16 Uhr
Infos zu Kinderführungen: Tel. 089-17 90 80

Deutsches Museum
Museumsinsel 1
Tel. 089-2 17 91
www.deutsches-museum.de
tgl. 9–17 Uhr
Infos zu Kinderführungen und Spielaktionen: Tel. 089-2 17 92 52

Museum »Üblacker-Häusl«
Preysingstraße 58
Tel. 089-4 80 76 79
Mi., Do. 17–19 Uhr; Fr., Sa. 10–12 Uhr

Schloss Nymphenburg
Tel. 089-17 90 80
www.schloesser.bayern.de
tgl. 9–18 Uhr, Mitte Okt.–Ende März tgl. 10–16 Uhr; Schlosspark bis zur Dämmerung
Infos zu Kinderführungen: Tel. 089-17 90 8-140

Tipps – Nützliche Adressen

Kirchen

Im Überblick noch einmal alle Kirchen,
die in den Kapiteln beschrieben werden,
mit Anschrift und Telefonnummern:

Theatinerkirche / Sankt Kajetan
Salvatorplatz 2a · Tel. 089-2 10 69 60

Peterskirche / Sankt Peter (»Alter Peter«)
Rindermarkt 1 · Tel. 089-2 60 48 28

Asam-Kirche / Sankt Johann Nepomuk
Sendlinger Straße 62 · Tel. 089-2 60 91 71

Sankt Michael
Neuhauser Str. 52 · Tel. 089-2 31 70 60

Frauenkirche
Frauenplatz 1 · Tel. 089-2 90 08 20

Sankt Maria Thalkirchen
Fraunbergplatz 1 · Tel. 089-7 42 84 40

Heilig-Kreuz-Kirche
Gietlstraße 2 · Tel. 089-69 36 58 80

Sankt Sylvester
Biedersteiner Straße 1 · Tel. 089-3 30 07 43

Wer sich vor seiner Abreise über Museen,
Kirchen und sonstige Sehenswürdigkeiten
in München informieren möchte, wendet
sich am besten an folgende Adressen:

Tourismusamt München
80331 München · Sendlinger Straße 1
Tel. 089-23 39 65 00
www.muenchen.de

Tourismusverband München-Oberbayern
81243 München · Radolfzeller Str. 15
Tel. 089-8 29 21 80
www.oberbayern-tourismus.de

Im Internet findet ihr nützliche Informationen über München unter diesen Adressen:
www.muenchen.de
alles Wichtige rund um die Stadt München

www.stadtwiesel.de
aktuelle Veranstaltungsinformationen für
Kinder

www.munich-online.de
Wissenswertes über die Stadt mit allen
Kulturveranstaltungen

www.in-muenchen.de
mit Veranstaltungs- und Freizeittipps

www.stadtplan.net
Stadtpläne zur ersten Orientierung

www.meinestadt.de/muenchen
hier viele Links zu München-Seiten!

Feste und Feiertage

Bayern ist das Bundesland mit den meisten Feiertagen im Jahr. In München werden zudem bei Festen und Umzügen Traditionen gepflegt und aufrecht erhalten, die Jahrhunderte zurückreichen, wie etwa die Fronleichnamsprozession oder das Magdalenenfest.

Am **6. Januar**, zum **Fest der Heiligen Drei Könige**, sind in München die »Dreikönigs-« oder »Sternsinger« unterwegs. Dabei verkleiden sich die Mädchen und Jungen als Kaspar, Melchior und Balthasar. Sie segnen das Haus und seine Bewohner und bitten um eine Gabe. Als in München noch viele Familien in Armut lebten, bekamen die verkleideten Kinder Äpfel, Nüsse oder Gebäck geschenkt. Mittlerweile treten die »Sternsinger« selbst gegen Hunger und Armut in der Welt an. Deshalb sammeln sie am Heilig-Drei-Königs-Tag Geldspenden für wohltätige Zwecke.

Die Marktfrauen bitten zum Tanz auf dem Viktualienmarkt.

Der Monat **Februar** steht ganz im Zeichen des **Fasching**. Am **Faschingssonntag** treiben sich die »Narren« in der Stadt herum, besonders auf dem Marienplatz und in der Fußgängerzone Neuhauser/Kaufingerstraße. Durch den Stadtteil Giesing zieht der »Gaudiwurm«. Der **Faschingsdienstag** ist für die Marktfrauen auf dem Viktualienmarkt der wichtigste Tag des Jahres: Sie rufen schon um 6 Uhr früh zum »**Tanz der Marktfrauen**«. Darüber hat euch ja die Annerl-Bäckerin im zweiten Rundgang erzählt. Gegen die Kälte um diese Jahreszeit und Uhrzeit hilft nur mittanzen! Am Aschermittwoch ist das wilde Faschingstreiben zu Ende. Der Münchner Oberbürgermeister und viele andere Einwohner gehen zum Fischbrunnen am Marienplatz, um darin ihren Geldbeutel zu waschen (das hat auch Pollino im ersten Rundgang gemacht – erinnert ihr euch?).

Die **Oster-Festtage** beginnen mit dem Palmsonntag. An diesem Tag zog Christus in Jerusalem ein, und die Menschenmenge empfing ihn mit wedelnden Palmzweigen. Daran soll in den Münchner Kirchen am Palmsonntag erinnert werden. Statt Palmzweige bringen die Gläubigen allerdings »Palmbuschen« aus Buchs und Weidenkätzchen mit und lassen sie segnen. Die **Osternachtfeier** am Samstag um Mitternacht leitet das Osterfest ein. In den Kirchen werden zum Gottesdienst die Osterkerzen angezündet und die Auferstehung Christi gefeiert. Am **Ostersonntag** und am **Ostermontag** finden weitere Festmessen mit Chor- und Orchesterbegleitung statt. Wenn ihr euch in diesen Tagen in der Nähe der Peterskirche befindet, könnt ihr Live-Musik aus 91 Metern Höhe hören. Ein Bläserquartett spielt geistliche Musik vom Turm der Kirche Sankt Peter zwischen 12 und 12.30 Uhr. Ein besonderer Höhepunkt für alle Münchner Kinder ist das **Ostereiersuchen im Tierpark**. Ihr müsst nur schnell sein – schließlich gehören auch Tiere zu euren Konkurrenten!

Ende April wird die **Mai-Dult**, auch **Auer-Dult** genannt, auf dem Platz vor der Mariahilfkirche im Stadtteil Au veranstaltet. Ab dem Samstag vor dem 1. Mai könnt ihr euch neun Tage lang zwischen Buden und Verkaufsständen vergnügen. Die »Mai-Dult« ist die erste von drei »Dulten« (»Dult« leitet sich ab von »Tult«, einem alten deutschen Wort für »Kirchenfest«), die in der Au stattfinden: Es folgen die »Jakobi-Dult« im Juli und die »Kirchweih-Dult« im Oktober.

Am **zweiten Donnerstag nach Pfingsten** findet die berühmte **Münchner Fronleichnamsprozession** statt. Die Prozession beginnt an der Frauenkirche und bewegt sich von hier durch die Altstadt. Im Jahr 1343 wurde in München zum ersten Mal eine Fronleichnamsprozession veranstaltet. Im 16. Jahrhundert haben die Kirchenväter die Prozession wie ein Theaterstück im Freien aufgeführt. Die Erzählungen des

Alten und Neuen Testaments wurden in einzelnen Szenen dargestellt. Schauspieler waren die Münchner Einwohner, zumeist Handwerker. Im Jahr 1580 gab es eine Verordnung des Herzogs, die für die Fronleichnamsprozession 59 Szenen aus der Bibel mit insgesamt 3.082 »Schauspielern« festlegte. Die Besetzung der jeweiligen »Rolle« folgte strengen Richtlinien: der Gottvater sollte so aussehen wie der Indersdorfer Wirt, und Jesus Christus sollte ein Mann »von rechter Mannsläng, nit von knopferer Nas und zahnluckert« sein. Auch bedeutende Künstler wie Hubert Gerhard beteiligten sich an der Gestaltung des Festzuges.

Jedes Jahr um den **14. Juni** feiert **München Geburtstag**: An diesem Tag im Jahr 1158 wurde der Name »München« erstmals in einer Urkunde erwähnt und der Stadt das Marktrecht gesichert. Das Stadtgründungsfest wird zwischen Marienplatz und Odeonsplatz veranstaltet. Zahlreiche Spielaktionen lassen euch die Geschichte der Stadt München noch einmal miterleben. Auskünfte zum Veranstaltungsprogramm gibt es beim Fremdenverkehrsamt München.

Ende Juli findet die **Jakobi-Dult** vor der Mariahilf-Kirche im Stadtteil Au statt. Sie dauert neun Tage und ist die traditionsreichste »Dult« Münchens. Im Mittelalter fand die »Dult« auf dem Sankt-Jakobs-Platz statt. An den Dult-Tagen füllte sich der Platz mit Holzbuden und Verkaufsständen: Händler verkauften Waren, wie Tuche, Leder und Pelze. Auch Schmuck, Rosenkränze und Gewürze führten sie im Angebot.

Für Unterhaltung sorgten Gaukler, Spieler, Akrobaten, Marionettenspieler oder so genannte Moritatensänger, die in ihren Liedern (=Moritaten) von grausamen oder traurigen Abenteuern berichteten. Ende des 18. Jahrhunderts verlegte Kurfürst Karl Theodor die »Jakobi-Dult« in den Stadtteil Au.

Am **vorletzten Samstag im September** ist es endlich so weit: Der Startschuss für das größte Volksfest der Welt fällt. Genau genommen ist die Bezeichnung **Oktoberfest** nicht ganz richtig, denn das Fest beginnt bereits im September. Aber im Monat Oktober, und zwar genau am 12. Oktober 1810, wurde das Oktoberfest sozusagen »gegründet«. Allerdings nicht in Form eines Riesen-Jahrmarktes wie heute, sondern als großes Fest mit einem Pferderennen. Damit wurde die Hochzeit von Kronprinz

(dem späteren König) Ludwig I. mit Prinzessin Therese von Sachsen-Hildburghausen gefeiert. Nach dieser Prinzessin wurde die Theresienwiese benannt.

Mit einem Pferderennen und einem Viehmarkt wurde das Oktoberfest in den nächsten Jahren wiederholt. Erst ab dem Jahr 1818 stellten Schausteller auf der »Theresienwiese« (daher die Münchner Bezeichnung »Wiesn« für Oktoberfest) die ersten Buden auf. Die Festbesucher konnten dressierte Eisbären und Löwen bewundern oder sich von dicht behaarten »Urwaldmenschen«, kleinwüchsigen »Zwergen« und über zwei Meter großen »Riesen« einen Schreck einjagen lassen. Es gab auch schon ein Riesenrad (kein Vergleich zu heute!) und ein einfaches Kinderkarussell. Ende des 19. Jahrhunderts mischten sich auch Bierzelte unter die Schaubuden,

Karussells sowie Verkaufsstände der Vieh-
händler und Bauern. Die »Wiesn« begann
langsam aber sicher ihr heutiges Aussehen
anzunehmen.

Ob die Gründer des Oktoberfestes ahnten,
welche Ausmaße ihr Fest einmal annehmen
würde? Heute drängen sich etwa 620 Be-
triebe auf der Theresienwiese: Bierzelte, die
so groß sind, dass ein ganzes Hopfenfeld
zur Dekoration der Wände hergenommen
wird; Achterbahnen, so hoch gebaut wie
Kirchtürme; Teufelsräder, die selbst für
Astronauten eine Mutprobe wären und so
weiter und so fort. Meist ist das Oktoberfest
hoffnungslos überlaufen und ihr werdet in
der Menschenmenge einfach mitgezogen.
Da bleibt kaum Zeit, sich die Schaubuden
und Fahrgeschäfte in Ruhe anzusehen.

Deshalb hier ein paar Tipps: Das »**Tobog-
gan**« gibt es nur auf dem Oktoberfest. Ein
Fließband schafft euch nach oben, um von
dort in einer wilden Rutschpartie wieder
hinunterzusausen. Auch die »**Krinoline**« ist
etwas besonderes. Zu dem nostalgischen
Karussell gehört eine bayerische Blaska-
pelle. Habt ihr schon mal einen **Flohzirkus**
gesehen? Auf dem Oktoberfest könnt ihr

Zirkusflöhe bei ihren Kunststücken beobachten. Vergesst nicht, beim »**Vogel-Jakob**«
vorbeizuschauen: Er kann mühelos Hunderte von Vogelstimmen nachahmen. Für alle
Gruselfreunde: »**Beim Schichtl**« werden
Menschen geköpft, und das schon seit
1872 (wie, wird nicht verraten!). Das »**Gru-
selkabinett**« wird ständig mit den neuesten Horrorfiguren »modernisiert«. Wie wär's
mit einer Fahrt in der »**Hexenschaukel**«, im
»**Riesenrad**« oder im »**Hupferl**«? Für echte
»Wiesn-Gaudi« ist (fast) überall gesorgt!
Das Oktoberfest ist zwar bis spät in den
Abend geöffnet. Aber die beste Besuchs-
zeit ist am Nachmittag, denn da ist das
Gedränge zwischen den Ständen und vor
den Kassenhäuschen noch nicht zu groß.
Ein guter Führer für euren »Wiesn-Besuch«
ist die Broschüre »**Wiesn-Hits für Kids**« des
Fremdenverkehrsamtes München. Die Broschüre ist an den Informationsstellen des
Fremdenverkehrsamtes kostenlos erhält-
lich. Darin sind auf einem Lageplan kindge-
rechte Fahrgeschäfte und Imbissbuden eingezeichnet (Buden und Fahrgeschäfte, die

Der Brauereiwagen-Fest-
zug heißt auch Einzug
der Wiesnwirte.

Ab **Ende November** belegt der **Christkindl-markt** den **Marienplatz**. Dann steht ein fast 30 Meter hoher Christbaum vor dem Neuen Rathaus und rund um die Mariensäule sind zahlreiche Buden und Marktstände aufgebaut. Heiße Maroni (Esskastanien), Bratäpfel, gebrannte Mandeln, Lebkuchen und Schmalzgebäck vertreiben selbst die größte Kälte. Im Innenhof des Neuen Rathauses könnt ihr eine herrliche Krippe aus Oberammergau bewundern. Die Figuren sind fast lebensgroß und alle aus Holz geschnitzt. In der zur »Himmelswerkstatt« umgebauten Ratstrinkstube des Neuen Rathauses könnt ihr Weihnachtsengel selbst basteln!

bei der Aktion »Wiesn-Hits für Kids« mitmachen, erkennt ihr am runden, gelben Aufkleber mit dem winkenden »Münchner-Kindl«!)

Das Oktoberfest ist aber nicht nur ein Jahrmarkt. Wie jedes andere große Fest in Bayern wird es mit einem Festzug eröffnet. Die Münchner Brauereien sind auf der »Wiesn« mit Festzelten vertreten. Die Brauereien und die Festzeltwirte lassen die Kutschen und Bierwagen üppig schmücken. Selbst die Rösser vor den Wagen werden festlich herausgeputzt. Der **Brauereiwagen-Festzug** bewegt sich unter Begleitung von Blasmusik durch die Innenstadt bis zur Theresienwiese. Am ersten »**Wiesn-Sonntag**« zieht erneut ein etliche Kilometer langer Festzug von der Altstadt zur Festwiese. Diesmal sind es **Trachten**- und **Schützengruppen** sowie **Musikkapellen** aus Bayern, Österreich, der Schweiz und Südtirol, die auf diese Weise das Oktoberfest feiern.

Silvester wird auch in München mit einem **Riesen-Feuerwerk** gefeiert. Die Bläsergruppe auf dem Alten Peter sorgt punkt Mitternacht dafür, dass das neue Jahr mit Musik beginnt. Einen guten Blick auf das Feuerwerk hat man vom Olympiaberg oder von einer der Isarbrücken (etwa beim Deutschen Museum).

Freizeit

München bietet eine Fülle an Angeboten, wie ihr euren Aufenthalt in der Stadt gestalten könnt: Radl fahren, Baden, sportliche Aktivitäten oder Shoppen. Folgende Seiten zeigen euch eine kleine, aber bunte und interessante Auswahl an Vorschlägen was ihr unternehmen könnt.

Parks und Gärten

Westpark: Im Westpark könnt ihr auf großen Wiesen Fußball oder Volleyball spielen und Drachen steigen lassen, an einem »Wasser-Spielplatz« mit künstlichem Wasserfall ein Wasserlabyrinth durchwandern oder Modellboote testen. In der Parkanlage stehen ein hölzerner Pagodentempel aus Nepal und ein vergoldeter thailändischer Pavillon. Man hat den Eindruck, sich mitten in Asien zu befinden. Wer nach dem Toben und Spielen Durst oder Lust auf ein Eis bekommt, kann im »Seecafé« oder in einem Biergarten »auftanken«.

Olympia-Park: Der Olympia-Park ist eine wunderbare Parkanlage zum Erholen und Spazierengehen wie auch einigen Attraktionen. Er wird aufgrund seiner zahlreichen Sportstätten bei »Sport« näher beschrieben.

Tierpark Hellabrunn: Die Parkanlage für mehr als 4.000 Tiere aus aller Welt habt ihr bereits auf der »Isar-Tour« kennen gelernt. (Tierparkstraße 30, Tel. 089-62 50 80, www.zoo-munich.de; Öffnungszeiten: tgl. 9 – 17 Uhr.) Der Tierpark verfügt über interaktive Bildschirmsäulen, an denen ihr ungewöhnliche Quizfragen zu bestimmten Tierarten beantworten könnt (»Wie viele Zähne hat ein Elefant?«).

Im Hofgarten

3 Englischer Garten: Der berühmteste Garten Münchens wurde euch auf der »Isar-Tour« ausführlich vorgestellt. Im Rumford-Schlössl beim Chinesischen Turm hat sich ein Kindertreff eingerichtet. Zu den Angeboten für Kinder von 6–12 Jahren zählen Lesungen, Kinderfilme, Töpfern und Basteln sowie »Entdecker-Spaziergänge« durch die Natur des Englischen Gartens (Infos: Tel. 089-34 11 97). Tretboot könnt ihr am Kleinhesseloher See fahren und für eine Fahrt in der Kutsche durch den Englischen Garten wendet ihr euch an die Lohnkutscherei Holzmann (Tel. 089-18 06 08; Fahrten ab Chinesischem Turm).

1 Hofgarten: Mit dem Hofgarten besitzt München einen der schönsten Gärten im Renaissance-Stil. Er wurde auf Anregung von Maximilian I. in den Jahren 1613–1618 im Norden der Residenz angelegt. Zunächst konnten im Hofgarten die Bewohner der Residenz spazieren gehen. Seit 1780 ist die wunderschöne Gartenanlage allen Einwohnern der Stadt zugänglich. In der Mitte des Hofgartens befindet sich ein kleiner Tempel, der im Jahr 1615 errichtet wurde. Die Bronzestatue der »Tellus Bavarica« auf dem Tempel ist eine Kopie der Statue von Hubert Gerhard. Auf dem ersten Rundgang habt ihr das Original im Kaisersaal der Residenz gesehen.

Botanischer Garten: Der Botanische Garten bei Schloss Nymphenburg (Menzinger Straße 65 · Tel. 089-17 86 13 10) ist wegen seiner reichhaltigen Sammlungen und Beständen von Pflanzen weltweit angesehen. Sowohl auf dem Freigelände als auch in den Gewächs- und Schauhäusern könnt ihr fast alles, was auf der Erde wächst und gedeiht, finden: Kräuter und Pflanzen aus den Alpen, Palmen und Bambus, Farne und Wasserpflanzen und so weiter und so fort.

Hirschgarten: Der Hirschgarten ist eine der ältesten Gartenanlagen in München. Er wurde bereits im Jahr 1780 von Kurfürst

Karl Theodor als »königlicher Hirschgarten« angelegt. Das Tiergehege mit Dam- und Edelhirschen, von dem der Garten seinen Namen hat, besteht noch immer. Außer den Hirschen bietet der Hirschgarten aber noch viel mehr: einen großen Kinderspielplatz mit Kinderkarussell und Kletterwand, einen Wasserspielplatz sowie große Wiesen, auf denen ihr Fußball spielen könnt. Bei den Münchnern ist der Hirschgarten vor allem wegen seines Biergartens beliebt. (Näheres über »Biergärten« könnt ihr im Kapitel »Essen in München« erfahren!)

Flugzeuge und Sterne

Wer von euch hat nicht schon mal von einer Reise durch die Lüfte oder gar das Weltall geträumt? Bei folgenden Adressen kann dieser Traum zumindest teilweise in Erfüllung gehen:

Das **Planetarium im Deutschen Museum** haben Pollino und Pollina bereits auf der »Isar-Tour« besucht. Zu Stern- und Himmelsbetrachtungen, bei klarem Wetter mit dem Fernrohr, lädt auch die **Bayerische Volkssternwarte** in der Rosenheimer Straße 145h ein (Tel. 089-40 62 39; www.sternwarte-muenchen.de; Öffnungszeiten: Mo.–Fr. 20–22 Uhr, April–Aug. 21–23 Uhr, eigene Vorstellungen für Kinder am Nachmittag). Wenn es die Verhältnisse zulassen, kann man sogar die Internationale Raumstation ISS oder andere Satelliten beobachten.

Die **Flugwerft Schleißheim**, eine Zweigstelle des Deutschen Museums (Oberschleißheim, Effnerstraße 18; Tel. 089-3 15 71 40; www.deutsches-museum.de; Öffnungszeiten: tgl. 9–17 Uhr) bringt euch die Geschichte der Luftfahrt näher. In einem der ältesten Flugplatzgebäude Deutschlands stehen rund 60 Flugzeuge aller Art und Zeitepochen: einfache Gleitapparate, Sport- und Segelfugzeuge, Polizei-Hubschrauber, Senkrechtstarter, Starfighter und sogar eine Europa-Rakete. In einige dieser Flugzeuge könnt ihr hineinsteigen.

Sport

Das Sportangebot in München ist so umfangreich, dass hier nur eine kleine Auswahl aufgeführt werden kann. Wer zusätzliche Informationen benötigt, kann sich mit dem Städtischen Sportamt (Tel. 233-9 67 77; www.sport-muenchen.de) oder mit der Münchner Sportjugend (Tel. 089-15 70 22 06; www.msj.de) in Verbindung setzen.

Erste Adresse für Sportbegeisterte in München ist der **Olympia-Park**. Dieses Sport- und Erholungsgebiet entstand anlässlich der Olympischen Sommerspiele 1972. Seine Sportstätten sind durch ihre einmalige Gestaltung weltberühmt: das Olympiastadion, die Olympiahalle und die Olympische Schwimmhalle sind von einem Zeltdach aus durchsichtigen Kunststoffplatten überzogen, das von Stahlträgern gehalten wird. Der **Olympiaturm** ist mit seinen 290 Metern das höchste Bauwerk Münchens. Ein sagenhaft schneller Aufzug (er legt sieben Meter in nur einer Sekunde zurück!) bringt euch auf eine Aussichtsplattform in 200 Metern Höhe. Da kann einem ganz schön schwindlig werden! Wenn ihr allerdings das Gefühl habt, euch zu drehen, kann das auch an dem Restaurant auf dem Olympiaturm liegen. Es dreht sich nämlich im Kreis und benötigt etwa 45 Minuten für eine komplette Umdrehung.

Wer auf das Zeltdach steigen möchte – natürlich angeseilt –, kann an einer geführten »**Klettertour**« teilnehmen. Bei gutem Wetter reicht die Sicht von dem luftigen Aussichtsplatz bis zu den Alpen! Noch aufregender ist die »**Abseiltour**«. Auch Kinder ab 10 Jahren können mitmachen. Infos hierzu wie auch zu den anderen Führungen und den vielfältigen Veranstaltungen im Olympiapark gibt es im »Info-Pavillon« am Olympia-Eissportzentrum (Spiridon-Louis-Ring 21; Tel. 089-30 67 24 14; www.olympia-park-muenchen.de). Wer sich für die Unterwasserwelt von der Isar bis zur Donau oder vom Schwarzen Meer bis zum Mittelmeer interessiert, ist im neuen **Sea Life** im Olympiapark richtig (Willi-Daume-Platz 1, Tel. 089-45 00 00, www.sealifeeurope.com)

Schwimmen

Auskünfte über Preise und Öffnungszeiten der Bäder gibt es über das Service-Telefon: 01801-79 62 23 oder im Internet unter www.swm.de.

Freibäder

WESTBAD (Weinbergerstraße 11): Frei- und Hallenbad, Erlebnisbecken. Fun pur!
UNGERERBAD (Traubestraße 3):
Mit Abenteuerspielplatz und Fußballfeld.

MARIA-EINSIEDEL-BAD (Zentralländstr. 28): Der Isarkanal fließt mitten durch das Gelände.

SCHYRENBAD (Claude-Lorrain-Str. 24): Seit 1847 das älteste Freibad Münchens, idyllische Umgebung.

MICHAELIBAD (Heinrich-Wieland-Straße 24): Frei- und Hallenbad, große Erlebnisbecken.

Hallenbäder

COSIMAWELLENBAD (Cosimastraße 5): Hallenbad mit Wellenbetrieb und Heißsprudelbecken, im Sommer Liegewiese.

MÜLLER'SCHES VOLKSBAD (Rosenheimer Str. 1): Baden im über 100 Jahre alten Jugendstil-Bad!

Radl fahren

Alles Wissenswerte über Radl fahren in München erfahrt ihr beim **Allgemeinen Deutschen Fahrradclub** (hier gibt's einen Radlstadtplan!; Platenstraße 4; Tel. 089-77 34 29, www.adfc-muenchen. de). Leihen könnt ihr Räder bei:

Radius-Touristik im Hauptbahnhof (Arnulfstraße 3/Gleis 32, Tel. 089-43 66 03 83, Verleih von Mai–Oktober tgl. 10–18 Uhr).

Aktiv-Rad (Hans-Sachs-Str. 7, Tel. 089-26 65 06)

Dr. Bike (Schellingstr. 58, Tel. 089-271 81 43)

Spurwechsel (Ohlmüllerstr. 5, Tel. 089-692 46 99)

Fußball

Fast jeder Münchner lebt und leidet für den Fußball. Deshalb hier die Adressen der beiden berühmtesten Münchner Fußballvereine **FC Bayern München** und **1860 München**. Beim Training dieser beiden Mann-

schaften könnt ihr zuschauen. Der ruhmreiche FC Bayern trainiert an der Säbener Straße 51. Dort befindet sich auch das Vereinsheim und der Fanartikel-Shop (Tel. 089-69 93 10). Die tapferen »Löwen«, wie die Mannschaft von 1860 München auch genannt wird, haben an der Grünwalder Straße 114 ihr Trainingsgelände mit einem Fanartikel-Shop (Tel. 089-64 20 88 12). Heimstatt der beiden Mannschaften ist die 2005 fertig gestellte **Allianz Arena** in Fröttmaning (Werner-Heisenberg-Allee 25, Tel. 089-20 05-0, www.allianz-arena.de). Spektakulär ist die Konstruktion der Außenhülle, die aus 2760 rautenförmigen, aufblasbaren Folienkissen besteht. Rund 69.000 Fans haben in der Arena Platz. Das Innenleben des Stations kann man auch bei einer Führung erleben.

 Essen in München

»Allgemein nimmt der Bürger und Handwerker kein Frühstück. Man setzt sich um 11 Uhr zur ersten und um 6 Uhr nachmittags zur zweiten Mahlzeit. Rind- und Kalbfleisch, Bier und Brot sind das gewöhnlichste, was er genießt, Schweine-, Kalbs- und Gänsebraten sind seine besten

Gerichte und Bier sein bester Trank. Wein und Branntwein werden ordentlicherweise nicht getrunken, auch kein Tobak geraucht.«

So wurden im Jahr 1782 die Essgewohnheiten der Münchner beschrieben, und daran hat sich im Verlauf der Jahrhunderte eigentlich nicht viel geändert. Noch immer ist das Frühstück eher unbedeutend. Aber das ist mit der Grund, weshalb sich schon bald am Vormittag der erste Hunger einstellt – und den stillt man in München mit einer »Brotzeit«. Diese erste kleine Mahlzeit könnt ihr in fast jedem Metzgerladen oder an den zahlreichen Imbissständen kaufen. Am liebsten ist den Münchnern eine Semmel mit Leberkas, Fleischpflanzerl oder Würstl. Die berühmten Münchner Weißwürste, Wurstsalat und Obatzda werden meist zusammen mit einer Brez'n verspeist.

Für alle, denen diese Namen zu exotisch klingen, hier ein kleines »Brotzeitlexikon«:

Brez'n

Ohne die Brez'n findet in München keine Brotzeit statt. Wie diese »fromme Speise« gemacht wird, hat euch bereits die »Annerl-Bäckerin« im zweiten Rundgang erzählt. Besonders beliebt: die Riesen-Brez'n in den Biergärten!

Weißwurst

Sie ist die »Königin« der Brotzeit und wird in der Stadt verehrt wie kein anderes Gericht. Die Münchner haben für den richtigen Genuss der Weißwurst

sogar Regeln aufgestellt: die Weißwurst darf das 12-Uhr-Läuten nicht hören, das bedeutet, die Wurst wird vor Mittag gegessen. Sie darf nur in heißem Wasser langsam erhitzt – Vorsicht sonst platzt sie auf! – und auf keinen Fall gebraten werden. Nach dem Servieren die Weißwurst nicht in Scheiben schneiden, sondern erst die Haut abziehen! »Auszuzln«, das heißt, ihr beißt hinein und »zuzelt« (saugt) den Inhalt heraus, gilt als unschicklich. In einer Weißwurst stecken sehr fein gehacktes Kalbfleisch, etwas Schweinespeck, Petersilie, Salz und Pfeffer. Dazu gehört süßer Senf.

Leberkas

Steht ganz oben in der Münchner Brotzeit-Rangliste. Lasst euch von dem Namen »Leberkas« nicht verwirren: in dem Gericht ist kein bisschen Leber oder Käse verarbeitet. Der »Leberkas« besteht aus feinem Schweinefleisch, Speck, Muskat, Salz und Pfeffer sowie anderen Gewürzen. Wichtig: »Leberkas« schmeckt warm am besten.

Würstl

Davon gibt es neben der Weißwurst in allen Größen und Geschmacksrichtungen: Bratwürstl, Wiener, Regensburger, Lyoner, Debreziner, Kabanossi und wie sie alle heißen. Beliebt ist in München besonders die Wollwurst, eine eckig geformte Kalbswurst ohne Haut.

Wurstsalat

Aus Lyoner- und Regensburger-Würsten machen die Münchner ihren Wurstsalat. Die Würste werden in dünne Scheiben geschnitten und mit viel Zwiebeln, Öl,

Essig, Salz und Pfeffer angemacht. Wird der Wurstsalat mit Käse serviert, bekommt ihr einen »Schweizer Wurstsalat«.

Obatzda

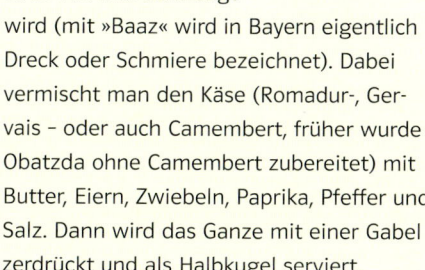

Dieser lustige Name steht für ein Gericht, dem Käse sozusagen zerdrückt und zu einer Art Brei vermengt wird (mit »Baaz« wird in Bayern eigentlich Dreck oder Schmiere bezeichnet). Dabei vermischt man den Käse (Romadur-, Gervais – oder auch Camembert, früher wurde Obatzda ohne Camembert zubereitet) mit Butter, Eiern, Zwiebeln, Paprika, Pfeffer und Salz. Dann wird das Ganze mit einer Gabel zerdrückt und als Halbkugel serviert.

Fleischpflanzerl

Das sind in München die Frikadellen. Ihr könnt sie euch in eine Semmel legen lassen oder auch mit Kartoffelsalat verspeisen.

Nachspeisen

Und was ist mit den Nachspeisen, werdet ihr schon ungeduldig fragen? Davon gibt es in den Gaststätten mit bayerischer Küche eine gute Auswahl. Allen voran die köstliche **Dampfnudel**, eine bayerische Erfindung. Hefeteigkugeln werden in einem Topf mit etwas Milch zugedeckt gegart. Serviert werden sie mit heißer Butter, Zucker und Vanillesoße. Leckere »Nudeln« sind auch die im Backrohr gebackenen **Schmalznudeln** und die **Zwetschgennudel** mit entkernten Zwetschgen. Der »**Schmarrn**« besteht aus Eier-Mehlteig oder auch Kar-

toffelteig, und wenn er »kaiserlich« ist, sind darin Rosinen. Die **Apfelkücherl** sind in ganz Bayern beliebt: Apfelscheiben werden in einen Pfannkuchenteig getaucht und in heißem Fett gebacken. »**Reiberdatschi**« (Kartoffelpuffer) bestehen aus rohem Kartoffelteig und werden in heißem Fett gebacken. Mit Zucker bestreut, sind sie als Nachspeise geeignet. Jetzt fehlt noch die »**Auszog'ne**«. Mit diesem seltsamen Namen bezeichnen die Münchner ein in Fett herausgebackenes Kücherl aus Hefeteig. Es ist rund, in der Mitte dünn und am Rand dick. »Auszog'ne« heißen so, weil der Bäcker (früher war es die Bäuerin) den Teig übers Knie zieht und ihm so seine Form verleiht. Zumindest behaupten das die Münchner!

Das »Alte Hackerhaus« mit seinem mittelalterlichen Innenhof

Restaurants und Gaststätten

RUNDGÄNGE ALTSTADT

① Weisses Bräuhaus
(Tal 7 · Tel. 089-29 0138-0) Traditionsreiches
Brauhaus mit sehr guter bayerischer Küche.

② Vincenzo
(Isartorplatz 6 · Tel. 089-2 28 32 30)
Italienische Küche.

③ Braunauer Hof
(Frauenstraße 40 · Tel. 089-22 36 13)
Münchner Küche.

④ Hofer – Der Stadtwirt
(Burgstraße 5 · Tel. 089-24 21 04 44)
Sehr schönes Lokal im alten Weinstadl.

⑤ Spatenhaus
(Residenzstraße 12 · Tel. 089-2 90 70 60)
Bayerisches Mobiliar, gute Küche.

⑥ Buxs (Frauenstraße 9 · Tel. 089-2 91 55 50)
Vegetarische Küche mit Selbstbedienung.

⑦ Zum alten Markt
(Dreifaltigkeitsplatz 3 · Tel. 089-29 99 95)
Gutes Essen in gemütlichem Umfeld.

⑧ Berni's Nudelbrett
(Petersplatz 8 · Tel. 089-26 44 69)
Pizza und Nudeln, Nudeln, Nudeln…

⑨ Wirtshaus zum Straubinger
(Blumenstraße 5 · Tel. 089-2 32 38 30)
Sehr gute bayerische Küche.

⑩ Hackerhaus
(Sendlinger Straße 14 · Tel. 089-2 60 50 26)
Hier wurde bereits im 15. Jahrhundert Bier
gebraut; alter Innenhof.

⑪ Prinz Myshkin
(Hackenstraße 2 · Tel. 089-26 55 96)
Vegetarisches Essen.

⑫ Augustiner Gaststätte
(Neuhauser Straße 27 · Tel. 089-23 18 32 57)
Traditions-Gaststätte mit kleinem Bier-

garten im ehemaligen Klostergarten aus
dem 14. Jahrhundert.

RUNDGANG ISAR-TOUR

Gaststätte Siebenbrunn ①
(Siebenbrunner Straße 5 · Tel. 089-65 08 48)
Beim Tierpark Hellabrunn,
nette Atmosphäre, auch Biergarten.

Burg Pilgersheim ②
(Pilgersheimer Straße · Tel. 089-65 24 35)
Gut und preiswert, mitten in Giesing.

Brandner Kaspar ④
(Sommerstraße 39 · Tel. 089-65 29 22):
Essen mit Engeln in ungewöhnlicher
Ausstattung; beim Schyrenbad.

Zum Kloster ⑤
(Preysingstraße 77 · Tel. 089-4 47 05 64)
Bio-Produkte!

Kaisergarten ⑦
(Kaiserstraße 34 · Tel. 089-34 02 02 03)
Restaurant und Biergarten, sehr gutes
Essen.

Brunnwart ⑨
(Biedersteiner Straße 78 · Tel. 089-
3 61 40 58) Alte Münchner Gaststätte in
Schwabing, schöner Biergarten.

AUSLÄNDISCHE KÜCHE

Lucullus ③
(Birkenau 31 · Tel. 089-66 29 51)
Super griechische Küche, mit schönem
Garten im Stadtteil Au.

Mama's Kebab Haus ⑥
(Feilitzschstraße 7 · Tel. 089-39 26 42)
Gute Döner-Kebap, türkische Pizza, gefüllte
Teigtaschen und mehr gibt's in diesem
türkischen Lokal in Schwabing.

Don Quijote ⑧
(Biedersteiner Straße 6 · Tel. 089-34 23 18)

Leckere spanische Küche, am Englischen Garten.

SONSTIGE

La Grimace

(Gabelsbergerstraße 24 · Tel. 089-52 23 64)
In der Nähe der Pinakotheken, preiswerte Mittagessen.

Bamberger Haus

(Brunnerstraße 2 · Tel. 089-3088966)
Wunderschöne Ausstattung mit toller Terrasse, im Luitpoldpark.

Augustiner Bräustuben

(Landsberger Straße 19 · Tel. 089-507047)
In den ehemaligen Pferdeställen der Brauerei, sehr gute bayerische Küche zu günstigen Preisen.

Michaeligarten

(Feichtstraße 10 · Tel. 089-43 55 24 24)
Schöne Lage am Parksee, gute bayerische Küche, Caféterrasse und Biergarten.

 Biergärten

Bei schönem Wetter sind die Biergärten die beliebtesten »Gärten« der Münchner. Hier sitzt man zusammen, unterhält sich und trinkt vor allem Bier. Biergärten entstanden eigentlich aus einer Notlösung, als es noch keine elektrische Kühlung gab. Um auch im Sommer Hitze empfindliches Bier kühl zu halten, pflanzten die Brauereien Kastanienbäume. Die dichte Belaubung dieser Bäume hielt die Lagerräume mit den Bierfässern ständig im Schatten. Es dauerte nicht lange, und jemand kam auf die Idee, in den Gärten der Brauereien Bier auch auszuschenken. Aber damit hatten die Wirtsleute plötzlich Konkurrenz bekommen. Um den Besitzern der Gaststätten nicht das Geschäft zu verderben, wurde im 19. Jahrhundert beschlossen, dass in den »Biergärten« nur Bier und keine Speisen verkauft werden durften. Zudem sollte das Bier nicht an den Tischen serviert, sondern nur an einer Schenke ausgegeben werden.

Diese Bestimmungen für »Biergärten« sind bis heute gültig. Wenn die Münchner in den Biergarten gehen, nehmen sie eine Brotzeit mit, dazu Besteck und eine Tischdecke. Die Getränke müssen weiterhin selbst abgeholt werden. Neben allen möglichen Biersorten (Helles, Dunkles, Weißbier = Weizen) wird auch Limonade, Cola und Mineralwasser ausgeschenkt. Eine bayerische Spezialität ist das »Radler«, eine Mischung aus je zur Hälfte Bier und Zitronenlimonade (wird die Limo mit Weizenbier vermischt, heißt der Liter »Russenmaß«). Die Getränke werden überwiegend in Maßkrüge zu 1 Liter gefüllt, auf Wunsch gibt es aber auch kleinere Gläser. Mittlerweile dürfen Biergärten auch Speisen anbieten, die ihr an einer Theke selbst aus-

suchen und abholen könnt. Da gibt's Brat-
hendl, Sparribs (knusprig gegrillte Rippen-
stückchen), Steckerlfische (am Steckerl
gegrillte Heringe oder Makrelen), Fleischpflanzerl und diverse Salate – und natürlich die Riesen-Brez'n! Übrigens: An den
Tischen mit einer Tischdecke wird man
bedient. Dann könnt ihr unter weitaus
mehr Gerichten aussuchen, müsst allerdings auch mit höheren Preisen rechnen.

RUNDGÄNGE ALTSTADT

1 **Biergarten am Vikualienmarkt**
(Viktualienmarkt 16 · Tel. 089-29 16 59 93)
Schattiges Plätzchen mitten im regen
Marktgeschehen.

RUNDGANG ISAR-TOUR

1 **Flaucher**
(Isarauen 8 · Tel. 089-7 23 26 77)
Schöne Lage an der Isar.

2 **Salvatorkeller**
(Hochstraße 77 · Tel. 089-4 59 91 30)
Gaststätte mit Biergarten.

3 **Hofbräukeller am Wiener Platz**
(Innere Wiener Straße 19 · Tel. 089-4 59 92 50)
Nicht weit vom Friedensengel.

4 **Chinesischer Turm**
(Englischer Garten 3 · Tel. 089-38 38 73-0)
In der Nähe Spielplatz und Kinderkarussell,
am Sonntag Blasmusik.

5 **Seehaus**
(Englischer Garten / Kleinhesseloher See
Tel. 089-3 81 61 30)
Tolle Lage direkt am See.

6 **Osterwaldgarten**
(Keferstraße 12 · Tel. 089-38 40 50 40)
Beim Englischen Garten, klein,
nette Atmosphäre.

 # Cafés und Leckereien

RUNDGÄNGE ALTSTADT

Cafe Guglhupf **1** (Kaufingerstraße 5)
Gemütlich im Innenhof.

Cafe Rischarts **2** (Marienplatz 18)
Toller Apfelstrudel, in der Tradition von
über 100 Jahren!

Café im Valentin-Musäum **3**
(Im Isarturm »Turmstüberl«/Tal 43)
Unübertreffliche Schmalznudeln.

Café Hag / Rottenhöfer **4**
(Residenzstraße 26)
In der ältesten Münchner Konditorei gibt's
selbstgemachte, feine Pralinen.

Café Tambosi **5** (Odeonsplatz 18)
Gleich beim Hofgarten, mit Blick auf die
Theatinerkirche.

Café Frischhut **6** (Prälat-Zistl-Straße 8)
Große Auswahl an Kuchen – und super
Schmalznudeln!

Bodos Backstube **7** (Herzog-Wilhelm-Str.
29) Sehr gutes Eis und leckere Kuchen.

Caféhaus Reber **8** (Herzogspitalstraße 9)
Riesen-Portionen Kuchen und Gebäck.

RUNDGANG ISAR-TOUR

Café Münchner Freiheit **1**
(Münchner Freiheit 20) Kuchen und Eis.

Friesische Teestube **2** (Pündterplatz 2)
Hunderte von Teesorten.

SONSTIGE

Sarcletti (Nymphenburger Straße 155)
Seit über 100 Jahren in München,
112 Eissorten!

Café Ruffini (Orffstraße 22)
Tolle Croissants und sehr gute Kuchen.

Café Jasmin (Steinheilstraße 20)
leckere Kuchen und Gebäck,
in Museums-Nähe.

Café im Müller'schen Volksbad (Rosenheimer Straße 1) Im schönen gleichnamigen Bad.

Sieben berühmte Münchner Shopping-Adressen in der Altstadt

Obletter, Karlsplatz 11–12: Alles Spielzeug, das das Herz begehrt. Schon seit über 180 Jahren in München.

Hugendubel, Karlsplatz 11–12, Marienplatz 22: Größte Münchner Traditionsbuchhandlung, etliche Filialen.

Sport Scheck, Sendlinger Str. 6: Utensilien und –accessoires für alle Sportarten. Mit toller Kletterwand für Einsteiger und Geübte!

Sport Schuster, Rosenstr. 1–5: Utensilien und –accessoires für alle Sportarten. Mit toller Kletterwand für Einsteiger und Geübte!

Ludwig Beck (der am Rathauseck), Marienplatz 11: Neueste Mode und vieles mehr.

Loden Frey, Maffeistr. 7 (gleich beim Dom): Modehaus für Trachten und Loden. Nicht preiswert, aber original und originell.

Alois Dallmayr, Dienerstr. 14–15: Frühere Spezereien-Handlung (Gewürze); berühmt für seinen Kaffee und ausgewählte Delikatessen, schon seit 300 Jahren.

Begriffserklärungen

ALTES UND NEUES TESTAMENT

Die Bibel ist in zwei Hauptteile unterteilt: das Alte und das Neue Testament. Während das Neue Testament vom Leben, vom Tod und von der Auferstehung Jesu Christi berichtet, erfährt man aus dem Alten Testament, wie die Völker des alten Israel über Jahrhunderte hinweg gelebt haben. Die Erzählungen beginnen um das Jahr 1450 vor Christus und berichten unter anderem von der Schöpfungsgeschichte, dem Sündenfall und der Vertreibung aus dem Paradies, der Sintflut und dem Auszug der Juden aus Ägypten unter der Führung Mose. Das Alte Testament besteht aus 39 Büchern und ist die heilige Schrift des jüdischen Volkes. Während das Judentum sich ausschließlich nach dem Inhalt des Alten Testaments richtet, folgt das Christentum den Anweisungen und Gesetzen von Jesus Christus, die im Neuen Testament geschrieben stehen. Das Alte Testament ist aber auch für Christen wichtig, um über Gott und unsere Glaubensväter zu erfahren.

ARCHITEKTUR = Baukunst;

Architekt = griechisch: »Baumeister«. Er entwirft Bauwerke, plant und überwacht ihre Ausführung.

BAROCK

Das Wort »Barock« stammt eigentlich aus dem Portugiesischen und bedeutet »unregelmäßige Perle«. Dieses Wort wurde ins Französische übernommen, wo man damit eine Kunstrichtung bezeichnete: »baroque« »schiefrund«, »ausgefallen«. Der Barock ist eine Kunstepoche, die im 16. Jahrhundert von Italien ausging und sich in ganz Europa verbreitete. Diese Kunstform entwickelte den Stil der Renaissance (siehe Begriff) weiter. Baukunst, Bildhauerei und Malerei produzierten kraft- und schwungvolle Formen: Ob Wände, Statuen oder gemalte Figuren, sie sind allesamt in Bewegung und wirken sehr körperlich. Wenn man barocke Gemälde betrachtet, hat man oft den Eindruck, die Figuren wären wirklich und man könnte – und möchte – sie anfassen.

BETTELORDEN

Bettelorden, wie die Franziskaner, Dominikaner oder Augustiner, betrieben in München Klosteranlagen – die Franziskaner schon seit dem Jahr 1220. Bettelorden, die es auch heute noch gibt, entsagen weltlichem Besitz. In München kümmerten sie sich besonders um die Versorgung von Kranken und Armen. Ihre Predigten fanden unter den Einwohnern großen Anklang.

DREISSIGJÄHRIGER KRIEG

Der Dreißigjährige Krieg war ein verheerender Krieg, der 30 Jahre lang auf deutschem Boden zwischen 1618–1648 stattfand. Dabei bekriegten sich mehrere europäische Staaten. Ursache war der unterschiedliche Glauben: Katholiken kämpften gegen Protestanten.

EVANGELISTEN

In der katholischen Religionsgeschichte gibt es vier Evangelisten: den heiligen Markus, den heiligen Johannes, den heiligen

Matthäus und den heiligen Lukas. Diese vier Heiligen werden auch durch Tiere oder Engel dargestellt. Der Löwe steht, wie ihr wisst, für den heiligen Markus; der Stier – oder Ochse – verweist auf den heiligen Lukas; der Adler auf den heiligen Johannes; und ein Engel deutet auf den heiligen Matthäus hin. Die Evangelisten tragen ihre Bezeichnung deshalb, weil sie in den vier Büchern des »Evangeliums« vom Leben von Jesus Christus berichten. Eine »schöne, gute Geschichte« - und genau diese Bedeutung hat das Wort »euangélion« im Griechischen, von dem »Evangelium« abstammt. Die vier Evangelisten haben die Ereignisse aus dem Leben Christi niedergeschrieben. Sie wollten damit einen Beweis für ihren festen Glauben liefern und den Menschen nachfolgender Generationen einen schriftlichen Bericht hinterlassen. Die Evangelien sind die ersten vier Bücher der insgesamt 27 Bücher des Neuen Testaments, in dem nicht nur vom Leben von Jesus Christus, sondern auch von seinem Tod und von seiner Auferstehung erzählt wird.

FRESKO

Ein Fresko (Mehrzahl »Fresken«) entsteht, indem der Künstler direkt auf die frisch verputzte, noch feuchte Wand malt. Sobald der Putz trocknet, dringt die Farbe in den Putz ein und kann sich so über Jahrhunderte erhalten. Allerdings muss der Maler bei einem Fresko schnell und in kleinen Abschnitten arbeiten, denn der Putz trocknet rasch und lässt dann keine Veränderungen mehr zu.

GOTIK

Die Gotik ist eine Stilepoche der europäischen Kunst im Hoch- und Spätmittelalter, also etwa zwischen den Jahren 1150 und 1520. Der Name »Gotik« entstand im Italien der Renaissance. Dort war »Gotik« ein abschätzig gemeinter Begriff für die Kunst, wie sie damals in Frankreich, Deutschland und England geschaffen wurde. Diese Kunst, die sich nicht am Vorbild der antiken Kunst (s. Begriff »Renaissance«) anlehnte, hat man damals in Italien als »gotisch« bezeichnet – nach dem Volk der Goten. Und diese galten als barbarisch: Heute aber wird der Begriff ganz neutral für eine Kunstepoche verwendet. Angewandt wird der Begriff auf Bauten, Gemälde und auch Arbeiten von Bildhauern.

HEILIGE

Heilige sind Menschen, die aufgrund ihrer herausragenden religiösen Tugend, oder weil sie für ihren Glauben den Märtyrertod (siehe Begriff »Märtyrer«) gestorben sind, von den katholischen Gläubigen verehrt werden. Heilig sind die Mutter Gottes – Maria, die Apostel sowie Märtyrer, wie der heilige Sebastian. Die Heiligsprechung geschieht durch den Papst, das Oberhaupt der römisch-katholischen Kirche. Die Voraussetzung, dass Menschen heilig gesprochen werden, ist, dass sie bereits verstorben sind.

Der **IMPRESSIONISMUS** (»impression« ist ein französisches Wort und bedeutet »Eindruck«) ist eine Stilrichtung der Malerei, die in der zweiten Hälfte des 19. Jahrhunderts in Frankreich entstand. Die Künstler bevorzugten Motive aus der Natur.

Dort malten sie auch, um ihre Eindrücke von Licht und Farbe des Motivs wiedergeben.

KLASSIZISMUS

Die Kunstrichtung des Klassizismus greift auf die Kunstwerke der Antike zurück. Wie die Vorbilder aus der antiken Kunst sind die Kunstwerke des Klassizismus klar gegliedert und weisen einfache, ausgewogene Formen auf. Der Klassizismus verbreitete sich vom 17.–19. Jahrhundert vor allem in Italien, England, Frankreich und Deutschland.

MÄRTYRER

Märtyrer werden Menschen genannt, die für ihren religiösen Glauben schweres körperliches Leid oder den Tod auf sich genommen haben.

MONSTRANZ

In der katholischen Kirche wird in der Monstranz die Hostie aufbewahrt und den Gläubigen gezeigt. Die Monstranz ist meist ein kostbar verziertes und reich geschmücktes Gefäß.

PATRIZIER

In der Stadt des Mittelalters waren Patrizier die alteingesessenen und reichsten Familien.

RELIEF

Hierbei meißeln die Bildhauer Figuren und Szenen aus einer Hintergrundfläche aus Stein, Holz, Elfenbein und anderen Materialien. In der Antike wurden Bauwerke wie Tempel, Triumphbögen, Sarkophage und Säulen mit Reliefs verziert. Im Mittelalter hat man damit auch Goldschmiedearbeiten, Bronzetüren, Kanzeln, Taufbecken geschmückt.

RELIQUIEN

RELIQUIEN sind Überreste und Gegenstände von verstorbenen Heiligen (siehe Begriff). Sie wurden von Gläubigen und Pilgern als Geschenke und Zeichen ihres Glaubens den Kirchen vermacht. Besonders begehrt und kostbar waren Gegenstände aus Palästina, die mit Christus, der Gottesmutter oder den Aposteln in Verbindung gebracht werden konnten. Von den Überresten der Heiligen soll eine besondere Kraft ausgehen.

RENAISSANCE

Mit diesem Wort bezeichnet man allgemein einen geschichtlichen Zeitraum, besonders aber eine Kunstepoche, die sich in Italien Anfang des 15. Jahrhunderts herausbildete und sich anschließend in ganz Europa verbreitete. Im Mittelalter betrachteten die Menschen alles Dasein als Schöpfung Gottes. Und Gott war Mittelpunkt des Lebens und Denkens der Menschen. In der Renaissance veränderte sich dieses »Weltbild«. Gott blieb weiterhin Mittelpunkt der Schöpfung, doch die Menschen begannen sich für die Beschaffenheit der Schöpfung zu interessieren. Sie wollten den Menschen und die Welt kennen lernen. Wissenschaften wie Medizin und Mathematik wurden vorangetrieben. Es folgte die Zeit der großen Entdeckungen (Amerika, Indien). Die Künste – allen voran Baukunst, Bildhauerei und Malerei – nahmen einen großen Aufschwung. Die antike Kunst diente hier als

Vorbild. Ihre Zeugnisse wurden studiert und weiterentwickelt. Der Malerei der Renaissance ging es in der Hauptsache darum, die Dinge getreu ihrem Aussehen abzubilden. Möglich war das Aufblühen der Künste nur durch den steigenden Reichtum von Bürgern, Adeligen und kirchlichen Einrichtungen, die als Auftraggeber wirkten. Berühmte Künstler jener Zeit verdienten nicht nur viel Geld, sondern waren bereits damals in der Öffentlichkeit sehr angesehene Leute (wie Leonardo da Vinci, Raffael, Michelangelo oder auch der Nürnberger Albrecht Dürer).

RÖMISCHES REICH

In der Antike war das Römische Reich *(Lateinisch: Imperium Romanum)* der Herrschaftsbereich des römischen Volkes. Rom war die Hauptstadt des Reiches, das sich über große Teile Europas, Afrikas und Vorderasiens erstreckte. Die Römer hatten ein hervorragendes Heer und verfügten über eine schlagkräftige Flotte. Die römischen Truppen haben die Länder rund um das Mittelmeer erobert. Im Norden besetzten sie Frankreich und den Großteil Englands. Im Osten reichte ihre Macht bis Bulgarien und Rumänien, über die Alpen drangen römische Armeen bis nach Süddeutschland vor. Es gelang ihnen nicht, Germanien zu erobern. Rom hat jedoch die besiegten Völker nicht unterworfen, sondern machte sie zu Bundesgenossen. Die freien Bewohner wurden zu römischen Bürgern.

REPUBLIK

Das Wort kommt vom lateinischen »res publica« – die »öffentlichen Angelegenhei-ten«. Die Republik ist eine Staatsform, in der das Volk oder Teile des Volkes über seine Regierung bestimmt, die nur für eine begrenzte Zeit im Amt bleibt.

ROKOKO

Rokoko ist ein Stilname für die Kunst, die an den Barock (siehe Begriff) anknüpft. Die Künstler des Rokoko verwandelten die schweren Formen des Barock ins Leichte und Zarte. Vor allem in Süddeutschland wurden die Innenräume wichtiger Bauwerke im Rokoko-Stil ausgeschmückt. Dabei wurden die Wände reich mit Stuck, Plastik und Malerei dekoriert.

SÄKULARISATION

Unter Säkularisation versteht man die Beschlagnahmung und Nutzung kirchlichen Eigentums durch weltliche Gewalten, insbesondere den Staat.

TOURISTEN

Touristen sind Reisende, die sich für eine begrenzte Zeit an einem anderen Ort als ihrem Wohnort aufhalten. Touristen kann man in etwa mit Urlaubern gleichsetzen. Von Touristen und dem Geld, das sie während ihrer Reise ausgeben, profitieren die bereisten Länder, Städte und Gegenden.

Index

Inhalt

Wollt ihr weitere Abenteuergeschichten mit Pollino und Pollina erleben?

Aus dieser Reihe sind bisher folgende Bücher erschienen:

Venedig ISBN 3-937600-05-1
Rom ISBN 3-932000-58-7
Adria-Inseln ISBN 3-932000-68-4
Gardasee ISBN 3-937600-03-5

Oder habt ihr Lust auf spannende Hörspiele
mit Pollino und Pollina auf CD?

Pollino und Pollina in Venedig: »Die Jagd nach der Zaubergondel«

Pollinos und Pollinas neuer Freund Remo, ein waschechter Venezianer, hat eine super-schnelle Zaubergondel gebaut. Mit ihr will er die alljährliche Wettfahrt der Gondolieri in Venedig gewinnen. Doch seine Konkurrenten rauben ihm das wichtigste Teil seiner Gondel. Remo, Pollino und Pollina machen sich auf die Jagd. Ihr erfahrt dabei eine Menge Wissenswertes und Aufregendes über Venedig, die bezaubernde Stadt im Meer.
ISBN 3-937600-01-9

Pollino und Pollina in München: »Fußballballfieber – Heldengeschichten aus München«

Pollino und Pollina lernen Thomas, einen Fußball-begeisterten Schwabinger Burschen kennen. Er steckt momentan in einer tiefen Fußballkrise. Da tritt ein Mann auf, der behauptet, er sei im Mittelalter ein berühmter Held gewesen und könne daher Thomas mit einem Wundermittel helfen. Er stellt den Kindern ein kniffliges Rätsel, das sie lösen sollen. Das Entscheidungsspiel steht vor der Tür. Wird es Thomas gelingen, recht-zeitig zu alter Form zurückzufinden? Pollino und Pollina stehen ihm bei, und ein »ech-ter« Jugendtrainer des FC Bayern München gibt ihm wertvolle Tipps!
ISBN 3-937600-02-7

Nachweis der Abbildungen:

Fotos: Bernd O. Schmidt

Fremdenverkehrsamt München: 5, 9, 41, 44, 55,
61, 72, 73, 89, 94, 98, 100, 105, 109, 119, 131, 136,
137, 142, 167, 168, 182, 184, 186, 190

Gedenkstätte des Konzentrationslagers
Dachau: 34

Stiftung Weiße Rose: 35, 159

Deutsches Museum: 143

Artothek, Weilheim: 33

Stadtarchiv München: 135, 138, 140, 147, 155

Stadtmuseum München: 26, 28, 32, 51, 117,
164, 176

Bayerisches Nationalmuseum: 112, 174

Bayerische Verwaltung der Staatlichen Schlösser,
Gärten und Seen: 80, 82, 87

Erzbischöfliches Ordinariat, München: 126